◎“空警2000”预警机

◎F-22战机

◎歼11B

空中加油◎

◎全球鹰

◎英国鹞式战斗机

◎直9WA型武装直升机

太空站◎

◎99式坦克

◎第五代火箭炮

◎东风31甲

◎红旗9地空导弹

◎两栖步战车

◎无人机

◎武警装甲车

鹰击-62远程反舰型巡航导弹◎

高等教育公共基础课精品系列规划教材

大学生军事理论教程

主　编　刘　蔚
副主编　谢嘉泉　肖芳勇　孙义林

北京理工大学出版社
BEIJING INSTITUTE OF TECHNOLOGY PRESS

图书在版编目（CIP）数据

大学生军事理论教程/刘蔚主编. —北京：北京理工大学出版社，2018.8

高等教育公共基础课精品系列规划教材

ISBN 978-7-5682-6036-7

Ⅰ. ①大…　Ⅱ. ①刘…　Ⅲ. ①军事理论-高等学校-教材 Ⅳ. ①E0

中国版本图书馆 CIP 数据核字（2018）第 180754 号

出版发行 / 北京理工大学出版社有限责任公司
社　　址 / 北京市海淀区中关村南大街 5 号
邮　　编 / 100081
电　　话 / (010) 68914775（总编室）
　　　　　(010) 82562903（教材售后服务热线）
　　　　　(010) 68948351（其他图书服务热线）
网　　址 / http://www.bitpress.com.cn
经　　销 / 全国各地新华书店
印　　刷 / 三河市华骏印务包装有限公司
开　　本 / 787 毫米×1092 毫米　1/16
印　　张 / 16.5
彩　　插 / 2
字　　数 / 395 千字
版　　次 / 2018 年 8 月第 1 版　2018 年 8 月第 1 次印刷
定　　价 / 44.00 元

责任编辑 / 王晓莉
文案编辑 / 王晓莉
责任校对 / 周瑞红
责任印制 / 李志强

前言
Preface

国无防不立，民无兵不安。国防是国家生存与发展的安全保障，国家的繁荣富强离不开全民国防意识的增强。加强国防教育，培养全民国防教育观念和国防精神，是我国应对复杂的国际局势、构建和谐社会和实现“中国梦”的重要保障。对大学生进行国防教育，可以使他们掌握基本的国防知识，学习必要的军事技能，更好地履行国防义务。实践证明，国防教育课程的开设，能使广大学生培养国防观念和国家安全意识，增强努力学习的使命感，塑造健康积极的人生观和价值观，有效地提升综合素质。

为了全面贯彻《中华人民共和国国防法》《中华人民共和国兵役法》和《中华人民共和国国防教育法》等法律法规的有关规定和要求，贯彻落实《转发教育部关于加强新形势下学校国防教育工作意见的通知》等文件精神，进一步做好大学生的军事课教学工作，我们以教育部、原总参谋部、总政治部颁发并修订的《普通高等学校军事课教学大纲》为依据，在认真总结高职院校军事理论教育教学规律和经验的基础上，结合教学改革的特点和要求编写了本书。

本书由刘蔚担任主编，谢嘉泉、肖芳勇、孙义林担任副主编。

由于编写时间仓促，加之编者水平有限，书中难免有错漏和不足之处，敬请广大读者和同行专家批评指正！

编　者

前言

目 录
Contents

上篇　军事理论

下　篇　军事技能训练

上篇

军事理论

第一章　中国国防

国无防不立，民无兵不安，国防关系着国家的安危，维系着国家的生存与发展。历史的经验教训告诉我们，国不可一日无防，必须高度重视国防问题。党的十六大报告明确指出："建立巩固的国防是我国现代化建设的战略任务，是维护国家安全统一和全面建设小康社会的重要保障。"

第一节　国防概述

一、国防的概念

《中华人民共和国国防法》（以下简称《国防法》）对"国防"一词进行了立法性表述，指出：国防是国家为防备和抵抗侵略，制止武装颠覆，保卫国家的主权、统一、领土完整和安全所进行的军事活动，以及与军事有关的政治、经济、外交、科技、教育等方面的活动。国防的主体是国家；国防的对象是外敌的侵略和武装颠覆；国防的目的是捍卫国家的主权、统一、领土完整和安全；国防的手段是军事活动以及与军事相关的政治、经济、外交、科技、教育等方面的活动，也是完成国防任务和进行国防建设的各种实践活动。

（一）国防的目的

国防的目的主要是捍卫国家的主权、统一、领土完整和安全。

第一，国家主权是一个国家存在的根本标志。按照国际法的表述，主权是一国不受外来控制的自由。它是完整无缺、不可分割而独立行使的，是最高的权利和尊严。如果一个国家的主权被剥夺，其他的一切，包括国家的独立、领土完整、传统的生活方式、基本的政治制度、社会准则和国家荣誉等都无从谈起了，也毫无意义了。

第二，保卫国家的统一和领土完整，是指国家由一个中央政府对领土内一切居民和事务行使完整的管辖权，不允许另立政府或分割国家的管辖权。从国际法的角度来说，保卫国家统一、反对分裂，历来是一个国家的内部事务，绝不允许外国干涉，这是一个原则性的问题，不能有丝毫的含糊。因此，保卫国家的统一历来是国防的重要任务。当外国敌对势力插手我国的民族事务，破坏我国的民族团结，危及国家的统一和领土完整时，国防力量必须予以坚决打击，以发挥其维护国家统一和稳定的职能作用。应当指出的是，领土是指位于国家主权支配下的地球表面的特定部分，包括领土疆界以内的陆地、水域及其上空和底土，即由领陆、领海和领空所组成。领土是一个国家和民族存在和发展的自然物质前提，是构成国家的基本要素之一。国家主权与国家领土有着密切的联系，领土既是国家行使其主权的空间，也是国家主权行使的对象。没有领土，主权就失去了存在的空间和行使的对象。

第三，维护国家的安全与稳定，是国家生存与发展的重要前提。如果一个国家没有和平、稳定和安全的环境，不仅难以建设与发展，甚至连生存也将受到严重威胁。因此，维护国家的安全与稳定，也是国防的主要目的之一。

（二）国防的手段

国防的手段是指为达到国防目的而采取的方法与措施。根据《国防法》的规定，我国国防的手段包括军事活动以及与军事有关的政治、经济、外交、科技、教育等方面的活动。由此说明，与军事有关的诸方面的活动，只要有利于捍卫国家的主权，保卫国家的统一、领土完整和安全，都是国防的重要手段。

现代国防的根本职能是捍卫国家利益，防备和抵御外来各种形式和不同程度的侵犯，防备与平息内部外部势力互相勾结所发动的武装暴乱。在对国家利益的各种形式的侵犯中，威胁和危害最大的是武装侵犯，包括军事威胁、军事干预、占领部分领土、武装掠夺经济资源、发动战争等。上述活动和内外敌对势力相互勾结发动的武装暴乱，不仅使国家主权和人民生命财产遭受损失，而且直接危及国家和民族的生存与发展。对付武装入侵和武装暴乱最根本、最有效的莫过于采取军事手段。因此，在实现国防目的的各种手段中，军事手段始终是国防的最主要手段。与军事有关的政治、经济、科技、文化、教育、外交等也是国防不可或缺的手段。当今世界各国，都十分注重与军事有关的政治、经济、科技、文化、教育、外交等各种手段的综合运用来达到国防的目的。

二、国防的类型和特征

（一）国防的基本类型

国家的社会制度和政策决定了国防的性质。国家的社会制度不同，制定的国防政策和追求的国防目标也不相同。按照各国国防的目的，可将国防划分为以下四种类型。

1. 扩张型

扩张型是指某些国家为了维护本国利益，奉行霸权主义侵略扩张政策，打着防卫的幌子，对别的国家进行侵略、颠覆和渗透。明显地具有把本国的“安全”建立在别国屈服的基础上，把“国防”作为侵犯别国主权和领土、干涉他国内政代言词的特点。

2. 自卫型

自卫型是指在国防建设上以防止外敌入侵为目的，主要依靠本国的力量，广泛争取国际上的同情和支持，以达到维护本国及周边地区乃至世界的安全、和平与稳定的目的。

3. 联盟型

联盟型是指以结盟形式，联合一部分国家来弥补自身力量的不足。联盟型国防中又有自卫和扩张两种。从联盟国之间的关系来看，还可分为一元体系联盟和多元体系联盟。前者有一个大国处于盟主地位，其余国家处于从属地位；后者基本处于伙伴关系，共商防卫大计。

4. 中立型

中立型主要是指奉行和平中立政策的中小发达国家，为了保障本国的繁荣、稳定与安全，严守中立的国防政策，实施总体防御战略和寓兵于民的防御体系。

我国是社会主义国家，在对外关系上一贯奉行“和平共处”五项原则，公开向世界承诺：永远不称霸，不做超级大国，不首先使用核武器或以核武器相威胁，不对无核国家和地区使用核武器，不侵略别国。我国的国防宗旨是反对侵略战争，维护世界和平，保卫国家的安全与发展。在国防力量的运用上，我国坚持自卫立场，实行积极防御的战略方针。因此，我国的国防属于自卫型国防。

（二）国防的基本特征

现代国防又叫社会国防、大国防、全民国防，它是对传统国防内容、对象、手段的继承和发展。其基本特征主要表现有：

1. 现代国防与国家安全和发展联系更加紧密

现代国防渗透于国家各个领域、各个行业，贯穿于平时和战时。国防是国家安全的重要保障，没有强大的国防，就没有国家的安全，也就没有国家的发展。所以，现代各个国家都把国防建设纳入国家发展计划，在国家资源分配上占有优先地位。

2. 现代国防是由综合国力构成的

现代国防力量虽以军事力量为主体，但不单纯指军事力量，还包括与国防相关的政治、经济、外交、科技、文化等非军事力量。它不仅依靠国家的现有实力，还依靠国家的综合潜力，以及将潜力转化为作战的能力。总之，现代综合国力是由人力、自然力、政治力、经济力、科技力、精神力和军事力等组成，涉及国家的各个方面。建设现代国防，就是要把整个国家的综合国力建设好、运用好。

3. 现代国防是多种斗争形式的角逐

现代国防斗争，仍然是以敌对双方在战场上进行武力较量为基本形式，同时又要经常通过各种非武力斗争的形式，如经济斗争、政治斗争、外交斗争、科学技术斗争等进行激烈的角逐。

4. 现代国防与国家经济建设关系更加密切

国防的强弱从根本上讲要看国家的经济实力。本国的经济建设和科学技术迅猛发展，能使自己在国际竞争中占据充分主动地位，同时，对敌国的经济技术系统构成的威胁和损害同样能达到武力角逐的效果。因此，各国在国防建设过程中，突出抓好本国的经济建设和科学技术发展，以此拉开与别国的距离，并将本国的经济力和科技力迅速转化为国防实力。

5. 现代国防具有威慑作用的功能

威慑是和平时期国防的主要功能。威慑是指不通过战争，直接展示和运用强大的国防力量，采用多种手段，给对方造成巨大的压力，迫使敌人不敢运用和动用武力，以达不战而屈人之兵，或保证本国获得最大利益的目的。

三、国防的地位和作用

（一）国防关系着国家的安危和兴衰，是国家安全的重要保障

“民无兵不安，国无防不立。”没有强大的国防，就没有国家的主权和独立，人民的幸福和民族的兴旺也就没有保障。几千年来，国防与国家的存亡兴衰紧密联系在一起，有国必有防，防强则国安。为了保障国家安全、促进国家发展，世界各国都从本国的实际出发，努力加强国防建设，同时在国民中普遍推行维护国家安全的国防教育，使国民树立爱国主义和维护国家根本利益的观念，为国家的独立、统一和发展创造更加有利的环境和条件。世界各国的发展历史反复说明了这一点，特别是近代中国的历史更加说明了这一点。

19 世纪中叶，世界资本主义迅速发展，殖民主义侵略浪潮席卷全球。而当时的中国清朝政府腐败无能，有国无防，帝国主义列强乘虚而入，自 1840 年的鸦片战争开始，对中国进行了轮番侵略，胁迫清政府签订了一系列丧权辱国的不平等条约。中华民族沦为一个被人侮辱的民族，中国长期沦为半殖民地半封建社会。中国近代的国防史，是一部中华民族的耻辱史。从中华人民共和国成立之日起，我们就把建立足以抵抗侵略的强大国防，作为维护国家和民族尊严、树立国家形象的重要手段。从此，中国人民告别了被人随意欺侮、任意践踏的历史。中国近代国防的深刻教训使中国共产党人痛切地感到，“中国人民必须建设自己强大的国防”，才能使自己的国家屹立于世界民族之林。

（二）强大的国防是国家建设与发展的重要条件

当今世界，加强国防建设已成为一条立国的基本规律。国家无论大小，无论何种制度或政体，都少不了国防。尽管国家的性质不同，但国防建设是相同的。我们要建设强大的社会主义国家，也必须加强国防建设。加强国防建设不仅是捍卫国家主权和领土完整的需要，也是国家经济建设与发展的需要。《中华人民共和国宪法》（以下简称《宪法》）明确规定：“今后，国家的根本任务是集中力量进行社会主义现代化建设。”进行社会主义现代化建设，需要一个安定的和平环境，而这个和平环境的赢得，主要靠建设一个强大的国防。强大的国防不仅可以赢得战争的胜利，而且可以遏制战争。在平时国防具有强大的威慑力量，使帝国主义和霸权主义者不敢轻举妄动。一旦战争爆发，就有足够的实力打赢小战，制约战争规模的扩大，从而为经济建设提供和平的环境。另外，要实现我国现代化建设的宏伟目标，不仅需要和平安全的外部环境，而且需要安定团结的内部环境。只有人民团结、社会稳定，才能有国家的经济繁荣，也才能使国家在处理外部事务中具有坚强的实力和后盾。

（三）强大的国防是巩固我国的国际地位、维护世界和平的重要力量

一个国家要想在国际上具有很高的地位，除了要有强大的经济实力外，还必须有强大

的国防实力，仅靠政治、经济、外交等来维持国家的地位是不够的。尽管国富是兵强的物质基础，但国富不等于兵强，如果不加强国防建设，国家富裕了，同样还会受人欺负。我国作为一个大国，是联合国安理会的常任理事国，要在国际事务中掌握主动权，表达国家意志，对世界局势发挥应有的影响和作用，必须有强大的国防实力做后盾。另外，强大的国防也能为维护世界和平做出我们的贡献。当今世界，霸权主义和强权政治存在，世界的和平不会自动实现，更不能靠乞求得来。和平环境的争取与维护，必须靠强大的国防力量来实现。

四、公民的国防义务和权利

（一）公民的国防义务

1. 履行兵役义务

兵役义务是公民在参加国家武装力量和以其他形式接受军事训练方面应当履行的责任。《中华人民共和国兵役法》（以下简称《兵役法》）第 3 条规定：“中华人民共和国公民，不分民族、种族、职业、家庭出身、宗教信仰和教育程度，都有义务依照本法的规定服兵役。”公民履行兵役义务的主要形式有 3 种。

（1）服现役。现役是公民在军队中服兵役，包括参加中国人民解放军和武装警察部队。按照《兵役法》的规定，每年 12 月 31 日以前，年满 18 周岁的男性公民应当被征集服现役。当年未被征集的，在 22 周岁以前，仍可以被征集服现役。根据军队需要，也可以征集 18 ~ 22 周岁的女性公民服现役。如有特殊需要，在自愿的原则下，也可征集少量在 18 周岁以下的男女公民服现役。

《兵役法》还规定，应征公民是维持家庭生活的唯一劳动力或者是正在全日制学校就学的学生，可以缓征。除了征集新兵，军队平时还采取其他一些方式从适龄公民中选拔人员。军事院校从青年学生中招收学员，部分普通高等学校招收国防生，军队招收高等学校毕业生入伍，军队从非军事部门具有专业技能的公民中招收志愿兵。符合服兵役条件的公民，可以通过以上途径参加人民解放军或武警部队服现役。

另外，《兵役法》规定，士兵包括义务兵和志愿兵。义务兵服现役时间为 2 年。

战时，预备役人员应随时准备应召服现役，在接到通知后，必须准时到指定的地点报到。遇有特殊情况，国务院和中央军事委员会可以决定征召 36 ~ 45 周岁的男性公民服现役。应征公民拒绝、逃避征集构成犯罪的，依法追究刑事责任。

（2）服预备役。预备役是公民在军队以外所服的兵役，是国家储备后备兵员的形式。根据《兵役法》规定，预备役分为军官预备役和士兵预备役，并分别区分为第一类预备役和第二类预备役。公民服士兵预备役的年龄为 18 ~ 35 周岁。

①登记服预备役。每年 9 月 30 日之前，兵役机关要对到年底满 18 周岁的男性公民进行兵役登记。

②参加民兵组织。民兵是不脱离生产的群众武装组织，是国家武装力量的重要组成部分，是中国人民解放军的助手和后备力量。民兵分为基干民兵和普通民兵。28 周岁以下退出现役的士兵和经过军事训练的人员，以及选定参加军事训练的人员，编为基干民兵；

其余18~35周岁的男性公民，编为普通民兵。根据需要，吸收部分女性公民参加基干民兵。我国实行民兵与预备役相结合的制度，所有的民兵同时都是预备役人员，参加民兵组织也是服预备役。

③预备役部队。预备役部队是以现役军人为骨干，以预备役军人为基础，按照军队的编制体制建立起来的军事组织，是战时成建制快速动员的重要形式。公民编入预备役部队担任预备役军官或士兵，都是服第一类预备役。

(3) 参加学生军事训练。《兵役法》规定："高等院校的学生在就学期间，必须接受基本军事训练。""高级中学和相当于高级中学的学校，配备军事教员，对学生实施军事训练。"这就是说，接受军事训练是学生必须履行的兵役义务。学生军事训练依据国家教育部和解放军总参谋部、总政治部联合制定的《高等院校学生军事训练大纲》《高级中学和相当于高级中学军事课教学大纲》组织实施。高等院校将军事训练作为必修课纳入教学计划，将学生军事训练考核成绩载入本人档案，考核不合格的，按高等院校学籍管理办法和有关规定处理。

2. 接受国防教育的义务

国防教育是国家对全体公民所进行的一种具有特定目的和内容的国防教育活动，是国家整体教育事业的组成部分，是建设和巩固国防、增强民族凝聚力、提高全民素质的重要途径。

《中华人民共和国国防教育法》(以下简称《国防教育法》)第3条规定："国家通过开展国防教育，使公民增强国防观念，掌握基本的国防知识，学习必要的军事技能，激发爱国热情，自觉履行国防义务。"

《国防教育法》第4条规定："国防教育贯彻全民参与、长期坚持、讲求实效的方针，实行经常教育与集中教育相结合、普及教育与重点教育相结合、理论教育与行为教育相结合的原则，针对不同对象确定相应的教育内容分类组织实施。"

国防教育的内容主要包括：国防理论教育、国防精神教育、国防知识教育、国防技能教育、战备形势教育、国防任务教育、敌情等特定教育等。

3. 保护国防设施的义务

国防设施是指国家直接用于国防目的的建筑、场地和设备，包括军事设施、人民防空设施、国防交通设施和其他用于国防目的的设施。国防设施是国防活动的依托，是抵抗侵略、保卫祖国的物质条件，在巩固国防、维护国家安全利益方面具有重要作用。

1990年2月23日颁布的《中华人民共和国军事设施保护法》规定，国家对军事设施实行"分类保护、确保重点"的方针，根据军事设施的性质、作用、安全保密的需要和使用效能的要求，将军事设施的保护分为三类：一是划定军事禁区予以保护；二是划定军事管理区予以保护；三是没有划入军事禁区、军事管理区的军事设施，如通信线路、铁路和公路线、导航和助航标志等，采取有效措施予以保护。

公民在从事经济、文化和其他社会活动时，应当遵守法律的规定，自觉保护国防设施；公民对于破坏、危害国防设施的行为，应当检举、控告或制止；破坏、危害国防设施的，要承担相应的法律责任。

4. 保守国防秘密的义务

国防秘密是指关系国家安全利益，在一定时间内只限一定范围人员知悉的军事或与军事有关的政治、经济、外交、科技、教育等方面的事项。保守国防秘密事关国家的安危，公民应当遵守《中华人民共和国保守国家秘密法》，以及有关的保密规定，严格保守国防方面的国家秘密。发现国防方面的国家秘密已经泄露或者可能泄露时，立即采取补救措施并及时报告。

5. 支持国防建设、协助军事活动的义务

我国的国防是全民国防，公民应当积极参与和支持国防建设。支持国防建设的形式是多种多样的，公民所做的一切有利于国防建设的事都是支持国防建设。军事活动是国防活动的核心内容。公民和组织应当根据自己的能力和条件，自觉地提供便利和协助。

（二）公民的国防权利

我国国防相关法规规定了公民的国防权利，主要有：

（1）《国防法》规定，公民和组织有对国防建设提出建议的权利；公民和组织有对危害国防的行为进行制止或者检举的权利；公民和组织因国防建设和军事活动在经济上受到直接损失的，可以依照国家有关规定取得补偿。

（2）《宪法》规定，国家和社会保障残废军人的生活，抚恤烈士家属，优待军人家属。

（3）《中华人民共和国预备役军官法》规定，国家依法保障预备役军官的合法权益。预备役军官享有法律规定的因服军官预备役而产生的权利，享受国家规定的有关待遇。民兵、预备役人员和其他人员依法参加军事训练，担负战备勤务、防卫作战的责任，国家和社会保障其享有相应的待遇，按照有关规定实行抚恤优待。

第二节 中华人民共和国国防建设

国防建设是国家为提高国防实力而进行的各方面的建设，主要包括：武装力量建设，边防、人防及战场建设，国防科技与国防工业建设，国防法制建设，国防动员建设，国防教育，以及与国防相关的交通、通信、能源、航天建设等。中华人民共和国成立后，经过几十年的艰苦努力，我国国防建设取得了举世瞩目的成就。今天的中国之所以巍然屹立在世界的东方，并享有很高的声誉，主要是因为我国在政治上独立、经济上发展和国防上不断强大。

一、国防领导体制

国防领导体制，是国家谋划、决策、指挥、协调国防建设和军事斗争的组织体系及相应制度，包括国防领导机构的设置、职权划分和相互关系等，是国家体制和军事组织体制的重要组成部分。

中华人民共和国成立以来，为使国防领导体制适应国家政治、经济和科技的发展，特别是适应军事发展和保障国家安全的需要，对国防领导体制进行了多次调整改革，使之在实践中不断发展和完善。

中华人民共和国成立之初，根据有关法律的规定，设立中央人民政府人民革命军事委员会，作为国家最高军事领导机关，统一管辖并指挥中国人民解放军及其他武装力量。1954年，第一届全国人民代表大会通过并颁布的宪法规定，中华人民共和国主席统率全国武装力量，担任国防委员会主席，不再设立中央人民政府革命军事委员会。第一届全国人民代表大会决定，设立国防委员会和国防部，撤销中国人民解放军总司令的设置。同年9月28日，中共中央政治局通过决议，在中央政治局和书记处之下设党的军事委员会，担负整个军事工作的领导。中央政治局、书记处和军事委员会有关军事工作的决定，对内以军事委员会（简称军委）的名义下达，对外以国务院或国防部的名义下达。1958年7月，中央军委扩大会议通过的决议规定，中央军委是中共中央的军事工作部门，是统一领导全军的统帅机关，军委主席是全军统帅，下设总参谋部、总政治部、总后勤部；国防部是军委对外的名义。

1982年，第五届全国人民代表大会第五次会议通过的第四部宪法规定，设立中华人民共和国中央军事委员会，领导全国的武装力量。中央军事委员会实行主席负责制，主席由全国人民代表大会选举或罢免。为加强中国人民解放军（以下简称我军）武器装备建设，1998年中央军委增设了总装备部。与此同时，中共中央军事委员会继续存在，其职能和国家中央军委完全相同。这表明中央军委同时有两个名义：一个是中共中央军委，另一个是国家的中央军委，从而确立了党和国家高度集中统一地行使领导职权的国防领导体制。

1. 中共中央的国防领导职权

《国防法》第19条规定："中华人民共和国的武装力量受中国共产党领导。"《中国人民解放军政治工作条例》规定："中国人民解放军必须置于中国共产党的绝对领导之下，其最高领导权和指挥权属于中国共产党中央委员会和中央军事委员会。"有关国防建设、武装力量建设和国防动员的重大问题，都由中共中央、中央军事委员会、中央政治局及其常务委员会做出决策，并通过法定程序，作为党和国家的统一决策贯彻执行。

2. 全国人民代表大会及其常务委员会的国防职权

中华人民共和国全国人民代表大会是国家最高权力机关，其国防职权有：制定国防建设、武装力量建设和国防动员的基本法律；选举中华人民共和国中央军事委员会主席，根据军委主席的提名，决定中央军事委员会其他组成人员；决定战争与和平的问题；审查和批准包括国防建设计划在内的国民经济和社会发展计划及计划执行情况的报告；审查和批准包括国防经费预算在内的国家预算和预算执行情况的报告；改变或者撤销全国人民代表大会常务委员会在国防方面的不适当的决定；应当由全国人民代表大会行使的国防方面的其他职权。

全国人民代表大会常务委员会的国防职权有：制定国防建设、武装力量建设和国防动员的基本法律；在全国人民代表大会闭会期间，根据军委主席的提名，决定中央军事委员会其他组成人员，任免军事法院院长和军事检察院检察长；在全国人民代表大会闭会期间，审查和批准包括国防建设计划在内的国民经济和社会发展计划，包括国防经费预算在内的国家预算在执行过程中所必须做的部分调整方案；监督中央军事委员会的工作；决定同外国缔结的有关国防方面的条约和重要协定的批准和废除；规定和决定授予在国防方面国家的勋章和荣誉称号；决定战争状态的宣布，决定全国总动员或局部总动员；全国人民代表大会授予的国防方面的其他职权。

3. 国家主席的国防职权

国家主席的国防职权是：根据全国人民代表大会的决定和全国人民代表大会常务委员会的决定公布国防建设、武装力量建设和国防动员法律；根据全国人民代表大会的决定和全国人民代表大会常务委员会的决定宣布战争状态，发布动员令；《宪法》规定的国防方面的其他职权。

4. 国务院的国防领导职权

中华人民共和国国务院是最高国家权力机关的执行机关，是最高国家行政机关。它的国防领导职权主要有：编制国防建设发展规划和计划；制定国防建设方面的方针、政策和行政法规；领导和管理国防科研生产；管理国防经费和国防资产；领导和管理国民经济动员工作和人民武装动员、人民防空、国防交通等方面的有关工作；领导和管理拥军优属工作和退出现役军人的安置工作；领导国防教育工作；与中央军事委员会共同领导中国人民武装警察部队、民兵的建设和征兵、预备役工作以及边防、海防、空防的管理工作；法律规定的与国防建设事业有关的其他职权。

5. 中央军事委员会的国防领导职权

中华人民共和国中央军事委员会是最高国家军事机关，与中共中央军事委员会是同一机构，负责领导全国武装力量。其职权主要有：统一指挥全国武装力量；决定军事战略和武装力量的作战方针；领导和管理中国人民解放军的建设，制定规划、计划并组织实施；向全国人民代表大会或者全国人民代表大会常务委员会提出议案；根据宪法和法律，制定军事法规，发布决定和命令；决定中国人民解放军的体制和编制，规定总部以及军区、军兵种和其他军级单位的任务和职责；依照法律、军事法规的规定，任免、培训、考核和奖惩武装力量成员；批准武装力量的武器装备体制和武器装备发展规划、计划，协同国务院领导和管理国防科研生产；会同国务院管理国防经费和国防资产；法律规定的其他职权。

中央军委实行主席负责制，中央军委主席实际即为全国武装力量的统帅。中央军委组成人员为：中央军委主席，副主席若干人，委员若干人。中央军委下设总参谋部、总政治部、总后勤部、总装备部。四总部既是中央军委的工作机关，又是全军军事、政治、后勤、装备工作的领导机关。

二、国防动员体制

建立和完善国防动员体制，对于加强民兵和预备役部队建设，发展高技术条件下人民战争的战略战术具有十分重大的意义。

1. 国务院和中央军委共同领导国防动员工作

由于国防动员涉及军地两个方面，因此，需要政府和军队共同协调、相互配合。国防动员体制应当体现“平战结合、军民结合、寓兵于民”的方针。国务院有关部门要在经济建设中考虑国防需求，增加国防功能；军队有关部门负责提出年度的和中长时期内的军事需求计划，提供落实军事需求的有关技术支持和军事标准。考虑到国防动员的这些内在要求，《国防法》规定，国务院和中央军委共同领导国防动员准备和国防动员实施工作，它们可以根据情况召开协调会议，解决国防事务的有关问题。国家在和平时期进行国防动员准备，将国防教育、人民武装动员、国民经济动员、人民防空、国防交通等方面的动员准备纳入国家总体发展规划和计划，逐步完善动员体制，建立战略物资储备制度。国家重视开展国防教育，并将国防教育纳入国民经济和社会发展计划。

2. 国防动员委员会

国防动员委员会是国务院和中央军委的议事协调机构，在党中央、国务院、中央军委领导下负责全国国防动员工作。军区和省（自治区、直辖市）、地区、县（市、区）人民政府，设立相应的国防动员委员会，负责主管本区域的动员工作。县级以上各级国防动员委员会，设有综合办公室、国防教育办公室、人民武装动员办公室、经济动员办公室、人民防空办公室、交通战备办公室，负责承办相关国防动员工作。

国家国防动员委员会的主要职责是：贯彻党中央、国务院、中央军事委员会有关国防动员工作的方针、政策和指示；组织拟订国防动员工作的法律、法规和措施；组织编制国防动员规划、计划；检查监督国防动员法律法规的实施和国防动员计划的执行；协调军事、经济、社会等方面的重大国防动员工作；组织领导全国的人民武装动员、国民经济动员、人民防空和国防交通工作；行使党中央、国务院、中央军事委员会赋予的国防方面的其他职权。

三、国防建设成就

国防建设是国家为提高国防能力而进行的各方面的建设。主要包括：武装力量建设，边防、海防、空防、人防及战场建设，国防科技与国防工业建设，国防法规与动员体制建设，国防教育，以及与国防相关的交通运输、邮电、能源、水利、气象、航天等方面的建设等。

党三代领导核心一贯重视国防和军队建设。从中华人民共和国成立以来，在党中央、中央军委的领导下，我国国防和军队建设取得了巨大成就。

（一）军队的现代化、正规化水平有了突飞猛进的发展

军队是国防力量的主体。中华人民共和国成立至今，在党中央、中央军委的领导下，在全军乃至全国人民的共同努力下，人民军队按照现代化、正规化革命军队的总目标不断迈进。

我国在陆军的基础上，先后建立了空军、海军和战略导弹部队。陆军在步兵的基础上，相继建立了炮兵、装甲兵、工程兵、通信兵、防化兵等兵种。全军形成了诸军种、兵种统一的合成体系。陆军在加强原有的特种兵的同时，又增加了陆军航空兵、电子对抗

兵、气象兵和山地作战部队等兵种。近年来，陆军中特种兵的数量已经超过步兵，实现了建军史上的重大转变。与此同时，陆军武器装备的发展大大增强了陆军的火力、突击力、机动力和快速反应能力。目前，陆军既能独立作战，又能与海军、空军实施联合。1985年，陆军改编为合成集团军，使诸兵种合同作战能力和整体作战效能又有了大幅提升。

我国海军以舰艇部队为主体，由水面舰艇部队、潜艇部队、海军航空兵部队和海军陆战队等兵种组成。舰艇部队日趋导弹化、电子化、自动化。目前，在海军部队服役的各类主要作战舰艇的数量，比1950年年初创阶段增加了十多倍。舰艇普遍采用了卫星导航技术。过去的小炮舰和鱼雷艇已被国产的导弹驱逐舰、导弹护卫舰、导弹快艇和各类潜艇代替。训练舰、大型补给船、科研实验船和核动力潜艇等新型舰艇开始服役。整个海军已具有在水下、水面、空中和岸上立体攻防作战的能力，还可协同其他军种进行海上作战。

我国空军以航空兵为主体，由航空兵、地空导弹兵、高射炮兵、空降兵、雷达兵等兵种组成。其中，航空兵主要有歼击航空兵、轰炸航空兵、强击航空兵、侦察航空兵、运输航空兵和专业航空兵（如预预警机、电子战飞机和救护飞机等），具有高速机动、远程作战、猛烈突击、远程输送和遂行多种保障任务的能力。

我国战略导弹部队，于20世纪60年代中期创建，由周恩来总理亲自命名为第二炮兵，主要由导弹、中程导弹、远程导弹和洲际导弹部队组成。装有多种型号战略导弹，射程从数百公里至一万多公里，威力从几十万吨到数百万吨。可实施固定发射，也可机动发射。建有与之相配套的作战、防护工程和各种设施，具有较强的生存能力。由于采用了先进可靠的制导技术，可随时按照党中央和中央军委的命令给敌方以摧毁性的还击。

（二）形成了门类齐全、综合配套的国防科技工业体系

国防科技是衡量一个国家综合国力的重要标志之一，也是国防现代化建设的重要方面。中华人民共和国成立以来，我国的国防科技工业从无到有，从小到大，从落后到先进，建立起了包括电子、船舶、兵器、航空、航天和核能等门类齐全、综合配套的科研实验生产体系，取得了一大批具有国内、国际先进水平的科研成果，为我军现代化建设和切实增强我国的综合国力做出了重要贡献。

（1）在军用电子方面，逐步发展成为具有相当规模、门类齐全的新兴工业部门，特别是在指挥自动化、情报侦察、预警探测、电子对抗和通信等方面，为我军提供了各种新式装备和产品，进一步增强了部队侦察、通信、指挥和作战能力。

（2）在船舶工业方面，先后自行研制建造了常规潜艇、核动力潜艇、导弹驱逐舰、导弹护卫舰（艇）、导弹快艇等，以及各种辅助船舶和新型鱼雷、水雷、反水雷等新装备，大大增强了海上作战的能力。

（3）在兵器工业方面，研制生产了一大批具有先进性能的坦克、装甲车辆、火炮、弹药、轻武器、军用光电器材和综合火控、指挥系统等新型武器装备，为我军现代化做出了重要贡献。

（4）在航空工业方面，已能够生产先进的歼击机、歼击轰炸机、轰炸机、直升机、运输机、教练机和侦察预警飞机等，基本满足了海军、空军作战和飞行训练的需要，空战能力和对地支援能力显著提高。

（5）在航天科技工业方面，已拥有地地、地空、海空和空空导弹武器系统，运载火箭、各种卫星的研制、实验、发射和应用能力等达到世界先进水平，有的具有领先水平。

（6）在核工业方面，我国不仅可以生产制造原子弹、氢弹，还掌握了核潜艇技术，形成了足够的核威慑力量。

（7）在和平利用核能方面，我国也取得了突破性进展。

总之，中华人民共和国成立以来，在党中央、国务院和中央军委的领导下，我国国防科技工业取得了可喜的成绩。现阶段，我国国防科技工业正在按照党中央和军委的部署，按照打赢信息化战争的要求，加快实施信息化改造和信息化建设步伐，以适应新军事变革和满足建设信息化军队、打赢信息化战争的需要。

（三）国防动员体制进一步完善

为使战时有效而迅速地展开动员，我国在完善国防动员体制方面做了大量工作。

1. 建立了国防动员机构

中央军委下设人民武装委员会，负责指导协调全国的后备力量建设和动员工作。国务院各部委设有动员机构，平时本着“平战结合”的原则，积极做好人力、物力、财力、资源的开发和储备；战时按照“军民结合”的原则，采取有效措施，将各种资源的潜力迅速转变为实力。军队从总部机关到各军区、集团军、师（旅）均设有动员机构或动员军官。省军区、军分区、人武部，既是同级党委的军事部门，又是政府的兵役机关，是兼后备力量建设与动员工作于一体的机构。上述这些动员机构的建立，为战时动员的顺利开展奠定了良好的基础。

2. 建立了强大的国防后备力量

国防后勤力量包括预备役和民兵。目前，我国预备役部队已组建的预役师、团已正式列入人民解放军的建制序列，授予番号和军旗，形成了常备军与后备力量相结合的新体制。现在全国的民兵组织，已由单一的步兵发展成为包括高炮、地炮、通信、工兵、防化、侦察以及海、空军等专业技术在内的强大的群众武装力量。自 1985 年以来，全国又在普通高校和高级中学开展了学生军训，为国防培养了一批能文能武的后备力量。

3. 依托地方高校培养国防优秀人才

为进一步适应高新技术在军事领域广泛运用的新形势，拓宽选拔培养高素质军队建设人才的途径，培养和造就大批军政兼优、掌握现代科学文化知识的新型军事人才，2000 年 5 月，国务院与中央军委颁布了《关于建立依托普通高等教育培养军队干部制度的决定》。其主要方式：一是军队从普通高等学校低年级在校生中确定培养对象，毕业后选拔担任军队干部；二是军队从普通高等学校的应届毕业生（含研究生）中，择优挑选热爱国防事业、素质高的学生，直接接收入伍担任军队干部；三是普通高等学校按照国家和军队有关部门下达的招生计划，招收品学兼优的高中生，毕业后定向分配到军队工作；四是军地院校联合培养人才，选送现役干部到普通高等学校学习深造。另外，军队在普通高等学校设立国防奖学金，享受国防奖学金的学生，毕业后应到军队工作。

四、国防建设的主要内容

国防建设涉及国家建设的各个领域，所包括的内容很多，通常主要有武装力量建设、国防科技工业建设、战争动员、国防教育、国防立法、国防工程建设等。

1. 武装力量建设

国家武装力量是国家各种武装组织的统称。加强武装力量建设，主要是加强国防军的建设和后备力量建设，即要建设一支适应信息化战争需要，能应对多种威胁的陆军、海军、空军、第二炮兵，以及预备队部队和民兵。

2. 国防科技工业建设

国防科技和国防工业，是国防经济的主体和核心部分，直接为国家武装力量提供武器装备，既是实现国防现代化和进行战争准备的主要物质技术基础，又是促进国家经济建设的重要力量。

国防科技指为国防服务的自然科学及各种工艺与技术的统称。包括：兵器技术、航空技术、航天技术等。

国防工业包括：兵器工业、航空工业、舰船工业、电子工业、核工业、航天工业、军需工业等。主要产品有：枪炮、弹药、飞机、坦克、舰船、导弹、军用航天器材、枋武器和装备等。

3. 战争动员

战争动员也称为国防动员，是指国家由平时状态转入战时状态，统一调动人力、物力、财力为战争服务所采取的措施。可以使国家迅速实现平战转换，夺取战略主动权，可以把国家的战争潜力转化为战争实力，满足战争的需要。包括武装力量动员、国民经济动员、人民防空动员、国防交通动员和政治动员等。

4. 国防教育

国防教育是对全体军民在思想、品德、知识、体质等方面施以相应影响的一种活动。目的在于增强国防观念，提高人民群众捍卫国家和民族利益的自觉性。主要表现在要教育人们居安思危，增强国防观念；要教育人们树立正确的战争观；要教育人们要敢于斗争，敢于胜利，大力弘扬爱国主义和革命英雄主义。

中华人民共和国成立后，国防教育的形式呈现多样化，从中央到地方的各级部门，国体、学校、部队、院校等都担负起国防教育的职能，形成了国防教育的网络体系。

5. 国防工程建设

国防工程建设是国防建设的重要内容，通常主要包括：边、海防的国防工程建设，预设战场的国防工程建设，各军兵种的国防工程建设和民防工程建设等。国防工程建设对战争的胜负起着重要的作用，既是保存国力军力的重要设施，又是反侵略战争的重要依托。

第三节 中国的武装力量建设

武装力量是国家或政治集团各种武装组织的总称，是国家机器的重要组成部分。一般以军队为主体，由军队和其他正规的和非正规的武装组织构成。武装力量建设，是指为建立和加强国家武装力量所采取的一系列举措，它以军队建设为主体，是国防建设的重要组成部分，目的在于提高武装力量的作用能力，为国家的根本利益服务。

一、我国武装力量的组成与体制

（一）我国武装力量的组成

《国防法》和《兵役法》规定：中华人民共和国的武装力量，由中国人民解放军现役部队和预备役部队、中国人民武装警察部队和民兵组成。

1. 中国人民解放军现役部队和预备役部队

中国人民解放军是中国武装力量的主体和骨干，它创建于1927年8月1日，是抵抗侵略、保卫祖国、维护国家主权和安全的主要力量。由现役部队和预备役部队组成。

中国人民解放军现役部队是国家的常备军，由陆军、海军、空军和第二炮兵组成。主要担负防卫作战任务，必要时可以依照法律规定协助维护社会秩序。

中国人民解放军预备役部队是国防后备力量的重要组成部分，组建于1983年，是以现役军人为骨干，以预备役军官、士兵为基础，按规定的体制编制组成的部队。预备役部队实行统一编制，师、旅、团授予番号、军旗，执行人民解放军的条令、条例，列入人民解放军序列，平时隶属于省军区（卫戍区、警备区）建制领导，战时动员后归指定的现役部队指挥。

预备役部队的基本任务是：努力提高部队的军政素质，不断增强现代条件下快速动员和作战能力；切实做好战时动员的各项准备工作，随时准备转为现役部队，执行作战任务；积极参加社会主义建设，在物质文明和精神文明建设中发挥骨干带头作用。

2. 中国人民武装警察部队

中国人民武装警察部队是国家武装力量的重要组成部分，是保卫社会主义现代化建设的一支重要力量，是人民民主专政的重要工具之一。在国务院、中央军事委员会的领导指挥下，担负国家赋予的安全保卫、维护社会秩序的任务。根据中国人民解放军的建军思想、宗旨、原则，按照中国人民解放军的条令、条例和有关规章制度，结合武警部队的特点进行建设。

中国人民武装警察部队由内卫、黄金、森林、水电、交通等部队组成，其前身是1950年组建的中国人民公安部队。1982年，中国人民解放军将担负看押劳改犯、守护地方重要目标的重任，与公安部实行义务兵制的武装、边防、消防警察合并，统一组建了中国人民解放军武装警察部队。1983 年 4 月，武警总部成立。1984 年 5 月，正式纳入武装力量新体制。

武警部队的基本任务是：维护国家安全和社会稳定，保卫国家重要目标，保卫人民生命财产安全，战时协助人民解放军进行防卫作战。平时担负固定目标执勤、处置突发事件、反恐怖任务，并支援国家经济建设。

中国人民武装警察部队的任务决定了它具有军事性、公安性、地方性的特点，也决定了武警部队必然有不同于人民解放军的组织领导体制。人民武装警察部队属于国务院编制序列，由国务院、中央军委双重领导，实行统一领导管理与分级指挥相结合的体制。人民武装警察部队设总部、总队（师）、支队（团）三级领导机关。各级机关设司令部、政治部、后勤部。

武警总部是武警部队的领导指挥机关，领导和管理武警内卫部队的军事、政治和后勤工作，对列入武警部队序列的其他部队的军事、政治、后勤工作进行指导。各省、自治区、直辖市设武警总队，地区（地级市、州、盟）设支队，县（旗、县级市）设中队或大队、站、所。部分武警总队编有直属支队，按支队、大队、中队、排、班的序列编制。

武警部队的武器装备轻便、精良，以步兵轻武器为主，有少量的重型武器和特种武器。

3. 中国民兵

民兵是由不脱产的人民群众组成的武装组织，是中华人民共和国武装力量的组成部分，是中国人民解放军的有力助手和强大的后备力量，是进行现代条件下人民战争的基础。

民兵按年龄可分为普通民兵和基干民兵；按专业可分为普通兵和技术兵；按预备役可分为一类预备役和二类预备役。28 周岁以下退出现役的士兵和经过军事训练的人员以及选定参加军事训练的人员编入基干民兵组织。其余 18～35 周岁符合服兵役条件的男性公民，编入普通民兵组织。女民兵编为基干民兵，人数控制在适当的比例内。陆海边疆、少数民族地区和城市有特殊情况的单位，基干民兵的年龄可适当放宽。民兵必须是身体素质好、政治可靠的人员。

《兵役法》规定："实行民兵与预备役相结合的制度，把参加民兵组织和服预备役的年龄、政治、身体条件一致起来。有民兵组织的地方，在基层工作上把两者结合起来，使基层民兵组织成为预备役的基本组织形式。对于未编入民兵组织，但符合民兵条件的，进行预备役登记。"

全国民兵工作在国务院、中央军委领导下，由总参谋部主管：各大军区按照上级赋予的任务，负责本区域的民兵工作；各省军区、军分区和县（市）人民武装部是本地区的民兵领导指挥机关；乡、镇、部分街道和企事业单位人民武装部，负责民兵和兵役工作。地方各级人民政府对民兵工作实施原则领导，对民兵工作实施组织和监督。

民兵在军事机关的指挥下，战时担负配合常备军作战、独立作战、为常备军作战提供战斗勤务保障以及补充兵员等任务，平时担负战备执勤、抢险救灾和维护社会秩序等任务。主要表现在 3 个方面：积极参加社会主义现代化建设，带头完成生产和各项任务；担负战备勤务，保卫边疆，维护社会治安；随时准备参军参战，抵抗侵略，保卫祖国。

（二）我国武装力量的领导体制

我国武装力量的领导体制是中央军委领导下的总部对各军区、各军兵种、武装警察部队和民兵实施领导指挥的领导体制。

1. 中央军委

中央军事委员会，简称中央军委，是中华人民共和国武装力量的最高领导机关和最高统帅部。其职权是：统一指挥全国武装力量；决定军事战略和武装力量的作战方针；领导和管理中国人民解放军的建设，制定规划、计划并组织实施；向全国人民代表大会或全国人民代表大会常务委员会提出议案；根据宪法和法律，制定军事法规，发布决定和命令；决定中国人民解放军的体制和编制，规定总部以及军区、军兵种和其他军区级单位的任务和职责；依照法律、军事法规的规定，任免、培训、考核和奖惩武装力量成员；批准武装力量的武器装备体制和武器装备发展规划、计划，协同国务院领导管理国防科研生产；会同国务院管理国防经费和国防资产。

中国共产党中央军事委员会与中华人民共和国军事委员会是一个机构，组成人员和对武装力量的领导职能完全一致，实行这种领导体制既能保证党对武装力量的领导，又能通过国家机构加强武装力量的建设，有利于加强国防现代化建设。中央军委由主席、副主席若干人、委员若干人组成，实行主席负责制。

2. 总部机关

中国人民解放军总参谋部、总政治部、总后勤部、总装备部是中央军委的日常办事机构，同时又是中国人民解放军的领导机关。其基本职能是：保障中央军委的战略决策和各项方针、政策的实现。

总参谋部是全国武装力量军事工作的领导机关。其职能是负责组织领导全国武装力量的军事建设，组织指挥全国武装力量的军事行动。总参谋部设有作战、情报、训练、军务、通信和动员等业务部门。

总政治部是全军政治工作的领导机关。其基本职能是：负责管理全军党的工作，组织进行政治工作。总政治部设有组织、干部、宣传、保卫等部门。

总后勤部是全军后勤工作的领导机关。其基本职能是：负责组织领导全军后勤建设和后勤保障工作。总后勤部设有财务、军需、卫生、军交运输、物资油料和基建营房等部门。

总装备部是全军武器装备的领导机关，组建于 1998 年 4 月。其基本职能是：负责组织、领导全军武器装备的建设和管理工作。总装备部设有综合计划、军兵种装备、陆军装备科研订购、通用装备保障和电子信息基础等部门。

3. 各大军区及军委直属的其他单位

（1）大军区。

大军区是根据国家的行政区划、地理位置和战略战役方向、作战任务等设置的军队一级组织。军区机关是战略区域内合成军队的军事领导指挥机关。其主要职能是：在中央军委、总部的领导指挥下，根据总的战略意图，负责组织辖区内陆、海、空三军部队的联合作战行动和演习，直接领导所属陆军部队的组织建设、军事训练、行政管理、政治工作和后勤保障等；领导辖区内的民兵、兵役、动员、人民防空和战场建设等工作。军区设有司令部、政治部、联勤部、装备部等领导指挥机关，下辖若干陆军集团军和省军区（卫戍区、警备区）。中国人民解放军军区的设置进行过多次调整，目前，全国共设有七个大军区，即北京、沈阳、兰州、济南、南京、广州、成都军区。

省军区（卫戍区、警备区）是我国行政区划的省（自治区、直辖市）的军队一级组织。它是中国共产党省（自治区、直辖市）委员会的军事工作部门和政府的兵役工作机构，受军区和省（自治区、直辖市）党委、政府的双重领导。设有司令部、政治部、后勤部、装备部等领导机关。其主要任务是：负责所在省（自治区、直辖市）的军事工作；领导预备役、民兵、兵役、动员工作和主要城市的警备工作。有的还担负边防、海防守备任务。省军区下辖若干个军分区和一定数量的部队。军分区是在行政区划的地区（省辖市、自治州）所设立的军队一级组织。其主要任务是：负责所在地区（省辖市、自治州）的军事工作以及民兵、兵役和动员工作。军分区下辖若干人民武装部。人民武装部既是中国共产党同级地方委员会的军事工作部门，又是军队的民兵、兵役和动员工作部门。

（2）军委直属的其他部门。

①军事科学院：军事科学院是中央军委领导下的全军高级军事研究机关，是全军军事科学研究的中心，是中央军委和总部机关从军事理论高度指导军队建设的助手。其任务是：进行军事基础理论和国防建设、军队建设重大问题的研究；为军委和总部决策提供战略性建议和咨询；组织协调全军的军事学术研究工作等。

②国防大学：国防大学是中央军委直属院校。主要负责培养高级指挥人员、高级参谋人员和高级理论研究人员。

③国防科学技术大学：国防科学技术大学是直属中央军委领导的综合性院校。主要负责培养高级科学和工程技术人才与专业指挥人才，培训军队高级领导干部，从事先进武器装备和国防关键技术研究。

二、中国人民解放军军兵种体制及编成

军兵种体制是指军队按军种、兵种构成的组织体系。中国人民解放军区分为陆军、海军、空军三个军种和第二炮兵。每个军种都是一个多系统和多层次有机结合的整体，不仅有战斗兵种、战斗保障兵种及专业部队，而且设有各级领导机构、后勤保障系统和院校培训体系。

（一）中国人民解放军陆军

中国人民解放军陆军是指在陆地上作战的军种，是军队的主要组成部分。它具有强大的火力、突击力和高度的机动能力；既能独立作战，又能与海军、空军合同作战，是决定陆战场胜负的主要力量。

中国人民解放军陆军由步兵、炮兵、装甲兵、防空兵、陆军航空兵、电子对抗兵、工程兵、通信兵、防化兵、侦察兵、测绘兵、汽车兵等兵种组成。主要装备步兵武器、坦

克、步兵战车、装甲输送车、火炮、导弹、直升机、汽车等武器装备。

陆军的基本组织层次为：集团军、师（旅）、团、营、连、排、班。团以上大多采用合成编组。集团军通常辖若干个步兵师（旅）、装甲（坦克）师（旅）、炮兵旅、防空旅、直升机大队、工兵团、通信团及各种保障部（分）队等。陆军按任务可以划分为野战机动部队、海防部队、边防部队、警卫警备部队等。

陆军没有设置独立的领导机关，领导机关职能由四总部代行。集团军至团的各级领导机关通常设置司令部、政治部（处）、后勤部（处）、装备部（处）。

1. 步兵

步兵是以轻武器、小口径火炮、反坦克导弹、防空火器、汽车、装甲输送车和步兵战车、保障车辆为基本装备，主要遂行地面突击任务的兵种，担负着直接歼灭敌人、坚守和夺取重要目标和地区的作战任务。步兵由摩托化步兵、机械化步兵、山地步兵组成，按师、团、营、连、排、班编成。

步兵的特点是：武器装备简单、轻便，具有夜战、近战和独立战斗的能力。受地形的限制、气象的影响较小，能在各种艰险困难的条件下独立持久地作战，具有很强的灵活性和顽强性；又能在其他军兵种的协同下实施合同或联合作战。

现代条件下，我军步兵的机动能力有了很大的提高，火力、突击力、防护力较过去大大增强，由过去单纯的徒步冲击，变为徒步和乘车冲击相结合的方式，甚至还能从空中垂直加入战斗。在火力方面，既有能打摩托化步兵的能力，又有较强的打装甲目标的能力，还有一定的对敌空中目标攻击的能力。

2. 装甲兵

装甲兵是以坦克及其他装甲战车、保障车辆为基本装备，主要遂行地面突击任务的兵种，是陆军中的一支重要的突击力量。在合成作战中，它可协同其他军兵种作战，也可在其他军兵种的协同下或单独遂行战斗任务，按师（旅）、团、营、连编成。在坦克师（旅）、团中，还编有装甲步兵、炮兵等部（分）队及其他勤务保障分队。

装甲兵的特点是：具有较强的火力、较好的通行能力、快速的机动能力、一定的夜战能力、良好的装甲防护能力。但其战斗行动受天气、气候和地形的影响；车辆多，目标大，难以隐蔽和伪装；物资供应和技术保障较为繁重和复杂。

3. 炮兵

炮兵是以各种压制火炮、反坦克火炮、反坦克导弹和战役战术导弹为基本装备，遂行地面火力突击任务的兵种，是陆军的重要组成部分和主要火力突击力量。它通常与其他军兵种协同作战，也单独地遂行火力突击任务。炮兵由地面炮兵、高射炮兵和战术导弹部（分）队组成，按师（旅）、团、营、连编成。

炮兵的特点是：具有强大的火力、较远的射程、良好的射击精度和较高的机动能力。火炮射程远、射面广，能及时广泛地实施火力机动，杀伤敌人，摧毁敌武器装备和工程设施，适时机动，且能在短时间内集中火力对敌实施猛烈突击。但是，炮兵也有易受气象、地形、道路等条件的限制和影响，装备复杂、补给困难、射击准备时间长等弱点。

4. 防空兵

防空兵是以高射炮、地空导弹武器系统为基本装备，遂行野战对空作战任务的兵种，是陆军对空作战的主要力量。防空兵由高射炮兵、地空导弹兵和雷达兵等部（分）队组成，以队属高射炮兵为主的体制，按旅（团）、营、连编成。

防空兵的特点是：具有较强的火力、较远的射程、良好的射击精度、较高的机动能力和快速的反应能力，能在昼夜和复杂气象条件下，持续地打击来自高、中、低空的敌飞行器。

5. 陆军航空兵

陆军航空兵是装备攻击直升机、运输直升机和其他专用直升机及轻型固定翼飞机，具有空中机动、空中突击和空中保障能力，主要遂行以航空火力支援地面作战和机降作战任务的陆军兵种。我军的陆军航空兵是20世纪80年代组建的一个新的兵种。它既可担负战勤运输和机降作战任务，也可以实施强有力的近距离火力支援或突击。按团、大队、中队编成。

陆军航空兵的特点是：具有较强的攻击火力、广泛的机动能力和快速的反应能力，且隐蔽性好，不受地形的影响，具有超低空、"贴地"飞行的本领，能在地形复杂的条件下远离机场遂行多种作战任务，能快速地从各个方位将兵力集中于主要作战方向，令敌人防不胜防。它在侦察、运输、空降作战、反坦克、布雷、电子战等方面，将发挥愈来愈大的作用，是名副其实的"空中铁骑"，为坦克、装甲目标的"天敌"、步兵的"克星"。

6. 电子对抗兵

电子对抗兵是对敌实施电子战的主要力量。通常协同其他兵种作战，有时也可以单独地遂行电子侦察、电子干扰和电子摧毁任务。按团（大队）、营、连编成。

电子对抗兵的特点是：以电子设备或器材为武器，以电子斗争为主要作战形式，作战双方通过电磁波在空间的传播进行斗争，因而通常双方并不接触，斗争具有很强的技术性、谋略性和欺骗性。

7. 防化兵

防化兵是担负防化学保障任务的兵种，是对核、生、化武器防护的技术骨干力量。它既是军队对核、生、化武器防护的一支专业技术力量，又是一支可能直接杀伤敌人的战斗力量。由防化（观测、侦察、洗消）、喷火和发烟等部（分）队组成，按团、营、连编成。

防化兵的特点是：专业性、技术性和完成任务的时效性强，执行任务分散，保障条件下的目标多，具有较强的独立性、机动性和灵活性。现如今，防化兵增强了野战条件下的群防能力和快速侦察能力，成为我军一支技术程度较高的专业力量。

8. 通信兵

通信兵是担负军事通信联络任务、保障军队指挥的专业兵种，具有在各种战斗情况下遂行通信保障任务和提高指挥效率的能力。主要由通信、通信工程、无线电通信对抗、航空兵导航和军邮勤务等专业部队组成，按团（站）、营、连编成。

通信兵的特点是：装备复杂，通信联络手段多，技术性、专业性、保密性和时效性强。

（二）中国人民解放军海军

中国人民解放军海军是以舰艇部队为主体，在海洋上作战的军种。海军具有在水面、水下、空中和岸上实施攻防作战和战略袭击的能力，既能独立在海上作战，又能协同陆军、空军作战，具有常规作战能力和战略核打击能力，是海上作战的主力。

中国人民解放军海军的前身是 1949 年 4 月 23 日组建的中国人民解放军华东军区海军。目前，它已成为一支装备复杂、技术密集、由多兵种合成、具有现代化作战能力的近海防御力量。

中国人民解放军海军主要由水面舰艇部队、潜艇部队、海军航空兵、海军岸防兵、海军陆战队等兵种及各种专业保障部队组成。

1. 水面舰艇部队

水面舰艇部队是指在水面遂行作战任务的兵种，是海军的基本作战兵力，主要包括战斗舰艇部队和勤务舰船部队，具有在广阔海域进行反舰、反潜、防空、水雷战和对岸攻击等作战能力。主要用于攻击敌方海上兵力和岸上目标，支援登陆、抗登陆作战，保护或破坏海上交通线，进行海上封锁、反封锁作战，运送作战兵力和物资，参加夺取制海权和海洋制空权的斗争等。

水面舰艇部队由驱逐舰、护卫舰（艇）、导弹艇、鱼雷艇、猎潜艇、扫（布）雷舰（艇）等战斗舰艇部队，按舰艇支队、大队、中队编成。勤务舰船部队编成大队，根据专业性能和担负的任务分别组成不同专业性质的勤务舰船大队。

水面舰艇部队的特点是：装备种类多，武器和技术装备复杂，装载力较大；执行任务范围广；可遂行多项作战和保障任务，可以担任攻击、保障、防御任务，也可执行海上运输任务，可以对沿海目标、水面目标和水下目标实施攻击，还可以反击空中目标；既可单独编成舰队独立遂行作战任务，又可以与其他军兵种协同进行作战任务；航速高，续航力大，航海性能好；既可长期在远洋活动，又可在近岸、浅水、岛礁区活动。

2. 潜艇部队

潜艇部队是海军在水下遂行作战任务的兵种，是海战场的重要突击力量。携带战略导弹的核潜艇是国家战略核反击力量的重要组成部分。

潜艇部队按潜艇动力可分为常规动力潜艇部队、核动力潜艇部队；按武器装备可分为鱼雷潜艇部队、导弹潜艇部队和战略导弹潜艇部队。

潜艇的主要战术技术特点：一是有良好的隐蔽性。潜艇主要活动在水下，有较大的下潜深度，不易被水面舰艇、飞机和卫星侦察发现，这是潜艇区别于其他舰艇的主要特点和优点。由于作为探测潜艇最有效的器材——声呐，其作用距离有限，故难以探测到在大洋深处活动的潜艇。相反，潜艇却能对水面和空中的反潜兵力实施隐蔽的搜索观察，做到先发现敌目标，及早主动采取避防措施。一旦被敌发现，还可以使用各种伪装和干扰器材欺骗和迷惑敌人。二是有较强的突击威力。潜艇可在水下发射鱼雷、导弹和布放水雷，突然地对敌各种舰船和岸上目标实施攻击，命中精度高，破坏威力大，并可实施多次攻击。三是有较大的续航力和自给力。潜艇在水下航速高，续航时间长，常规动力潜艇续航力在5 000～10 000海里①，自给力可达60昼夜；核动力潜艇的续航力和自给力更大。因此，潜艇可远离基地到中、远海区长时间游弋，独立地遂行作战任务。

3. 海军航空兵

海军航空兵是在海洋上空遂行作战任务的一个重要兵种，是海军重要的突击和保障力量之一。海军航空兵可以单独地，也可以协同海军其他兵种完成海上多种作战任务。

海军航空兵通常由轰炸航空兵、歼击轰炸航空兵、歼击航空兵、强击航空兵、侦察航空兵、反潜航空兵部队和执行预警、电子对抗、运输、救护等保障任务的部队组成。它是夺取和保卫海洋战区制空权的重要力量，能对海战的进程和结局产生重大影响。其编制层次为舰队航空兵、航空兵师、团、大队（营）、中队（连）。

海空航空兵具有反应快速、机动性强、突击猛烈、遂行任务种类多等特点。

4. 海军岸防兵

海军岸防兵是指海军部署于沿海重要地段、岛屿，以火力遂行海岸防御任务的兵种，是海岸防御的主要火力。它能充分利用岛、岸的有利条件，预先构筑多种阵地，储备大量作战物资，进行持久作战，是近岸坚守防御战中的主要力量之一。

海军岸防兵通常由海岸导弹部队和海岸炮兵组成。其基本任务是：封锁海峡、航道，消灭敌方舰船，掩护近岸海区的己方交通线和舰船；支援海岸、岛屿守备部队作战，保卫基地、港口和沿海重要地段的安全。其编制有独立团、营、连等，分属于海军基地或水警区。

5. 海军陆战队

海军陆战队是指海军中担负渡海登陆作战任务的兵种，是实施两栖作战的快速突击力量。它是一支由诸兵种合成的，能实现快速登陆或担任海岸、岛屿任务的两栖作战部队。是海军对岸作战的重要力量，是国家海上力量的重要组成部分之一，是实现国家海洋战略的重要兵力。通常由陆战步兵、炮兵、装甲兵、工程兵及侦察、通信等部（分）队组成。其基本任务是：独立或协同陆军实施登陆作战、抗登陆作战。其编制序列为旅、营（团）、连、排、班。

海军陆战队的特点是：具有两栖化、装甲化、自动化、轻型化的特点，具有强大的火力、较强的机动能力、很强的突击力和较强的保障能力。

（三）中国人民解放军空军

中国人民解放军空军是主要进行空中作战的军种，是军队的重要组成部分。具有快速反应、高速机动、远程作战和猛烈突击的能力，既能协同其他军种作战，又能独立遂行战役、战略任务，是现代立体作战的重要力量，能对战争的进程和结局产生重大影响，在现代国防和现代战争中具有重要的地位和作用。

中国人民解放军空军成立于1949年11月11日，主要由航空兵、地空导弹兵、高射

① 1海里=1.852千米。

炮兵、空降兵及雷达、通信、电子对抗、气象等部队组成。其编制序列为军委空军、军区空军、空军军（空军基地）、师（旅）、团（站）、飞行大队（营）、飞行中队（连）。空军领导机关设有司令部、政治部、后勤部、装备部。军区空军根据任务辖一至数个航空兵军（基地）或航空兵师，一至数个防空混成师、地空导弹师（旅、团）、雷达旅（团）或高炮旅（团）。

1. 航空兵

航空兵是指装备军用飞机在空中遂行作战任务的兵种，是空军的主体。按照任务及装备飞机的不同，可分为歼击航空兵、轰炸航空兵、强击航空兵、侦察航空兵和运输航空兵等。主要装备有歼击机、轰炸机、歼击轰炸机、强击机、侦察机、运输机、直升机及特种飞机等。

歼击航空兵是担负歼灭敌空中飞机和飞航式空袭兵器任务的兵种。其任务是：争夺制空权，掩护和保障各军兵种的作战行动，对保障航空兵本身各机种的战斗行动均具有特殊的意义。

强击航空兵是担负攻击敌地面部队或其他目标任务的兵种。其任务是：压制敌战场目标；消灭敌有生力量；阻滞敌交通运输；突击敌航空基地，压制敌防空兵器，争夺制空权；必要时，实施航空侦察和歼灭空中目标。

轰炸航空兵是担负对地面、水面目标实施轰炸进攻任务的兵种。其任务是：破坏敌纵深政治、经济、军事等目标；消灭敌有生力量；突击敌航空兵基地，夺取制空权；阻滞敌交通运输；遂行航空侦察、空中布雷及反潜等任务。

侦察航空兵是以侦察机为基本装备，担负从空中获取情报任务的兵种。其任务是：查明敌兵力部署；查明敌政治、经济、军事、交通等重要目标情况；查明敌电子技术设备的性能和配置；发现敌实施突然袭击和使用核武器的征兆；检查我军的伪装情况和对敌突击的效果。

运输航空兵是装备军用运输机和直升机，遂行空中输送任务的兵种。具有远程、快速的运输能力和广泛的机动能力，对保障军队机动和补给具有重要的作用。其任务是：保障地面部队实施空中机动；协同其他航空兵转场；输送空降兵实施空降作战；空运武器装备和物资器材；实施空中求援。

除侦察航空兵按团、大队、中队编成外，其他航空兵均是按师、团、大队、中队编成。

2. 地空导弹兵

地空导弹兵是装备地空导弹（也称防空导弹）武器系统，遂行防空作战任务的兵种。它是国土防空的重要力量，具有较强的战斗力、较高的射击精度和一定的机动能力，能在昼夜间各种天气和气候条件下遂行作战任务，通常与歼击航空兵、高射炮兵共同行动。

地空导弹兵与高射炮兵是空军两个地面防空作战的兵种，两者既有分工，又密切协同，通常在要地周围，按远、中、近（程）和高、中、低（空）构成严密的防空火力网。按师、团、营或旅、营编成。

地空导弹兵的主要任务是：歼灭来袭的敌空袭兵器，掩护国家要地；歼灭敌侦察机，制止敌航空侦察；歼灭敌运输机，制止敌空运、空投和空降；必要时，掩护陆、海军的主要部署。

3. 高射炮兵

高射炮兵是以高射炮为基本装备，遂行防空作战任务的兵种，是国土防空的重要力量。具有迅猛的火力和较强的机动能力，能在昼夜间各种天气和气候的条件下持续地进行战斗，特别是对于中低空目标，更能发挥其战斗威力。通常按旅、团、营、连编成。

高射炮兵的主要任务是：歼灭来袭的敌空袭兵器，掩护国家要地；歼灭敌侦察机，制止敌航空侦察；歼灭敌运输机和伞降、机降的空降兵；必要时，掩护陆、海军的主要部署和歼灭敌地面、水面目标。

4. 空降兵

空降兵是以伞降或机降方式投入地面作战的兵种。具有作战空间范围大，可大范围超越地理障碍，全方位机动能力强，行动隐蔽、速度快；应急作战能力强和遂行作战任务及作战式样多等特点，是一支具有空中快速机动，能实施远程奔袭、全纵深作战的突击力量。

我军的空降兵主要由空降步兵、装甲兵、炮兵、工程兵、通信兵及其他专业部（分）队，以陆军为基础，按军、师、团、营、连编成。

其主要任务是：夺取敌方纵深区域的重要目标或地域，断敌后路，阻敌增援，配合当面进攻部队歼敌或夺取登陆场，配合登陆部队登陆；摧毁或破坏敌指挥机构、导弹、核武器、电子设备、机场、交通枢纽和后方供应设施等重要目标；应急部署，掩护当面部队的机动和展开；支援敌后作战的部队和游击队；参加反空降作战和担负其他特殊作战任务。

5. 雷达兵

雷达兵是以雷达获取空中情报的兵种，是国土防空预警系统的主体和指挥、引导的主要保障力量。具有全天候搜索、探测和监视空中目标的能力。随着装备的不断更新，探测范围不断扩大，现在已构成了覆盖全国的雷达预警网，在保障国土防空、飞行管制、航空兵的作战和训练等方面均发挥着巨大的作用。通常按旅（团）、营、连编成。

雷达兵的主要任务是：实施对空警戒侦察，及时提供防空作战和协同登陆、海军作战以及人民防空所需的空中情报；提供空中敌、我机的活动情况，保障空军各级指挥所指挥引导我机的战斗活动，保障航行管制部门实施飞行管制，并将有关违反飞行规划、偏航、迷航、遇险等情况及时通知有关部门，对经批准在我国领空飞行的一切飞行器进行监察。

（四）中国人民解放军第二炮兵

第二炮兵，也称“地地战略导弹部队”，是中国人民解放军中装备地地战略导弹武器系统，遂行战略核反击任务的部队，是实施积极防御战略任务的重要核反击力量。该部队始建于20世纪60年代，受党中央、中央军委直接领导和指挥。它与海军潜艇战略导弹部队和空军战略轰炸机部队构成我国“三位一体”的战略核力量。

第二炮兵的建立和不断发展壮大，是我国综合实力和国防现代化的重要标志之一。它不仅展示了我国拥有强大的军事实力和尖端科学技术，同时也标志着我军现代化进入了新的阶段。它对于提高我国的国际威望、遏制超级大国对我国发动战争、争取一个和平稳定的国际环境都具有重要作用。

1. 第二炮兵的编成

第二炮兵由地地战略导弹部队、常规战役战术导弹部队以及工程、情报、侦察、测地、计算、气象、通信、防化、伪装等专业部队组成。编制序列为第二炮兵导弹基地（相当于军)、旅、营。第二炮兵领导机关设有司令部、政治部、后勤部、装备部。

2. 第二炮兵的主要任务

主要任务是：平时发挥威慑作用和遏制敌人可能对我国发动的核战争；战时协同其他部队作战或独立作战；遏制将常规战争升级为核战争，遏制核战争升级，实施核反击；打基的目标包括敌方的战略导弹基地、战略轰炸机基地、海军基地、核武器制造工厂和储备库等重要军事、政治、经济中心目标。

目前，第二炮兵已建成了一批不同型号和不同发射方式的作战阵地，初步形成了多种型号的导弹武器装备系统，快速机动作战能力和准确打击目标能力有了进一步的提高。

三、我国武装力量建设与发展的指导原则

到21世纪中叶，是中华民族全面振兴的重要时期，也是人民军队发展的重要时期。党中央及时地提出了军队现代化建设“三步走”的战略，即：第一步打好基础，第二步加快发展，第三步实现目标。这一战略构想充分反映了我党在军事战略上的深谋远虑和强军兴军的雄心壮志，是指引军队跨世纪建设与发展的宏伟纲领。实现跨世纪发展构想，加速军队的现代化建设，应当坚持以下指导原则。

（一）坚持质量建军

任何一支军队，其战斗力的强弱，不但取决于兵力数量的多寡，而且取决于兵力质量的高低。在现代战争条件下，兵力数量要素在军队作战能力构成比重逐渐下降，而军队战斗力的强弱越来越主要地取决于兵力质量的高低。因此，必须坚持质量建军，走有中国特色的精兵之路。在军队建设的指导思想上，必须实现由数量规模型向质量效能型、由人力密集型向科技密集型的根本性转变。

（二）坚持科技强军

没有先进的科学技术，既不可能有现代化的武器装备，也不可能有现代化的军事人才和科学的编制体制，也就不可能建设出一支高质量的现代化军队。中国人民解放军是一支攻无不克、战无不胜，具有强大战斗力的军队。然而，毋庸讳言，在这支军队战斗力的总体构成中，也存在着许多薄弱环节。其中突出一点就是科技基础薄弱。因此，在中国人民解放军的建设与发展中，必须增强科技意识，提高用“科技强军”思想指导质量建设的自觉性。现代技术特别是信息化条件下的局部战争，对军队的科学技术素质提出了更高要求，只有走科技强军之路，不断增加军队战斗力构成中的高科技含量，才能使人民解放军成为一支适应未来战场环境并在未来战争中立于不败之地的强大军队。

（三）坚持勤俭建军

勤俭建军是中国人民解放军的优良传统，也是建军的基本原则之一。在革命战争年代

和相对和平时期的军队建设中，人民解放军依靠勤俭建军、艰苦奋斗的精神，克服了重重困难，取得了战争的胜利和军队建设的巨大进步。在新世纪，军队现代化建设任务十分繁重，而军费有限，供需矛盾突出。在这种情况下，继承和发扬勤俭建军、艰苦奋斗的优良传统尤为重要。

勤俭建军，就是要发扬艰苦创业精神，以此作为战胜困难、夺取胜利的精神支柱；要坚持勤俭节约办一切事情，坚决反对铺张浪费，注重效益、精打细算，做到少花钱多办事，花小钱办大事；树立计划的节约是最大的节约的思想，搞好军队建设的宏观谋划和长远规划，做到统筹规划、协调发展；要严格执行有关条令条例、规章制度，加强检查、监督，从各个方面堵塞漏洞，防止贪污、盗窃、经济诈骗等案件的发生；要通过加强科学管理，运用新的科学技术成果、改进工作方法、提高工作效率等，节约人力、物力和财力，丰富勤俭建军的内容和成果。

（四）坚持依法治军

依法治军是贯彻邓小平法制思想和中共中央“依法治国，建设社会主义法治国家”方针的基本要求，是实现跨世纪军队建设发展目标的重要保证。

随着社会主义市场经济体制的建立和民主法制建设的加强，社会生活、军队活动的各个方面都要逐步纳入法制轨道，传统的治军方法必将越来越紧密地同法律手段有机地结合起来。人民解放军在长期的革命实践中积累了丰富的治军经验，形成了一系列卓有成效的治军方法和手段。依法治军并不排斥也不取代其他治理军队的方法和手段，而是在这些方法和手段中引入法律机制，使之规范化、制度化，从而更有效地发挥各种治军方法和手段的综合效益。

坚持依法治军的原则就应把军队建设的各个方面、各个环节纳入法制轨道，做到有法可依、有法必依、执法必严、违法必究，实现军队建设的法制化和规范化。要重点抓好依法行政，通过制定军事组织和军事行政法规，把各级领导和机关的职责、权限、行政责任、监督办法等纳入法制轨道。要在健全军事法规体系的同时，提高军事法规的可操作性，使法规内容具体化。要深入持久地开展法制教育，提高广大官兵，特别是各级领导干部守法、执法的自觉性。要加强法制监督，建立有效的监督体系，保证法规制度的全面遵守。

（五）坚持改革创新

改革创新是新时期对军队建设的客观要求，是军队自身矛盾运动的必然结果，也是军队建设的自我完善和发展。

时代在发展，历史在前进，军队建设同样在不断发生着深刻变化，人民军队的一些传统，包括在历史上曾经发挥过重要作用的东西，将可能与新的形势不再适应，有的甚至被淘汰。这是不以人的意志为转移的客观规律。站在世纪之交重要关头的人民解放军，需要有改革创新的精神，迎接世界军事领域深刻变革的挑战，必须研究世界军事发展的特点及发展趋势，探索信息化战争的特点和规律，研究在建设信息化军队过程中自身存在的重大现实问题，寻求解决问题的办法，在保持人民军队特色的基础上，博采众长，走有中国特色的精兵之路。

第二章　军事思想

第一节　军事思想概述

一、军事思想的基本概念

（一）军事思想的概念

军事是指一切与战争或军队直接相关的事项的统称。军事活动的内容很多，主要包括：武装力量，特别是常备军的组织、训练管理和作战行动，武器装备的研制、生产和使用，战略战术的研究与运用，战争物资的储备和供应，国防设施的建造，后备力量的动员、组织和建设等。

战争是国家、民族、阶级和政治集团之间为了达成一定的政治、经济目的而进行的武装斗争，是人类社会发展到一定历史阶段出现的特殊的社会现象。

军事思想是关于战争、军队和国防的基本问题的理性认识，是人们长期从事军事实践经验的总结和理论概括，是军事科学的重要组成部分。军事思想来源于军事实践，又给军事实践以理论指导，对于军事实践具有宏观的和根本的指导作用，并接受军事实践的检验，伴随着战争和军事实践的发展而发展。

（二）军事思想的内容

军事思想的内容可以分为两个层次：一是从军事哲学上看，主要包括战争观、军事问题的认识论和方法论；二是以军事实践的基本方针和原则上看，主要包括军事斗争指导的基本方针和原则、军队建设的基本方针和原则、国防建设的基本方针和原则等。

二、军事思想的特征

军事思想是一种社会意识形态。它产生于一定的社会物质生产和战争的基础之上，同时受其他社会意识形态的制约和影响，反映着一定阶级和集团利益的政治观念，决定军事思想的阶级性质。其特点主要有以下五个方面：

1. 具有鲜明的阶级性

阶级性是军事思想的本质属性。战争是阶级社会中特有的现象，它反映一定阶级和集团利益的政治观念，代表统治阶级的利益，是为统治阶级服务的，这就决定了军事思想的阶级性质。我们说，所有的统治阶级，为了维护本阶级的利益，都在制定为本阶级服务的军事思想。如奴隶主阶级为维护其统治地位，制定了为其服务的军事思想；资产阶级为维护其统治地位制定了资产阶级军事思想。因此，不同阶级、国家或政治集团必然有不同的军事思想。

2. 具有强烈的时代性

不同的历史时期，人们的物质文化生活水平不同，认识能力的差异，加上各个时期生产力的发展，科学技术进步的不同，使不同历史时期产生的军事思想具有自己的特征。比如，我们按时代划分，可把军事思想总体区分为古代军事思想、近代军事思想和现代军事思想。

3. 具有明显的继承性

军事思想是在不断地批判继承的过程中发展起来的。每一种军事思想都是某一历史时期、某一民族或某一区域内战争实践经验的总结，都有一定的客观性和科学性。军事理论发展史所总结提出的许多原理、原则，是不分阶级、不分社会发展时期而普遍适用的，是人类社会发展中的共同财富。

4. 具有丰富的实践性

理论来源于实践这是公认的真理。任何军事思想都是对战争实践的经验总结和升华。军事思想是军事实践的产生，受军事实践的检验，并随着军事实践的发展而发展。正如毛泽东所指出的："一切带有原则性的军事规律或军事理论，都是前人或今人做的关于过去战争经验的总结。"

三、军事思想的分类

军事思想的分类很多。按照阶级来划分，可分为奴隶主阶级军事思想、封建地主阶级军事思想、资产阶级军事思想和无产阶级军事思想。

按照国家来划分，可分为外国军事思想和我国军事思想。

按照时代来划分，可分为古代军事思想、近代军事思想和现代军事思想；也可以划分为冷兵器时代军事思想、火器时代军事思想、核武器时代军事思想和信息时代军事思想。

第二节　中国古代军事思想

中国古代军事思想，是指中国古代（奴隶、封建社会）各阶级、民族、政治集团及其军事家、兵学家关于战争和军队等一系列军事问题的系统理性认识。是指夏、商、西周时期到1840年鸦片战争所出现的前军事理论。中国古代经历了4 000多年，仅战争就发生了3 600余次，涌现出了许多著名的军事家和军事理论家，如孙武、吴起、孙膑、张良、韩信、曹操、岳飞、戚继光等，是他们在总结战争实践经验的基础上，创立并发展了中国古代军事理论。古代仅著立兵书达2 000余部。最著名的兵书如《孙子兵法》被称为兵学圣典，世界第一兵书。

一、中国古代军事思想的产生、形成与成熟

（一）夏、商、西周时期是中国古代军事思想的产生时期（公元前2070—前771年）

夏朝是我国原始社会解体奴隶社会确立的分水岭，是中国第一个奴隶制国家，从此才开始了带有阶级性的战争。这就是说，战争是阶级社会的产物，战争成为阶级斗争的最高形式。

我国古代兵书中，已经记载了“三皇五帝”传说时期的一些军事斗争情况，在作战过程中，出现了简单谋略的运用。但那时候的战争，带有更多的血亲复仇色彩。我国古代有夏铸九鼎、用铜做兵器的传说。事实上，夏朝前期，石器、木棒是主要的作战工具，这些工具也是生产、生活中不可缺少的。夏朝后期，开始制作青铜器。商朝青铜冶炼业发达，除用于礼器等奢侈用具外，青铜也用于制造矛、戈、刀、斧和关键的兵车部件。但贵重的青铜兵器，只可能用来装备属于贵族阶层的甲士，他们充当战斗的主要角色。身披青铜甲盔、手执青铜武器，步行、步战非常困难，只能乘车作战。西周时期，车战已成为主要的作战方式。

夏、商、西周这一时期的军事思想观点主要有以下方面：一是爆发了两次著名的战争（鸣条之战、牧野之战），反映出了某些作战方法。如用谋、用间、联盟、选时机攻击要害等。二是在古代文献《尚书》《易经》《诗经》中，记述了有关战争内容和一些军事谋略思想。《尚书》，这是中国上古历史的典集，保存了商、周，特别是西周初期的一些军事史料，如谋略的运用等。《易经》或称《周易》，是一部占筮书。如《周易》中的“师贞丈人吉”，反映了军众出兵正义，可取得胜利的观点。三是《周礼》相当详细地记述了西周的军事制度和军事职官。四是《军志》《军政》《令典》等“舍事而言理”的专门军事著作出现，是中国古代军事理论产生的一个重要标志。

（二）春秋战国时期是中国古代军事思想的成熟时期（公元前770—前221年）

随着铁器的使用，生产力的发展，在由奴隶制向封建制过渡的社会大动荡、大变革中，各诸侯国都大力发展军事力量，以图称霸争雄，战争极为频繁，战争规模空前扩大，作战兵器也不断改进。步兵逐渐成为主要兵种，骑兵开始出现，水兵也逐渐为人们所熟知。军事理论和实践得到了新的发展，许多军事家和兵书著作不断涌现。也标志着军事思想走向成熟，这一时期兵书中具有代表性的有：《孙子兵法》《吴子》《司马法》《孙膑兵法》《尉缭子》《六韬》等兵书。在“百家争鸣”中，各派思想家、政治家对战争各抒己见，其中较为突出的是儒、墨、法、道四家。儒家主张仁义为本，倡导足食足兵，重视组

织训练；墨家主张休养生息，注重武器与军事工程；法家讲求耕战，重实力、权术和刑赏；道家认为慈故能勇，柔弱胜刚强等。这些都给历代军事思想以深刻的影响。

这一阶段，军队的组织制度形式初步完善，战略战术的原理趋于系统。在战争中，突破了“仁义用兵”的樊篱，开始“用兵以诈”；强调慎战；在达成胜利的取向上，强调用和平、外交手段；强调战争中政治、道义上的胜利。在诸多军事理论著作中，以《孙子兵法》为代表的一大批兵书的诞生，标志着中国古代兵学理论体系的确立。

（三）秦汉至五代时期是中国古代军事思想的发展时期（公元前221—960年）

这一时期，中国经历了秦朝、汉朝、三国、晋朝、南北朝、隋、唐、五代等王朝的统治和更迭。秦汉时期是中国封建社会发展的上升阶段。公元前221年秦始皇统一中国后，汉、唐封建社会的经济、政治、文化有了很大发展，军事思想也进一步得到了丰富和提高。但由于秦始皇对兵书毁禁，汉武帝“罢黜百家，独尊儒术”，以及不准民间收藏兵书等，兵家的地位开始下降，史籍兵书著录自汉至唐呈递减趋势，兵书的编撰和流传受到一定影响。

这一时期，曾多次发生大规模、多兵种大集团配合作战的战役。政治斗争与军事斗争的结合，谋略与决策，以及作战指挥艺术，达到了相当高的水平。军事思想的发展主要反映在整理兵书和注释《孙子兵法》以及撰写兵书上。西汉王朝立国之初就命令张良、韩信序次兵法，这是我国历史上首次由政府组织整理。主要是搜集兵书进行分类整理，如分类搜集兵书182家，选定用35家，分4大类，即兵权谋家、兵形势家、兵阴谋家和兵技巧家4类。三国时的曹操注释《孙子兵法》开注先秦兵书的先河。这一时期撰的军事著作主要有汉初的《三略》和西汉的《淮南子》中论兵要篇《兵略训》，西晋司马彪的《战略》，以及唐朝的《李卫公问对》《太白阴经》等。

（四）宋至鸦片战争时期是中国古代军事思想的体系化时期（公元960—1840年）

北宋前期，为教文臣武将熟悉军事，编纂了中国第一部兵书汇编《武经总要》，总结古今兵法和本朝方略。宋神宗元丰年间，又将《孙子》《吴子》《司马法》《六韬》《尉缭子》《三略》《李卫公问对》汇编为《武经七书》，作为武学的必修课程。此书对宋以后军事学和战争实践都有较大影响。

北宋初期，火药、指南针等开始用于军事。火武器开始跃上战争舞台，从宋朝开始至明朝，我国的火武器发展迅速，在世界处于领先地位。火药的西传，对世界军事产生了非常大的影响。明朝至清朝前期，一方面出现了十分保守的只求守城保寨的单纯防御作战的思想，另一方面从实践中总结出了带有强烈革新内容的军事思想。明代戚继光的《纪效新书》和《练兵实纪》，就是这种革新思想的代表作。茅元仪编纂的军事百科全书性的著作《武备志》，提出实行军事改革的依据，以振兴明王朝的武备。军事思想的总结与革新成为这一时期的特点之一。

这一阶段，除了元朝的金戈铁马、气象万千外，两宋时期，统治者所主张的“道德文章”不能从技术上解决当时的社会与民族矛盾。明朝尽管火武器发达，但采取的却是修筑长城等消极防御政策。清朝采取闭关锁国政策，在军事方面丝毫没有意识到世界范围内火兵器时代的到来，对海防、海战也没有一个清醒的认识。可以说，这一阶段的军事思想在走向成熟的同时，也逐步走向保守与没落。

二、中国古代军事思想的基本内容

（一）战争的起源、性质和作用

关于战争的起因。《吴子》兵法认为：“一曰争名，二曰争利，三曰积恶，四曰内乱，五曰因饥。”就是说引起战争的原因有五个方面：一是争夺霸主地位；二是争夺土地、财产和人口；三是积恨深怨；四是国家发生了内乱；五是国家发生了饥荒。

关于战争的性质。古代有很多关于战争性的论述。《周易》中就有“师，贞，丈人吉，无咎”的卦辞，意思是说，兴兵征伐要合乎正义，有德高望重的人来指挥，就能顺利取胜而无祸咎。《吴子》兵法指出：“一曰义兵，二曰强兵，三曰刚兵，四曰暴兵，五曰逆兵。”即禁暴除乱、拯救危难的军队叫义兵；仗恃兵强，征伐列国的军队叫强兵；因君王震怒出师的军队叫刚兵；背理贪利的军队叫暴兵；不顾国乱民疲，兴师伐众而出征的军队叫逆兵。古代兵家总体上强调倡义战，反暴兵。

关于战争的作用。《司马法》中指出：“是故杀人安人，杀之可也；攻其国爱其民，攻之可也；以战止战，虽战可也。”《尉缭子》则明确指出：“故兵者，所以诛暴乱，禁不义也。”

（二）战争与政治

古代关于战争与政治的关系提出了很多有价值的观点，说明了军事从属于政治，政治是战争胜利的首要因素。《孙子兵法》提出“道、天、地、将、法”，将道放在首位。还提出：“善用兵者，修道而保法，故能为胜败之政。”《尉缭子》提出：“兵者，以武为植，以文为种；武为表，文为里。”《淮南子·兵略训》指出：“兵之胜败，本在于政……为存政者，虽小必存；为亡政者，虽大必亡。”《司马法》指出：“以义治之谓正，正不获意则权，权出于战争，不出于中人。”意思是说采用合于正义的措施治理国家，这是正常的方法。用正常的方法达不到目的就采取特殊的手段。特殊手段是以战争方式表达出来的，而不是以和平方式表现出来。如此观点，说明了政治极为重要，战争与政治是紧密联系、不可分割的。

（三）战争与经济

经济是战争的物质基础，战争是以巨大的物质消耗为代价的，这一点我国古代军事家认识比较深刻。《孙子兵法》指出：“凡用兵之法，驰车千驷，革车千乘，带甲十万，千里馈粮；则内外之费，宾客之用，胶漆之材，车甲之奉，日费千金，然后十万之师举矣。”因此，又指出，“善用兵者，役不再籍，粮不三载，取用于国，因粮于敌，故军食可足也”。春秋时期的管仲也曾较深刻地论述：“地之守在城，城之守在兵，兵之守在人，人之守在粟。”因此，他明确指出：“一期之师，十年之蓄积殚；一战之费，累代之攻尽。”

（四）战争与主观指导

《孙子兵法》明确指出，“因利而制权……故兵无常势，水无常形，能因敌变化而取胜者，谓之神”。因为“兵无常势”，指挥者必须不断根据敌情、我情的变化修正主观指导，采取克敌制胜的有效手段。掌握客观规律，充分发挥主观指导作用，就能赢得胜利。

（五）将帅修养

古代军事家特别重视将帅在战争中的地位和作用，认为“知兵之将，民之司命，国家安危之主也”。为此，从封建统治阶级的利益出发，提出了将帅修养的标准。《孙子兵法》强调“将者，智、信、仁、勇、严也”。《吴子》中则提出，“总文武者，军之将也”。故将之所慎者五：“一曰理，二曰备，三曰果，四曰戒，五曰约。”怎样考核将帅呢？《武经总要·选将》提出“九验”：“远使之以观其忠，近使之以观其恭，繁使之以观其能，卒然问焉以观其智，急与之以观其信，委之以货财以观其仁，告之以危以观其节，醉之以酒以观其态，杂之以处以观其色。”

（六）治军

治军思想是中国古代军事思想的重要组成部分。在《孙子》《吴子》《司马法》《孙膑兵法》《尉缭子》等著名兵书中，都阐述了有关治军的一系列重要内容。一是提出“以治为胜”“教戒为先”的思想；二是强调以法治军，要求严纪律、明号令，赏罚分明；三是重视将帅的地位和作用；四是注重军队的训练、关于法规法令的建设与实施。

（七）战略战术

古代兵书中关于战争谋略与战术的论述，有许多是很有见地的，如“上兵伐谋”“必以全争于天下”的全胜论；“不战而屈人之兵”的威慑论；“度势”“料势”“为势”的“胜可为”论；“先人有夺人之心”的“兵贵先”的先发制胜论；“后人发，先人至”的后发制胜论；“制人者，握权也；见制于人者，制命也”“致人而不致于人”的掌握战争主动权论；“我专而敌分，我专为一，敌分为十，是以十攻一也”的“以众击寡”论。

（八）战争保障

物质储备和后方补给。《孙子·军争》指出，“军无辎重则亡，无粮食则亡，无委积则亡”。《六韬·军略》则说，“三军用备，主将何忧”。因此，古代军事思想家提出，“取用于国，因粮于敌”。

第三节　毛泽东军事思想

毛泽东军事思想，是以毛泽东同志为代表的中国共产党人，根据马克思主义的基本原理，把中国长期革命战争实践中的一系列独创性经验作了理论概括，才形成了适合中国国情的科学指导思想。它的产生，标志着马克思主义军事理论进入了一个崭新的阶段，使无产阶级军事思想大放光彩。

一、毛泽东军事思想的科学含义和特色

（一）毛泽东军事思想的科学含义

毛泽东军事思想是以毛泽东为主要代表的中国共产党人关于中国革命战争和军队问题的科学理论体系。它是毛泽东思想的重要组成部分，是马克思列宁主义的基本原理同中国革命战争的具体实践相结合的产物，是中国人民革命战争和军队建设实践经验的科学总结，是中国共产党人集体智慧的结晶。同时也多方面吸取了古今中外军事思想的精华。

1. 毛泽东军事思想是马克思列宁主义普遍原理同中国革命战争具体实践相结合的产物

马克思主义是放之四海而皆准的真理，是指导世界无产阶级革命的科学。但是它所提供的原理只是一般性的，每一个国家必须结合本国家的历史条件和具体特点，才能发挥作用。马克思说过："正确的理论必须结合具体情况并根据现存条件加以阐明和发挥。"中国革命战争，是发生在占世界人口四分之一的半殖民地半封建的东方大国，在这个以农民群众为主体的国家中，无产阶级政党怎样组织军队，怎样进行革命战争，在马克思主义著作中找不到现成的答案，在实践中也没有先例可循。以毛泽东为代表的中国共产党人，创造性地运用马克思主义的立场、观点和方法，研究中国的历史，分析中国社会具体情况，探索中国革命战争的特点和规律，最终解决了在半殖民地半封建中国的革命道路、人民军队、人民战争等一系列根本问题，创立了具有中国特色的马克思主义的军事理论——毛泽东军事思想。

2. 毛泽东军事思想是中国革命战争实践经验的科学总结

中国的革命战争主要包括国共合作的北伐战争、土地革命战争、抗日战争、解放战争。中国革命战争规模之巨大、情况之复杂、道路之曲折、形式之多样、内容之丰富，不仅在中国历史上是空前的，在世界历史上也是罕见的。通过这些战争和武装斗争，我党领导中国人民推翻了旧中国的反动政权，粉碎了外敌入侵，捍卫了民族独立，建立了中华人民共和国，并通过抗美援朝战争和边境自卫反击作战，巩固了国防，维护了国家安宁和世界和平。

理论来源于实践。毛泽东军事思想这一科学理论来自于长期的中国革命战争的实践和反侵略战争的实践。比如，红军到达井冈山后，在对敌斗争的实践中，逐渐探索了一套原始的游击战口诀：赚钱就来，折本不干，打得赢就打，打不赢就跑，跑不赢就绕，绕不赢就钻，钻不赢就化。1928 年 1 月，万安县委提出："与敌人搏斗的策略是'坚壁清野，敌来我退，敌走我追，敌驻我扰，敌少我攻'等。"上述这些，为毛泽东总结提出游击战争基本作战原则的"十六字诀"奠定了坚实的基础。

3. 毛泽东军事思想是全党集体智慧的结晶

毛泽东军事思想是中国共产党集体智慧的结晶，说明了集体智慧和个人贡献的辩证关系，强调了毛泽东军事思想形成的集体性，它不是一个人或少数人所为，而是党领导广大革命群众进行的集体的实践活动，是千百万烈士用鲜血写出来的。毛泽东军事思想全党集体智慧的结晶主要表现在：它是人民群众战争经验的总结；领袖集团的集体智慧；毛泽东

的贡献三个方面的结合。

毛泽东军事思想和毛泽东思想一样，毛泽东只是作为最杰出的代表，居于首要地位，是他善于集中全党的智慧，然后进行高度概括和理论升华。周恩来、朱德、邓小平等无产阶级革命家、军事家，都为毛泽东军事思想的形成和发展做出了重要贡献。在革命战争中，我们党和军队关于战争问题的许多重大决策，都是经过了党中央的集体讨论决定的，它凝聚着全党的智慧，也包含着亿万人民群众和广大指战员的斗争经验。毛泽东及老一辈无产阶级革命家、军事家，正是在从战争实践中汲取各种营养，才发展和丰富了毛泽东军事思想体系。

4. 毛泽东军事思想是毛泽东思想的重要组成部分

在整个毛泽东思想科学体系中，毛泽东军事思想占有极为重要的地位。党的十一届三中全会通过的《关于建国以来党的若干历史问题的决议》(以下简称《决议》)，在对毛泽东的历史地位和毛泽东思想的评价中，高度赞扬了毛泽东对马克思主义军事理论的杰出贡献。《决议》包括关于新民主主义革命的理论、关于社会主义革命和社会主义建设的理论、关于革命军队的建设和军事战略的理论、关于政策和策略的理论、关于思想政治工作和文化工作的理论、关于党的建设的理论，其中第三点就是军事思想。另外，在毛泽东的全部著作中，其军事著作占有大量篇幅，他的军事思想在其整个思想体系中占有重要地位。因此我们说，毛泽东军事思想是毛泽东思想的重要组成部分。

二、毛泽东军事思想的产生、形成和发展

毛泽东军事思想的产生、形成和发展，是同中国革命战争的发生、发展和胜利，以及中华人民共和国成立后的国防建设和军事斗争联系在一起的，也是同党内“左”、右倾错误的斗争密切相连。它作为完整的科学体系，经历了一个艰难、曲折、复杂的发展过程。

(一) 毛泽东军事思想的产生

从 1921 年中国共产党诞生到党的遵义会议的这一段时期，是毛泽东军事思想产生的时期。在俄国十月革命的影响下，中国共产党从接受马克思主义关于暴力学说开始，逐步认识到军事工作在中国革命中的重要性。第一次大革命失败的严酷现实，使中国共产党进一步认识到武装斗争和掌握军队的极端重要性。1927 年 8 月 1 日的南昌起义，打响了武装反抗国民党反动派的第一枪，标志着中国共产党独立领导武装斗争、创建革命军队的开始。同年 8 月 7 日，毛泽东在党的八七会议上，提出了“枪杆子里面出政权”的著名论断，确定了实行土地革命和武装起义的总方针。1927 年 9 月 9 日，毛泽东亲自发动和领导了湘赣边界的秋收起义。在起义遭受挫折的情况下，毛泽东毅然放弃了攻打长沙的计划，率领秋收起义的部队进军井冈山，建立了第一个农村革命根据地，实行“工农武装割据”，开辟了一条以农村包围城市的崭新的革命道路。

从三湾改编到古田会议，毛泽东提出并制定了一套较为完整的人民军队的建军原则。在“反围剿”的斗争中提出并实践了“动员群众、依靠群众和武装群众”的人民战争思想；总结出了游击战争的“十六字诀”（敌进我退，敌驻我扰，敌疲我打，敌退我追）和“诱敌深入、集中兵力、运动战、速决战、歼灭战”等红军的作战原则。

这一时期，毛泽东的主要著作有《政权是由枪杆子取得的》《中国红色政权为什么能够存在》《井冈山的斗争》《关于纠正党内的错误思想》《星星之火，可以燎原》和《反对本本主义》等。在这些军事著作中，毛泽东关于武装斗争思想、农村根据地总想、人民军队思想、人民战争思想、人民战争的战略战术思想均已初步产生，为其科学体系的形成奠定了坚实的基础。

（二）毛泽东军事思想的形成

从 1935 年 1 月遵义会议到抗日战争结束的这一阶段，是毛泽东军事思想的形成时期。遵义会议纠正了王明“左”倾冒险主义在军事领导上的错误，重新肯定了毛泽东为代表的正确军事路线，确立了毛泽东在红军和中共中央的领导地位。这是中国革命由挫折走向胜利的一个伟大的历史转折点，也是毛泽东军事思想由产生到形成发展的起点。

1935 年 10 月，在党中央和中央军委的领导下，各路红军克服长征中的艰难险阻，胜利到达陕北。此时，日本帝国主义加紧侵略中国，中国民族矛盾上升为主要矛盾，全国抗日民主运动出现新的高潮。为了解决抗日战争中的战略战术等问题，毛泽东开始总结土地革命以来的经验，并把土地革命战争时期产生的军事思想创造性地运用于抗日战争，制定了抗日民族统一战线的政治路线和军事战略方针，撰写并完成诸多军事理论著作，包括《中国革命战争的战略问题》《实践论》《矛盾论》《论持久战》《战争和战略问题》等。在这些军事名著中，毛泽东阐明了无产阶级对待战争的根本立场、观点和研究指导战争的基本方法，深刻地分析了中国革命战争，特别是抗日战争的特点和规律，确立了指导战争的方针、原则及战略和策略问题，把游击战提到战略地位，创立了系统的游击战争理论；还全面阐述了人民军队的建军宗旨、原则和人民战争的基本内容。至此，毛泽东军事思想所涉及的无产阶级战争观和方法论、人民军队、人民战争、人民战争的战略战术等方面，都已发展成为系统的理论，形成了比较完整的军事理论科学体系。

（三）毛泽东军事思想的发展

抗日战争胜利后，经过解放战争、抗美援朝战争及社会主义建设时期，毛泽东军事思想得到了全面的丰富和发展。解放战争时期，毛泽东军事思想得到了极大的发展，不仅使战略防御和运动战理论有了发展，而且创立了战略进攻、战略决战和战略追击的系统理论。中华人民共和国成立前夕，毛泽东明确指出：我们不但要有一个强大的陆军，还要有一个强大的空军和一个强大的海军，从而为和平时期建军指明了方向。在战争指导上，毛泽东相继发表了《抗日战争胜利后的时局和我们的方针》《以自卫战争粉碎蒋介石的进攻》《集中优势兵力，各个歼灭敌人》《大举出击，经略中原》《解放战争第二年的战略方针》《目前的形势和我们的任务》《评西北大捷兼论解放军的新式整军运动》《关于三大战役的作战方针》《将革命进行到底》等大量文章。其中在《目前的形势和我们的任务》一文中明确提出了著名的十大军事原则。

抗美援朝战争是一场挫败现代化敌人的反侵略战争。毛泽东根据当时的情况和特点，提出了一系列在现代条件下进行反侵略战争的理论及原则。如隐蔽战略企图达成出国作战的突然性；对英美军实行战术小包围，打小规模歼灭战；创造了以坑道为骨干支撑点式的防御体系；实行战术反击作战；重视防空和反坦克作战；建立强大的后勤系统，搞好后勤保障；军事打击紧密配合政治斗争等。

中华人民共和国成立后，毛泽东提出了建设现代化、正规化的国防军，发展尖端国防科技和全民皆兵的思想，指出要在大力发展国民经济，增强国家经济实力的基础上，建立完整的国防工业体系，发展现代化的技术装备，独立自主地建设强大的国防，做好反侵略战争的准备等，从而形成了毛泽东国防建设思想，构成了毛泽东军事思想的一个新的组成部分。

三、毛泽东军事思想的科学理论体系

毛泽东军事思想博大精深，是一个完整的科学体系，内容非常丰富。主要包括无产阶级的战争观和方法论、人民军队建设理论、人民战争思想、人民战争的战略战术思想和国防建设思想五个部分。这五个部分构成了一个互相联系的整体。无产阶级的战争观和方法论，是毛泽东研究和指导战争的基本立场、观点和方法，揭示了中国革命战争的指导规律，是毛泽东军事思想的理论基础。人民战争思想是我军从事战争的根本指导思想，是毛泽东军事思想的核心。人民军队思想是建设人民军队的指南，是实行人民战争的骨干力量。人民战争的战略战术是适应人民战争需要的战略原则和作战方法，是人民战争取得胜利的保证。国防建设思想是毛泽东在新的历史条件下的开拓性发展，阐明了和平时期国防建设的重要性，提出了国防建设的指导思想、方针、原则，是实现国防现代化的指南。

（一）无产阶级的战争观和方法论

1. 战争观

毛泽东的无产阶级战争观包含着战争的起源和根源、战争的本质、战争的性质、对战争的态度、战争的最终目的和消灭战争的途径等方面的内容。

（1）战争的起源和根源。

唯物主义对战争起源的认识，是根据历史唯物主义原理，从人类社会物质生活条件变化的分析中去寻找战争赖以产生和存在的条件，从而科学地揭示了战争的起源：即战争不是人类开始就有的，是人类社会出现私有财产、分化为不同的阶级以后所特有的社会现象，它不是由偶然因素决定的，而是由社会的必然因素导致的。

在阶级社会中，战争不可避免。战争是伴随着私有财产和阶级的产生而产生的。私有财产和阶级是战争出现和存在的根本条件，只要阶级存在，战争就不可避免，这是必然性。

战争的起源同战争的根源不是一个概念，但二者有密切的联系。只有弄清战争的起源，才能理解战争的根源。私有制是战争的起源，私有制导致了阶级的出现。压迫者阶级，为了贪图更多的私有财产，使以掠夺、奴役为目的的战争变成其经常性的职业，因此，压迫者、剥削者阶级是人类战争的根源。

毛泽东对战争的起源和根源做了精辟的概括，他说："战争从有私有财产和有阶级以来就开始了的，用以解决阶级和阶级、民族和民族、国家和国家、政治集团和政治集团之间，在一定发展阶段上的矛盾的一种最高的斗争形式。"毛泽东这一论断，一是揭示了战争的定义；二是指出了战争的起源，说明了战争不是从来就有的，也不是永远存在的，而是人类社会发展到一定历史阶段的产物；三是指出了战争的四种类型。即阶级与阶级、民族和民族、国家和国家、政治集团和政治集团之间的战争；四是指明了战争是阶级斗争的最高形式。

（2）战争的目的。

战争是人类社会发展到一定历史阶段的产物，人类社会的发展最终要把它消灭。列宁曾经指出："无产阶级无论现在和将来都要始终不懈地反对战争，但它一分钟也没有忘记：只有完全消灭社会划分为阶级的现象，才可能消灭战争。"毛泽东继承和发展了列宁的观点，明确指出："我们研究革命战争的规律，出发于我们要求消灭一切战争的志愿，这是区别我们共产党人和一切剥削阶级的界线。"这些都告诉我们，无产阶级研究和从事战争的出发点，区别于其他一切剥削阶级。它不是为了战争而战争，也不是为了掠夺和侵略而战争，而是为了从根本上消灭战争，实现人类永久和平。

（3）战争与政治的关系。

战争作为人类阶级社会的一种物质运动形态，有其固有的本质，那就是战争是政治的继续。"战争无非是政治通过另一种手段的继续"，是克劳塞维茨提出的，被列宁称为"至理名言"。列宁曾指出："任何战争都是同产生它的政治制度分不开的。某个国家即该国某个阶级在战时所推行的政治，必然是而且一定是它在战前长时期内所推行的政治的继续，只不过在行动方式上不同罢了。"

毛泽东同志发展了列宁的观点，进一步论述了战争与政治的内在联系。他明确指出："'战争是政治的继续'，在这点上说，战争就是政治，战争本身就是政治性质的行动，从古以来没有不带政治性的战争。""但是战争有其特殊性，在这点上说，战争不等于一般的政治，'战争是政治的特殊手段的继续'。政治发展到一定的阶段，再也不能照旧前进，于是爆发了战争，用以扫除政治道路上的障碍。"并指出"政治是不流血的战争，战争是流血的政治"。毛泽东关于战争与政治的关系的论点，阐明了两层意思：一是战争从属于政治，服务于政治。政治处于主导和支配的地位，战争居于从属和被支配的地位。战争是达到政治目的的一种特殊手段，政治贯穿于战争的全过程；二是战争不仅是实现政治目的的手段和工具，而且反作用于政治，推动政治。毛泽东在抗日战争时指出："政治越改进，抗战越能坚持；抗战越坚持，政治就越能改进。"

（4）战争与经济的关系。

战争是政治的继续，而政治又是经济的集中体现。经济是战争的物质基础，战争依赖于经济。所以，战争的实质，则是战争双方为实现自身的经济利益所进行的矛盾冲突。毛泽东对战争与经济的关系问题做了精辟而系统的论述。其主要观点如下：

经济利益是战争的基本动因。一方面，战争的起源与社会经济的发展有着密切的联系。另一方面，每次具体战争的爆发，从根本上说也都是由一定的经济关系、一定的生产方式的冲突决定的。在抗日战争时期，毛泽东曾用经济关系说明了帝国主义发动战争的本质。他指出：帝国主义的本性是掠夺。帝国主义国家在"和平"时代的政策也无时不是为了掠夺，但如果一些帝国主义国家掠夺政策遇到了另一些帝国主义国家的阻碍而不能用和平方法冲破这种阻碍时，就使用战争方法去冲破这种阻碍，以便继续其掠夺政策。

经济力量是战争的物质基础。毛泽东指出："战争就是两军指挥员以军力财力等项物质基础作为地盘，互争优势和主动的主观能力的竞赛。”从而把经济问题提到了战争胜负重要因素之一的高度。

战争对经济有巨大的反作用。任何战争对经济都有着一定的破坏作用。但从人类社会发展的全局看一切革命的正义战争对社会和生产力起到促进作用。毛泽东认为，一切非正义的反革命战争，对社会和经济的发展都起到阻碍作用；一切正义的革命战争，对人类历史发展起到推动作用。

(5) 拥护正义的战争，反对非正义的战争。

毛泽东说“战争的性质是根据于战争的政治目的而定的”，由于进行战争的阶级、国家、民族不同，战争的政治目的不同，战争所表现的形态也就不同。诸如阶级压迫战争与解放战争、民族压迫战争与民族解放战争、侵略战争与反侵略战争、同阶级或同民族统治集团之间争权夺利的战争、帝国主义国家争夺势力范围的战争等。

毛泽东对战争的性质，进行了科学的划分，他说：“历史上的战争分为两类，一类是正义的，一类是非正义的。一切进步的战争都是正义的，一切阻碍进步的战争都是非正义的。”毛泽东对战争性质的划分，奠定了无产阶级对待战争的根本态度。那就是反对非正义战争，拥护正义战争。毛泽东指出：“我们共产党人反对一切阻碍进步的非正义的战争，但是不反对进步的正义的战争。”对于正义战争，我们不但不反对，而且积极支持和必要时直接参加。

2. *方法论*

所谓指导战争的基本观点与方法，也就是如何认识和把握战争规律的问题。毛泽东在指导中国革命战争的长期实践中，运用马克思主义的唯物辩证法，对战争方法论作出了深刻而透彻的阐述与指导，其内容主要包括如下四个方面：

(1) 指导战争，必须认识和把握战争规律。

毛泽东在总结土地革命战争的经验时指出：“战争规律——这是任何指导战争的人不能不研究和不能不解决的问题。”并说：“不论做什么事，不懂得那件事的情形，它的性质，它和它以外的事情的关联，就不知道那件事的规律，就不知道如何去做，就不能做好那件事。”同样，“不知道战争的规律，就不知道如何指导战争，就不能打胜仗。”战争是阶级社会的必然现象，它的产生和发展具有自身的规律。所谓战争规律是战争在发生和发展过程中，战争双方在政治、经济、军事、自然地理诸方面因素的本质联系及其发展趋势，是不以人们的主观意志为转移的客观实际。人们只能认识它，不能取消它；只能运用它，不能违背它，违背客观规律终将导致失败。

毛泽东告诉我们，在认识和把握战争规律时，必须注重分析战争的一般规律与特殊规律。一般战争规律，普遍存在于一切战争之中，如战争是阶级社会的必然现象；战争是政治的继续；战争是双方人员借助武器的较量；战争的基本类型是进攻和防御；战争的直接军事目的是保存自己、消灭敌人等。这些一般战争规律，成为战争主观指导方法的依据。特殊战争规律是指具体战争中存在的反映其特殊性的规律。时代、国家、民族、对象、地域等不同点反映在具体战争的特殊性上，为制定指导战争的特殊方法提供了依据。战争的一般规律与特殊规律之间是辩证统一的关系。这是毛泽东在《矛盾论》中深刻阐明的观点，一般与特殊，共性与个性，共性寓于个性之中。在一定范围内，一定条件下，一般性的规律在更大范围内成了特殊性的规律，特殊性的规律在较小的范围内成为一般性的规律。

（2）主观指导必须符合客观实际。

战争指导者要驾驭战争，必须善于使主观指导符合客观实际。毛泽东把这种合乎战争客观规律的战争指导方法，比作“战争大海中的游泳术”，称为“战争指导规律”。毛泽东指出：“人们要想得到工作的胜利即得到预想的结果，一定要使自己的思想合乎客观外界的规律性，如果不合，就会在实践中失败。”

毛泽东指出：“一切战争指导规律，依照历史的发展而发展，依照战争的发展而发展；一成不变的东西是没有的。”由此可见，正确解决主观符合客观的问题，是战胜敌人的关键。要做到主观指导符合客观实际，应做到以下两点：

第一，战争指导者要使主观指导符合客观实际，必须熟识敌我双方的客观情况。“知彼知己”是指导一切战争的普遍适用的原则。毛泽东指出：“指挥员的正确部署来源于正确的决心，正确的决心来源于正确的判断，正确的判断来源于周密的和必要的侦察，和对各种侦察材料的连贯起来的思索。”因此，熟识敌我双方的客观情况，是实施正确的战争指导的前提，也是取得战争胜利的基础。

第二，战争指导者要使主观指导符合客观实际，必须在客观物质的基础上，充分发挥自觉能动性。毛泽东指出：“军事家不能超过物质条件许可的范围企图战争的胜利，然而军事家可以而且必须在物质条件许可的范围内争取战争的胜利。军事家活动的舞台建筑在客观物质条件的上面，然而军事家凭着这个舞台，却可以导演出许多有声有色威武雄壮的话剧来。”

（3）着眼特点，着眼发展。

所谓着眼其战争特点，就是要全力捕捉每一个具体战争的特殊本质。毛泽东指出：“战争情况的不同，决定着不同的战争指导规律，有时间、地域和性质的差别。”时间是指战争的时代条件，包括国际国内政治、经济、军事和科学技术等发展水平，它们随时代的发展而发展，不同时代反映着不同时代的特点，指导战争的战略战术必须适应时代发展的特点；地域是指战争的地理位置，包括国家制度、民族特点、历史传统和自然地理诸情况。不同地域的战争特点不同，必须有适应各种不同地域的战争指导规律；性质是指战争的政治性质和国际国内的政治因素以及外交政策等。性质不同就有不同的战争规律和战争指导规律；对象是指作战的对手情形。国内敌人与国外敌人不同，同一个敌人在不同的时代也有所不同。

所谓着眼于战争的发展，就是要从战争的发展变化中来考察问题。毛泽东指出：“一切战争指导规律，依照历史的发展而发展，依照战争的发展而发展，一成不变的东西是没有的。”在指导中国革命战争的实践过程中，毛泽东善于根据战争发展的各个阶段上敌我双方的特点，揭示不同阶段上的战争规律，从而预见战争的实际过程和发展趋势，确定战略方针和战略战术的指导原则。

（4）关照全局，把握关节。

只要有战争，就有战争的全局。什么是战争的全局？毛泽东指出：“凡属带有要照顾各方面和各阶段的性质的，都是战争的全局。”全局是事物的整体和发展的全过程，局部是组成整体的各个部分和发展全过程的各个阶段。全局统率局部，局部从属全局，构成全局与局部之间的正确关系。

毛泽东对战争的全局和关节的阐述很明确。他说：“战争的胜败的主要和首先的问题，是对于全局和各阶段的关照得好或关照得不好。”并指出：“应当把自己注意的重心，放在那些对于他所指挥的全局说来最主要最有决定意义的问题或动作上，而不应当放在其他的问题或动作上。”所以说，关照全局是战争指导的首要准则，把握关节是推动全局发展的重要方法。

战争的全局和局部的关系是相对的，不是凝固的。在一定场合为全局的东西，在另一场合就可能变为局部的东西，反之亦然。

（二）人民军队思想

人民军队是人民群众自发地或在先进阶级领导下建立的并为人民群众利益而战斗的军队。以毛泽东为代表的老一辈无产阶级革命家、军事家，运用马克思主义的原理，把创建人民军队作为进行武装斗争的首要问题和实现革命理想的最主要手段，强调：“没有一支人民的军队，便没有人民的一切。”在革命战争年代，主要的斗争形式是战争，而主要的组织形式是军队。为了把以农民为主要成分的军队建设成为无产阶级性质的新型人民军队，毛泽东在长期的战争实践中，总结和提出了一整套建军的理论和原则。

1. 坚持中国共产党对军队的绝对领导

早在井冈山和中央苏区时，毛泽东就指出：“我们感觉无产阶级思想领导的问题，是一个非常重要的问题。”1927 年 9 月底，毛泽东在三湾改编中，根据军队的现状和斗争的实际情况，设立了党代表制度，规定了班有党员、排有党小组、连有党支部、营有党委，使起义军严格置于中国共产党的绝对领导之下。1928 年 12 月，毛泽东在古田会议上又一次强调，一定要加强党对军队的绝对领导。1938 年 11 月 6 日，毛泽东在延安指出：“我们的原则是党指挥枪，而决不容许枪指挥党。”因为，只有坚持和实施党对军队的绝对领导，才能保证人民军队的无产阶级性质，才能坚持全心全意为人民服务，才能完成党交给的各项艰巨任务，才能捍卫我们的国家利益。

2. 坚持全心全意为人民军队的宗旨

毛泽东指出：“我们的共产党和共产党所领导的八路军、新四军，是革命的队伍。我们这个队伍完全是为着解放人民的，是彻底地为人民的利益工作的。”在井冈山斗争时期，毛泽东就指出：“要教育我们军队的士兵明确为人民去打仗。”1945 年 4 月，毛泽东在党的七大报告中，对我军的宗旨作了最完整的概括：“为着广大人民群众的利益，为着全民族的利益，而结合，而战斗的。紧紧地和中国人民站在一起，全心全意地为中国人民服务，就是这个军队的唯一的宗旨。”

3. 实现三大民主，执行三大任务

我军的三大民主是政治民主、经济民主、军事民主。实行三民主是党的群众路线在军队建设中的体现，是提高人民军队战斗力的重要保证。政治民主，就是战士干部在政治上

平等，每个军人都有提出批评、建议和同不良倾向做斗争的权利。经济民主，主要是实行经济公开，发挥经济委员会的作用，监督经济开支，同贪污浪费、侵占士兵利益和违反经济政策等不良倾向做斗争。军事民主，是在训练中实行官兵互教、评教评学；在作战时发动战士讨论研究如何完成战斗任务，战后进行讲评总结；在战备、施工、生产、科研等项任务中，发动群众出主意想办法，充分调动群众的积极性创造性。当然，我军的民主是在集中指导下的民主。离开集中搞民主，将走向极端民主化，就有悖于我军建设的根本要求。

我军的三大任务，即战斗队、工作队、生产队。我军的三大任务是在中国革命战争中形成的。建军之初，红军的三大任务是“打仗、做群众工作、筹款”。抗日战争时期，为长期抗战，一面打仗，一面生产，再加上做群众工作。军队是执行政治任务的武装集团，一条很重要的任务就是要打仗。同时还担负着宣传群众、组织群众、武装群众、帮助群众建立政权的任务；另外，在作战之余，还要在可能的情况下进行生产。三大任务是新型人民军队同其他旧式军队的显著区别。

4. 政治工作是人民军队的生命线。

生命线，是毛泽东和老一辈无产阶级革命家对我军政治工作重要地位和作用所作的形象概括。

政治工作应坚持以马克思列宁主义为指导，根据中国共产党在不同历史时期的总任务，以及由此规定的军队的具体任务而展开。政治工作应服务于军队的革命化、现代化、正规化建设，从思想上、政治上、组织上保证党对军队的绝对领导，保证军队内部的团结和军政、军民团结，保证军队战斗力的提高和各项任务的完成。

关于政治工作的基本原则，毛泽东在 1937 年曾明确概括为：第一，官兵一致的原则，第二，军民一致的原则，第三，瓦解敌军和宽待俘虏的原则。后来，我军把官兵一致、军民一致和瓦解敌军规定为我军的政治工作的三大原则。

5. 制定了人民军队铁的革命纪律

纪律是执行路线的保证，没有铁的纪律就无法保证我军的高度集中和统一。毛泽东高度重视人民军队的纪律建设。在红军初创时期，就要求部队对待群众时要说话和气，买卖公平，不拉夫，不打人，不骂人。1927 年 10 月，毛泽东制定了《三大纪律六项注意》；1930 年，在瑞金把六项注意改为十项注意；解放战争时期，当人民解放军转入战略进攻的转折时期时，毛泽东及时地总结了我军在土地革命、抗日战争时期所执行军事纪律的经验，于 1977 年 10 月 10 日重新颁布了“三大纪律八项注意”的训令。并将“三大纪律八项注意”的内容作了统一的规定：“三大纪律：一切行动听指挥；不拿群众一针一线；一切缴获要归公。八项注意：说话和气；买卖公平；借东西要还；损坏东西要赔；不打人骂人；不损坏庄稼；不调戏妇女；不虐待俘虏。”在同一天颁布的《中国人民解放军宣言》中，要求全军指战员“必须提高纪律性，坚决执行命令，执行政策，执行三大纪律八项注意，军民一致，军政一致，官兵一致，全军一致，不允许破坏纪律的现象存在”。

（三）人民战争思想

人民战争是我党历来坚持的指导战争的根本路线，是我党唯一正确的战争指导思想，是毛泽东军事思想的核心内容。

1. 人民战争思想的含义

人民战争是指广大人民群众为反抗阶级压迫或抵御外敌入侵而组织和武装起来进行的战争。人民战争具有两个基本特征：一是战争的正义性。在毛泽东看来，战争的性质既取决于它的政治目的，又取决于它的社会效果，就是能否促进历史的进步，而其根本标志在于是否符合广大人民群众的根本利益。战争的正义性是实行人民战争的首要条件和政治基础。二是战争的群众性。战争的群众性是指战争必须有广大人民群众的支持和参加，这是人民战争的重要标志。历史上凡是具备这两个特征的战争都可称作人民战争。但是我党领导的人民战争，较之一般意义上的人民战争，群众性更广泛，革命性更彻底，组织性更严密。

人民战争思想的基本精神是：在中国共产党的领导下，以人民军队为骨干，坚决依靠广大人民群众，实行主力兵团与地方兵团相结合，正规军、游击队与民兵相结合，武装斗争与非武装斗争相结合的人民战争。总之，它是中国历史上最完全、最彻底的人民战争，是“真正的人民战争”。

2. 人民战争思想的理论基础

以毛泽东为代表的中国共产党人，在领导中国革命战争的实践中，创造性地发展了马列主义关于人民战争的理论，对实行人民战争的必要性和可能性以及如何实行人民战争问题，做了系统的论述，阐明了人民战争的理论基础和政治基础，实行人民战争的指导原则，创立了具有中国特色的人民战争思想。

（1）人民群众是战争胜负的决定力量。

战争是力量的抗争，人民战争的主体是人民群众，人民群众是社会发展变革的决定力量，也是战争胜负的决定力量。要准确地理解和把握人民战争思想，就必须首先认识人民群众在战争中的作用。毛泽东曾说：“人民，只有人民，才是创造世界历史的动力。”这就是毛泽东人民战争思想的根本出发点和理论基础。毛泽东还指出：“革命战争是群众的战争，只有动员群众才能进行战争，只有依靠群众才能进行战争。”中国革命战争的历史和实践证明，人民群众是人民军队赖以生存和发展的条件，是战争中一切力量的源泉，是战争胜负的决定力量。

（2）战争的正义性是实行人民战争的政治基础。

战争的正义性和非正义性，决定着人心的背向。历史上的战争虽然千差万别，但按其性质，不外乎两大类：一类是正义战争；一类是非正义战争。正义战争是进步的，符合人民群众的根本利益，人民群众不但真心拥护，而且积极支持和踊跃参加。相反，非正义战争是退步的，是为少数利益服务的，必然要遭到人民群众的坚决抵制和反对。战争的正义性是实行人民战争的政治基础，只有正义的革命战争，才能实行广泛发动群众实施人民战争。

（3）战争胜负的决定因素是人不是物。

人和武器是构成战斗力的两个基本要素，正确处理人与武器的关系，是人民战争思想的一个重要理论问题。毛泽东根据历史唯物主义的基本原理，批判了“唯武器论”的观点，科学地阐明了人在战争中的地位和作用。他指出：武器是战争的重要因素，但不是决定的因素，决定的因素是人不是物。这是毛泽东同志在战争问题上对人与武器关系的精辟论述和高度概括。人是战争胜负的决定因素，在一定的物质基础上，谁充分发挥了人的能动作用，谁就能赢得战争的胜利。武器是战争胜败的重要因素。毛泽东在强调人是战争胜败决定因素的同时，并不否定武器的重要作用。

(4) 马克思主义政党的正确领导是实行人民战争的必要条件。

作为战争的指导思想，人民战争不是群众行动起来就可以自发形成的，它必须有战争的领导条件。人民战争的领导者必须具备两个条件：一是真正代表人民群众的利益，反映人民群众的根本愿望，全心全意为人民群众谋取利益；二是懂得和掌握群众路线的指导方法，善于制定有利于调动群众积极性的方针和政策。这两个条件唯有马克思主义的政党才能具备。

3. 毛泽东人民战争思想的主要内容

毛泽东人民战争思想的内容极为丰富，主要有以下几个方面：坚持中国共产党对人民战争的统一领导；结成最广泛的革命统一战线；实行以人民军队为骨干的三结合的武装力量体制；以武装斗争为主与其他斗争形式密切结合；建立巩固的革命根据地；实行灵活机动的战略战术。

(1) 党的领导是人民战争胜利的根本保证。

综观中国历史上大小数百次的农民起义战争，之所以失败就是因为没有先进阶级政党的领导。自从中国工人阶级走上政治舞台，特别是有了中国共产党的领导之后，中国人民革命战争才焕然一新。这就是说，党的领导，是实行人民战争的首要条件。

只有坚持中国共产党对革命战争的领导，才能确保战争的正确方向。革命战争向什么方向发展，取决于战争的领导者所代表的阶级和领导集团对待战争的态度，以及他们所制定的路线方针政策和战略战术。我们的军队是党直接领导的军队，人民军队之所以从小到大，从弱到强逐步发展壮大，并取得一个又一个的胜利，正是由于很好地坚持了党的领导。

只有中国共产党才能最广泛和深入地发动群众。中国共产党是中国人民利益的忠实代表，是为人民的利益而组织和进行战争的。所以，中国共产党是人民群众最信赖的党，是团结和组织人民群众的核心，它广泛而深入地发动群众，调动人民群众进行革命战争的积极性。

只有坚持党的领导，才能结成最广泛的统一战线。党对战争的领导，不仅表现在能够广泛地发动群众参加战争，还表现在它能最大限度地团结、调动和组织各条战线上的社会力量，紧密配合军事斗争，发挥整体威力。如在解放战争中，我党除了领导人民军队在战场上与敌进行殊死的军事较量外，还积极地组织各民族的工人、农民、革命知识分子和一切爱国人士的革命统一战线，使军事、政治、经济、文化、外交等各条战线的斗争融为一体，形成了我党统一领导下的反对国民党反动派的总体战，最终打败了国民党反动派，取得了中国人民解放战争的最后胜利。

(2) 兵民是胜利之本。

兵是指军队，民是指人民群众。兵民结合是取得战争胜利之根本。如果只有军队而无人民群众的紧密配合，或只有人民群众而没有一支人民的军队，都不可能取得战争的胜利。

“兵民是胜利之本”的思想说明，人民军队是进行人民战争的骨干力量，没有一支人民的军队，就不可能对付反革命军队的进攻和坚持长期的革命战争，就不能最后战胜强大的敌人。同时也说明人民群众中蕴藏着无穷的创造力。只有军民结合才能处处打击敌人，使敌人无处可藏，到处遭到人民的打，包括在革命战争中广泛实行地道战、地雷战、麻雀战，实行村自为战等。

（3）广泛深入发动人民群众进行战争。

毛泽东指出，革命战争是群众的战争，只有动员和依靠群众，才能进行革命战争。这是毛泽东人民战争思想性最基本的理论。战争不仅仅是交战双方军力和经济力量的竞赛，而且也是人力与人心的竞赛。“战争的伟力之最深厚的根源，存在于民众之中。”革命的战争如果离开了人民群众，那就是无源之水，无本之木，也就失去了进行战争的雄厚的物质基础。

民众是战争人力的源泉。人力是构成战争力量的基础。军事力量的强大，很重要的条件之一是军队数量上的优势。民为兵源，兵无民不坚，要建立数量优势的军队，民众是兵力的源泉。

民众是战争物力和财力的源泉。战争是物力的竞赛，离开了一定的物质条件，就谈不上进行战争，而进行战争最雄厚的物力来源于民众之中。民众不仅是物资的生产者而且是物质的供给保障者，我军进行的辽沈、淮海、平津三大战役，支前民工就达 500 多万人，担架 10 多万副，大车 38 万辆，牲口 100 万头，粮食 95 亿斤①。毛泽东曾感慨地说，我们的解放战争，主要就是靠北方这一亿六千万人民打胜的。陈毅说过，淮海战役的胜利是老百姓用小车推出来的。

战争的伟力存在于民心所向。任何战争如果与人民群众的意志相背离，那么，就很难得到人民群众的支援。在抗日战争中，当国民党高级将领杜聿明的军队同日寇作战时，可处处得到人民的支援。杜曾感慨地说：“本军是民众的武装，民众是本军的父老，本军的胜利其实也就是民众的胜利。”当杜聿明率领大军掉转枪口进行反革命内战时，却陷入了孤立无援的境地。

（4）建立巩固的革命根据地。

根据地是战争的依托。创建革命根据地，走农村包围城市最后夺取政权的道路，是中国革命战争武装斗争的主要经验和特点之一，是毛泽东指导中国革命战争的伟大战略思想。它的具体内容是：在中国社会政治、经济发展不平衡的条件下，在中国共产党的领导下，在敌人统治薄弱的农村地区，依靠和发动农民群众，实行土地革命，建立和组织民主政权，进行武装斗争，实行工农武装割据，把落后的农村建成先进的巩固的根据地，造成军事上、政治上、经济上、文化上的革命阵地，并以此为依托，开展广泛的人民战争。我党创建的第一个根据地是 1927 年 10 月，由毛泽东率领秋收起义的部队，在井冈山建立

---

① 1 斤=0.5 千克。

的，这一根据地的建立点燃了“工农武装割据”的星星之火，使中国革命找到了生存和发展的立足点。抗日战争时期，在日本侵略军大举进攻，国民党军节节败退的时候，党领导的八路军、新四军英勇地向敌后挺进，先后在华北、华中、东、华南建立了拥有1亿多人口，面积达100万平方公里的19个抗日革命根据地，为夺取全国的胜利奠定了基础。

（5）实行“三结合、一配合”的组织形式和斗争形式。

在中国革命战争的长期实践中，毛泽东创造性地提出了野战军、地方军、民兵相结合的武装力量体制，并提出了实行“主力兵团与地方兵团相结合；正规军和游击队、民兵相结合；武装群众和非武装群众相合；以军事斗争为主与各条战线上的其他各种斗争相配合的组织斗争形式”。

毛泽东指出：“这支军队之所以有力量，还由于有人民自卫军和民兵这样广大的群众武装组织，和它一道配合作战。”“没有这些群众武装力量的配合，要战胜敌人是不可能的。”这就说明，人民军队和群众武装，好比一车两轮，缺一不可。

（6）实行与人民战争相适应的战略战术。

进行人民战争，不能局限于采取一般的作战方法，而采取适应人民战争特点的、灵活机动的战略战术，如正确地规定战略方向；贯彻执行积极防御的战略方针；战略上以弱击强，战术上以强击弱；阵地战、运动战、游击战三种作战形式相配合；以我之长击敌之短，有什么条件打什么仗；集中优势兵力各个歼灭敌人等。其基本思想是，从战争的客观实际出发，在既定的客观物质基础上，充分发挥主观能动性，夺取战争的胜利。

（四）人民战争的战略战术思想

人民战争的战略战术，体现了毛泽东人民战争思想的战略指导原则和作战方法，是毛泽东高超的战争指导艺术的总结。它揭示了中国革命战争的指导规律，是毛泽东军事思想中十分精彩的部分，内容十分丰富。

1. 实行积极防御的战略思想

毛泽东指出：“积极防御，又叫攻势防御，又叫决战防御。消极防御，又叫专守防御，又叫单纯防御。消极防御实际上是假防御，只看积极防御才是真防御，才是为了反攻和进攻的防御。”这不仅是毛泽东对两种不同性质的防御概念作的科学概括，同时也说明，毛泽东主张积极防御，反对消极防御。

毛泽东积极防御的战略思想的基本精神：一是要坚持自卫立场，后发制人。人不犯我，我不犯人，人若犯我，我必犯人。二是要防中有攻，攻防结合；防御是为了积蓄力量，待机破敌。三是对待强敌，持久作战。

总之，毛泽东积极防御的战略思想，是后发制人，攻防辩证统一、持久胜敌的思想，它指导着中国革命战争的全过程，是毛泽东战略思想的精髓，是我军制定战略方针的理论依据，是指导我军取得战争胜利的正确的战略指导思想。

2. 战略上藐视敌人，战术上重视敌人

毛泽东指出：“从战略上看，必须如实地把帝国主义和一切反动派，都当成纸老虎。从这点上，建立我们的战略思想。另一方面，它们又是活的铁的真的老虎，它们会吃人的。从这点上，建立我们的策略思想和战术思想。”毛泽东还指出：“如果我们在全体上过

高估计敌人力量，因而不敢推翻他们，不敢胜利，我们就要犯右倾机会主义错误。如果我们在每一个局部上，在每一个具体问题上，不采取谨慎态度，不讲究斗争艺术……我们就要犯‘左’倾机会主义错误。”毛泽东关于帝国主义和一切反动派既是“纸老虎”又是“真老虎”的论断，奠定了人民战争战略战术的基本原则——在战略上，敌人是纸老虎，我们要藐视它；在战术上，敌人又是真老虎，我们要重视它，注意斗争的策略和方法。

3. 保存自己，消灭敌人

“保存自己，消灭敌人”是兵家公认的原则，是同一战争目的的两个方面。首先，二者是对立统一的，它们紧密联系，相互制约。其次，二者的关系有主次之分。毛泽东指出：“战争目的中，消灭敌人是主要的，保存自己是第二位的，因为只有大量地消灭敌人，才能有效地保存自己。”最后，二者的主次关系并不是固定不变的，在一定的条件下会发生转化。例如，在敌我力量悬殊的情况下，不能与敌人硬拼，需要后退，需要摆脱敌人，这时保存自己就处于优先考虑的地位。

“保存自己，消灭敌人”是战争的基本原则。毛泽东指出：“一切军事行动的指导原则，都根据于一个基本的原则，就是尽可能地保存自己的力量，消灭敌人的力量。”一切技术的、战术的、战役的、战略的原理，都离不开“保存自己，消灭敌人”这个原则。它普及于战争的全体，贯彻于战争的始终。

4. 集中优势兵力，各个歼灭敌人

毛泽东强调，在战略上敌强我弱、敌优我劣的条件下，为了改变敌我进退、攻防和内外线的形势，将被动转为主动，要贯彻在战略上“以一当十”、在战术上“以十当一”的思想，实行“集中优势兵力，各个歼灭敌人”的作战原则。毛泽东同志把“集中优势兵力，各个歼灭敌人”视为战胜敌人的法宝。早在井冈山时期，毛泽东就指出：“红军以集中为原则，赤卫队以分散为原则。”并说：“我们的经验，分兵几乎没有一次不失败，集中兵力以击小于我或等于我或稍大于我之敌，则往往胜利。”在解放战争开始不久，毛泽东代表中央军委起草了“集中优势兵力，各个歼灭敌人”的作战指示。并指出：“这是战胜蒋介石进攻的主要方法。实行这种方法，就会胜利。违背这种方法，就会失败。”

5. 力求实现歼灭战

歼灭战，就是歼灭敌人全部或大部的作战，是我军作战的基本方针。歼灭战是毛泽东一贯的作战指导思想。毛泽东在《中国革命战争的战略问题》一书中，确定我军作战的“基本方针是歼灭战”。他形象地指出：“对于人，伤其十指不如断其一指；对于敌，击溃其十个师不如歼灭其一个师。”土地革命战争时期，中央红军第一次反围剿，第一仗就全歼敌一个师，活捉师长张辉赞，吓得其他六个师仓皇后撤。

6. 周密地进行战争准备

“不打无准备之仗，不打无把握之仗，每战都应力求准备，力求在敌我条件对比下有胜利的把握。”这充分说明了战争准备的极端重要性。

不打无准备之仗，不打无把握之仗，是达成战争目的的一条重要的战略战术原则。这一原则主要强调两个方面：

（1）作战行动事先必须有严密的计划。也正如毛泽东说的：“凡事预则立，不预则废，没有事先的计划和准备，就不能获得战争的胜利。”解放战争时期，我军为攻克石家庄这个坚固阵地的华北重镇，在战前1年的时间里就进行了准备，对作战方案进行了反复论证，只用了7天就攻克了。

（2）战争的准备要建立在确有把握取胜的基础上。确有把握是指具有战胜敌人的根据和信心。有准备是实现确有把握的前提条件。当然战争准备的程度和时限，应根据当时的具体情况而定，有时看来准备不够充分，只要能抓住时机，同样可以有把握取胜。如1948年我军在西北进行的宜川战役，当敌进至我瓦子街伏击地域时，我军在一个纵队没有赶到，部署尚未完全就绪的情况下，为了不错过有利时机，毅然决定发起攻击，结果全歼2.3万敌人。

7. 慎重初战

初战也称“序战”，指战争或战役的第一仗。毛泽东强调要重视初战问题，是因为初战的胜负对战争或战役全局有着极为重大的影响，一着不慎，就有可能给战争或战役带来不可收拾的结局。因此，毛泽东一再强调，对待初战问题，要慎之又慎，不可有一丝一毫的马虎鲁莽。在初战的问题上，毛泽东明确提出了初战“必须打胜；必须照顾全战役计划；必须照顾下一战略阶段”的三个原则。

毛泽东对初战思想很慎重，并不是害怕敌人，不是消极避战、不敢作战，他是建立在战略上藐视敌人，战术上重视敌人基础之上的，是一种对革命高度负责的精神和态度。

8. 运动战、阵地战、游击战紧密结合

运动战、阵地战、游击战是战争中的三种基本作战形式。毛泽东说过：“战争本质即战争目的，是保存自己，消灭敌人。然而达此目的的战争形式，有运动战、阵地战、游击战三种。”运动战、阵地战、游击战这三种作战形式，前两种属于正规战，后一种属于非正规战。

运动战是指正规兵团在长的战线和大的战区，从事战役战斗的外线速决的进攻作战形式。其特点是进攻性和流动性，在广阔的战场上实行高度机动、调动敌人，寻机歼敌。阵地战是指在坚固阵地或野战阵地上进行的防御作战或对坚固阵地或野战阵地防御之敌的进攻作战，其特点是准备时间充裕，组织工作完善，作战持续时间长等。包括阵地防御和阵地进攻。阵地战这一作战形式在解放战争时期和抗美援朝战争时运用得比较多。游击战是分散流动的作战形式，也是一种群众性的武装斗争形式，其特点较运动战更具有主动性、灵活性、进攻性、速决性、流动性，对于配合正规作战及弱小力量的生存和发展有着重要的作用。

三种基本作战形式，尽管各有其不同的作用和特点，但在实现战争目的这一点上是完全一致的。三种方式相互配合，必然是敌人处于极为困难的地位。

9. 力争主动，力避被动

主动和被动是关于军队兵力使用和作战指挥艺术的一对重要范畴。孙武说过：“故善战者，致人而不致于人。”《尉缭子》中也提到，“故善用兵者，能夺人而不夺于人”，说的是善于用兵的人，能夺取主动权而不被敌人所夺取。战争中的主动权，指的是军队行动的自由权，一支军队在战争中进退攻防都能由它做主，行动自由，不受敌人的控制和支配，这就叫掌握了战争的主动权。

战争中的被动权，指的是被客观形势摆布，被迫处于不自由状态，一切都要受到敌人的控制，失去了行动自由，这就叫丧失了主动权，处于被动地位。

毛泽东认为战争主动权的获得与保持，有赖于两个最基本的条件，一是要有战争力量的优势；二是要有正确的主观指导，此外还要有造成敌人的错觉和不意。毛泽东指出："错觉和不意，可以丧失优势和主动。因而有计划地造成敌人的错觉，给以不意的攻击，是造成优势和夺取主动的方法，而且是重要的方法。"比如隐真示假，善于形而无常形，虚虚实实，真真假假，声东击西等。

第四节　邓小平军事理论

邓小平是中华民族的一代伟人，也是当代世界的一代伟人，是建设有中国特色社会主义伟大事业的开拓者和领导者，是中国社会主义改革开放和现代化建设的总设计师，也是新时期军队和国防现代化建设的总设计师。邓小平的军事生涯，在他光辉一生中占有重要位置，他对当代中国和人民军队建设最重要的贡献之一是创立了新时期军事理论。

一、邓小平军事理论的科学含义

邓小平军事理论是以邓小平为代表的中国共产党人，在中国社会主义建设新的历史时期，关于军队建设及有关军事问题的科学理论体系；是马克思主义基本原理同新时期军队和国防建设实践相结合的产物；是邓小平理论的重要组成部分；是在新的历史时期，对毛泽东军事思想的继承和发展；是党的第二代领导集体智慧的结晶。

（一）邓小平军事理论，是马列主义军事理论、毛泽东军事思想与新时期军队和国防建设实践相结合的产物

邓小平在领导军队和国防建设的伟大实践中，运用马列主义军事理论、毛泽东军事思想的立场、观点和方法，研究新情况，解决新问题，创造性地提出了一系列理论原则、方针和政策，形成了一个完整的科学体系。

（二）邓小平军事理论，是邓小平理论的重要组成部分

我们军队建设和改革是整个国家建设和改革的重要组成部分。"四个现代化"就有国防现代化的问题。邓小平军队建设思想，就是邓小平理论与中国军队建设实际相结合的产物。其一，解放思想，实事求是，是邓小平理论的精髓，也是邓小平军队建设思想的理论基础；其二，关于时代主题的理论，既是邓小平理论的一块重要理论基石，是我们正确认识国际战略环境，作出一系列战略决策的重要依据，同时，也是邓小平军队建设思想的重

要内容；其三，以经济建设为中心，坚持改革开放，坚持四项基本原则“一个中心，两个基本点”的基本路线，是邓小平理论的核心，而正是这一点构成了邓小平军队建设思想的灵魂，规定了我军以现代化建设为中心，建设一支强大的现代化、正规化革命化军队“三化”建设的总目标、总任务。

（三）邓小平军事理论，是新时期中国军队和国防建设实践的科学总结

邓小平作为党的第二代领导集体的核心，亲自领导了新时期军队和国防建设的伟大实践，具体研究和解决了军队和国防建设实践中遇到的一系列重大现实问题。他的许多重要论述都是针对军队的现实问题提出的，是对新时期军队和国防建设实践经验的科学总结。

（四）邓小平军事理论，是以邓小平为杰出代表的全党全军集体智慧的结晶

邓小平军队建设思想，不是指邓小平本人，而是指以邓小平为代表、为核心的党的第二代领导集体。邓小平许多重要思想在实践中集中了党中央、中央军委和广大指战员的集体智慧，这就使邓小平军队建设思想具备了坚实的实践基础和群众基础。

三、邓小平军事理论的形成与发展

邓小平新时期军队建设思想，是从新时期面临的国际国内形势出发，为适应军队建设和国防建设的需要，在实践中逐步形成和发展的。

（一）邓小平新时期军队建设思想形成阶段（1975—1978 年党的十一届三中全会前）

1975 年 1 月，邓小平同志被任命为中央军委副主席兼总参谋长，主持军委日常工作，并在举行的党的十一届二中全会上当选为中共中央副主席、政治局常委、国务院副总理。邓小平在这一时期先后发表了一系列重要讲话，就新时期军队建设问题提出了许多重要的论断和方针，指导我军各方面的工作胜利地实现了拨乱反正，为在新的历史条件下研究新情况，解决新问题，全面推进军队和国防现代化建设铺平了道路。针对“两个凡是”的错误方针，他提出了要完整准确地领会和把握毛泽东思想科学体系的论断；提出了一切从实际出发，理论联系实际，实事求是，是毛泽东思想的出发点和根本点；提出了要把军队办成一个大学校，要把教育训练提高到战略地位，以及在新的历史条件下加强思想政治工作等重要原则；针对林彪、“四人帮”对军队的破坏，高举军队要整顿的旗帜，恢复了毛泽东的建军传统，提出了一系列重要的建军思想，如抓编制，抓装备，抓战略的思想；要克服软懒散，建立“敢”字当头的领导班子的思想；要建立调整干部队伍和领导干部交流的思想；军队要建立克服派性，增强党性，加强纪律性的思想等。总之，在党的十一届三中全会之前，邓小平就在军队建设实践中总结出了一系列重要建军思想和原则，特别是对党的实事求是思想路线的恢复和提出毛泽东思想是一个完整的科学体系的论断，为新时期军队建设思想科学体系的形成做了必要准备。

（二）邓小平新时期军队建设思想成熟阶段（1978 年 12 月党的十一届三中全会至 1985 年 6 月军委扩大会议召开）

1978 年 12 月，党的十一届三中全会召开，实现了党的工作重点的转移。这次全会在思想上、政治上和组织上全面恢复和重新确立了马克思主义的正确路线，军队建设也进入了新的发展时期。1979 年 2 月，邓小平同志亲自部署了对越自卫还击作战并取得了胜利。1980 年秋，中央军委将“积极防御，诱敌深入”的战略方针调整为“积极防御”的战略方针，使我军战略指导思想更加明确。1981 年 6 月，在党的十一届六中全会上，邓小平同志当选为中央军委主席以后，从国家发展战略的高度，本着解放思想、实事求是的精神，分析了我军建设所处的国际环境、国内条件，现代化科学技术对战争方式的影响及其军队建设的要求，在党和国家工作重心转移后就新时期军队建设进行了总体设计，提出了军队建设的总目标和总任务以及基本指导思想，使邓小平新时期军队建设思想形成了一个完整的科学理论体系。

（三）邓小平新时期军队建设思想丰富发展阶段（1985 年 6 月以后）

在这一阶段，邓小平就我军在国家改革开放不断深入的新形势下，对如何更好地履行自己的职能，提出了关于军队建设的重大理论原则并进一步明确了军队的性质、任务和地位作用。1987 年 11 月，党的十三届一中全会再次选举邓小平为中央军委主席。1989 年 6 月，邓小平接见驻首都部队军以上干部并发表重要讲话，为新时期军队建设进一步指明了方向。同年召开的党的十三届五中全会批准邓小平辞去军委主席的请求之后，邓小平仍然继续关心着国家和军队的建设。无论是在南方谈话中，还是在军队发展的重要关头，邓小平敏锐地、有针对性地提出了一些重要的思想原则。如关于社会主义本质的理论和党的基本路线一百年不动摇的思想；关于人民民主专政的历史地位和军队的作用的思想；关于在新的历史条件下必须发扬红军光荣传统的思想等，都进一步丰富和发展了新时期军队建设思想的科学体系。以江泽民为核心的中央军委组成后，全面贯彻了邓小平新时期军队建设思想，特别是在 1992 年 10 月召开的党的十四大上，江泽民正式提出“邓小平新时期军队建设思想”的概念，确立了邓小平新时期军队建设思想对军队建设的根本指导地位。

三、邓小平军事理论的科学体系

邓小平军事理论是马列主义军事理论、毛泽东军事思想在新的历史条件下的创造性运用与发展，是中国化了的、最具有时代特色的当代马克思主义军事理论。邓小平军事理论系统回答了新的历史条件下军队建设的一系列重大问题，反映了新时期军队建设和军事斗争的基本规律，内容十分丰富，概括起来主要包括以下内容：

（一）关于新时期战争与和平理论

战争与和平问题，是军事领域的一个基本问题。邓小平依据马克思主义的基本原理，高瞻远瞩，纵观世界全局，对当代国际形势进行了全面而深刻的观察思考和分析，并据此提出了新时期战争与和平理论，极大地丰富和发展了马克思主义的战争观。

1. 和平与发展是当代世界的主题

进入 20 世纪 80 年代以后，邓小平根据对国际形势长期观察和对世界主要矛盾的实事求是的分析，系统地提出了判断国际形势，认识战争与和平问题的科学方法。这一方法的实质就是：从政治、经济和军事相统一的原则出发，全面考察时代特征，据此，他提出了和平与发展是当代世界主题的科学论断。其基本思想包括：一是维护世界和平是当今世界不可逆转的历史潮流；二是促进发展成为当代世界各国面临的共同课题和紧迫任务；三是和平与发展，发展是核心问题；四是争取世界经济的发展，就必须反对霸权主义，维护世界和平，建立公正、合理的国际政治经济新秩序。

2. 世界大战在一定条件下是可以避免的

邓小平基于长期对世界形势和战略格局的研究，以及对世界政治、经济、军事的新特点的全面分析，提出战争危险依然存在，但世界大战在一定条件下是可以避免的论断。一是在和平力量的增长和各种制约战争的因素存下的情况下，世界大战是可以避免的；二是世界大战避免是有前提的，它的前提就是我们的工作做得好，世界人民共同为和平努力奋斗，使和平力量的增长超过战争力量的增长；三是世界大战可以避免，并不是一切战争都可以避免，在大仗打不起来的情况下，局部战争和地区性冲突却此起彼伏，局部战争成为当今战争的主要作战形式。

3. 霸权主义是当代战争的主要根源

邓小平根据新的形势指出：对外奉行霸权主义的帝国主义是现代战争的根源，某些社会主义国家，如果奉行霸权主义的对外政策，同样也是现代战争的策源地。同时，还把霸权主义区分为世界霸权主义和地区霸权主义，明确指出：某些地区性强国，如果推行对外侵略扩张的霸权主义政策，也会成为地区战乱的根源。

4. 反对霸权，维护和平，努力制止战争

邓小平强调，我们的政策一切着眼于反对霸权主义，维护世界和平。中国希望最低限度 20 年不打仗，更希望 70 年内不打仗。要“高举反对霸权主义、维护世界和平的旗帜，奉行独立自主的对外政策，坚定地站在和平力量一边”“谁搞霸权就反对谁，谁搞战争就反对谁”，要增强第三世界国家的团结，促进和平力量的发展，制止战争的爆发。

（二）关于新时期国防建设理论

在新的历史时期，邓小平以马克思主义实事求是的科学态度，对国内外形势和新的历史条件进行了深谋远虑的思考，在实践中探索和规划了国防发展战略，提出了建设有中国特色国防现代化的理论。

1. 国防建设和军队建设指导思想实行战略性转变

党的十一届三中全会以后，党和国家的工作重点已经转移到经济建设上来，国防建设和军队建设要由准备早打、大打、打核战争的转到相对和平时期的长远建设上来，这一转变的实质是利用相对稳定和平的有利的国际环境，有计划、有步骤地加强四个现代化建设，从根本上增强我军的战斗力。为此，国防建设和军队建设要服从和服务于国家经济建设大局，既要确保国家经济的发展，又要以经济的发展带动国防和军队的现代化建设。

2. 国防现代化必须从国情军情的实际出发

离开中国国情和军情这个基本条件，国防现代化建设就会脱离实际。必须把基点放在独立自主、自力更生上。当然，在科学技术高速发展的今天，学习和借鉴外国有益经验是必要的，但要结合自己的实际，着眼发挥自己的优势，保持鲜明的中国特色。邓小平明确提出，按照国家总体发展战略的要求，我国国防现代化的发展目标是充分利用世界大战可以避免、国际形势趋于缓和的有利时机，随着国民经济的不断发展，努力加强国防建设，到21世纪中叶，使我国的国防综合实力接近或赶上当时世界其他军事强国，能在维护国家的安全利益和维护世界和平中发挥更加积极的作用。

3. 调整和改革国防科技工业体制

邓小平根据国家经济建设和国防建设的需要，要求把国防科技和国防工业纳入整个国家规划，实行“军民结合、平战结合、军品优先、以民养军”的方针，以适应社会主义市场经济的要求和国防现代化建设的需要，促进国家的经济建设和科学技术的发展。

4. 切实抓好全民国防

建设现代化的国防，有赖于全国军民的共同努力。为此，政治上要坚持以马列主义、毛泽东思想做指导，组织上要强调党、政、军、民通力合作抓国防，体制上要实行精干的常备军与强大的后备力量相结合，思想上要加强维护国家利益为重点的全民国防教育。总之，要让全国军民都来参加国防建设。

（三）关于新时期军队建设理论

在新的历史时期，邓小平根据新的历史条件和新时期军事斗争的实际需要，重新确立了以建设现代化、正规化的革命军队作为我军建设的发展目标，并提出了与之相适应的基本原则、内容和要求，形成了建设现代化、正规化革命军队的系统理论。

1. 重新确立了新时期军队建设的发展目标

邓小平明确提出把建设现代化、正规化的革命军队作为新时期我军建设的发展目标。军队革命化建设，要坚持中国共产党对军队的绝对领导；坚持全心全意为人民服务的根本宗旨，保持人民军队的无产阶级性质，使我军永远成为党和国家的钢铁长城，成为国家政权、社会主义制度和人民利益的忠实捍卫者。

军队现代化建设，要在国民经济不断发展的基础上，逐步改善和发展我军的武器装备；把教育训练提高到战略地位；调整与改革军队的体制编制；加强军事理论研究等。

军队正规化建设，要坚持依法从严治军，严格军队纪律，确保军队高度统一。要建立健全规章制度，完善军事法规，严格按法令条例和规章制度行事，要加强管理教育，全面建立战备、训练、工作、生活等方面的正常秩序，努力做到管理科学、行动规范。

2. 新时期军队建设要以现代化为中心

随着科学技术的发展和现代战争样式的变化，军队如果不搞现代化建设，就难以适应这种发展和变化的要求。军队的一切工作和正在进行的一切改革，都要服从和服务于现代化建设，都要紧紧围绕这个中心。以现代化为中心，这是由我军建设的主要矛盾，即现代战争的客观需要同我军现代化水平还比较低的矛盾所决定的；以现代化为中心，就是坚持我军的战斗队的根本职能，坚持以提高战斗力作为我军建设和改革的出发点和落脚点，作为检验我军各项工作的根本标准；以现代化为中心，就要不断深入地进行积极稳妥的改革。

3. 注重质量建设，走有中国特色的精兵之路

军队建设要讲质量，讲真正的战斗力，搞少而精的、真正顶用的。其基本思想是：一是精简整编，优化组织结构；二是坚持独立自主、自力更生的方针，积极发展和改善我军的武器装备；三是通过严格的教育训练来提高军队的素质和战斗力。

4. 加强政治建设，保证军队在政治上永远合格

要坚持政治工作的“生命线”地位，充分发挥政治工作的“服务”和“保证”作用。政治工作要服务于国家的社会主义现代化建设，服务于军队的现代化建设。通过坚强有力的政治工作，全面加强政治建设，保证军队在政治上永远合格。

5. 加强后勤建设，提高现代战争的后勤保障能力

后勤建设必须以提高部队战斗力为目的，保障军队现代化建设的需要，特别是要提高应付局部战争和突发事件的后勤保障能力。同时，加强后勤建设必须坚持艰苦奋斗、勤俭建军的原则，加强后勤科研，精打细算，开源节流，少花钱、多办事、办好事、办大事，不断提高经济效益，努力为提高部队的战斗力服务。

6. 加强军事科学研究，发展我国军事科学

军事科学研究是军队建设的重要组成部分，是建设现代化、正规化、革命化军队的重要内容。要坚持以马列主义军事理论、毛泽东军事思想为指导，以新时期积极防御军事战略方针为依据，解放思想，实事求是，一切从实际出发，理论联系实际，面向现代化，面向世界，面向未来。认真总结我军的历史经验，重视汲取外军的有益经验，继承和发展毛泽东军事思想，研究现代条件下人民战争，完善和发展我国军事科学，为国防和军队建设与作战服务。

（四）关于新时期战争与战略理论

邓小平根据国际国内形势的发展变化，从我国我军的实际情况出发，提出了现代条件下的人民战争理论和新时期积极防御战略理论。

1. 现代条件下的人民战争理论

人民战争是中国革命战争的指导路线，是毛泽东军事思想的核心。在新的历史条件下，邓小平继承和发展了毛泽东人民战争思想，提出了适应现代条件的人民战争理论，其基本思想包括：

第一，在现代条件下必须坚持人民战争。人民战争并未过时，仍然是我们取得现代战争胜利的法宝。因为：一是实行人民战争是由我们所进行的战争的正义性决定的，是以人民群众是历史的创造者这一历史唯物主义原理作为理论基础的。二是科学技术的发展，武器装备的更新，只是改变战争的物质条件，只能影响战争的进程和作战样式，但不能改变人民群众在战争中的决定作用。我们要充分发挥人的主观能动性，最大限度地发挥现有武器装备的作用，依靠人民的总体力量，从而弥补武器装备方面的“技术差”，最终赢得战争的胜利。

第二，实行现代条件下的人民战争必须发展人民战争理论。现在的人民战争与过去不

同，装备不同、手段不同、条件不同，人民战争的表现形式也不同。因此，要根据发展变化了的情况，努力研究新情况，总结新经验，探讨新战法，概括新理论，发展人民战争的战略战术。

2. 新时期积极防御的战略理论

在新的历史时期，邓小平明确提出要坚持和发展积极防御战略思想。其基本思想包括：

第一，在新的历史时期，必须继续坚持积极防御战略方针。从政治上来看，积极防御反映了我国社会主义的性质和人民军队的本质，体现了我们国家和军队坚持自卫的立场。从历史经验来看，只有坚持积极防御，才能保卫国家的安全，维护国家的根本利益。从现实斗争状况看，由于霸权主义战争根源的存在，世界政治、经济发展的不平衡，以及民族矛盾、边界纠纷等问题的发展，还存在着一些因素对我国的现实威胁。因此，必须坚持积极防御，做好必要的战争准备，以应付突然事件的发生。

第二，坚持积极防御战略方针，就要切实做好遏制战争的工作。邓小平强调，在战争爆发之前，要把反对霸权主义的斗争，作为一项严峻的任务摆在我们国家和全国人民的日程上面，把战争制止在其发生之前。但重要的工作是集中力量发展经济，增强我国的综合国力，从而使制止战争的和平力量大大加强，遏制非正义战争的爆发。

第三，坚持积极防御，必须有适应客观实际的灵活的方针。新时期我军积极防御战略的中心问题，是维护国家领土主权和海洋权益，保障国家经济建设和改革开放有一个安全稳定的环境。因此，要坚持同任何国家，不管其社会制度、意识形态如何，实行和平共处，同所有周边国家加强睦邻友好的关系，以和平方式解决争端。但是，对于霸权主义的侵略扩张，对于企图以武力侵犯我国领土主权的行为，对于侵扰我边界，影响我国建设的行为，都必须予以坚决的自卫还击。

四、邓小平军事理论的地位作用

（一）解放思想，实事求是，是邓小平军事理论的精髓

解放思想，实事求是，是邓小平建设有中国特色社会主义理论精髓，也是邓小平军事理论的精髓。邓小平解决军队和国防现代化建设问题，总是一贯地坚持党的解放思想、实事求是的思想路线，始终把中国的国情、军情、国际大局和当代世界军事发展的趋势，作为指导军队和国防建设的基本依据。根据变化了的世界形势，邓小平同志科学地洞察和把握国际战略格局中的基本关系，提出在和平与发展已经成为时代主题的历史条件下，军队和国防建设的指导思想要转到和平时期建设的轨道上来；适应社会主义初级阶段和国家以经济建设为中心的客观需要，邓小平同志重新审视国防建设与经济建设的关系，提出要在服从和服务于国家建设这个大局的基础上，谋求军队建设同国家经济建设协调发展；面对长期的相对和平环境，改革开放和发展社会主义市场经济给部队建设带来的新情况、新问题，邓小平同志紧紧抓住坚持人民军队性质这个根本问题，对加强军队政治建设提出了许多新的重要思想；着眼现代科学技术特别是高技术广泛应用于军事领域的发展趋势，基于对赢得未来战争的深刻思考，提出了走有中国特色精兵之路的一整套重要指导原则。依据

新的历史条件，邓小平同志深入分析和平与发展的趋势和战争的潜在危险，国家的发展利益和国家的安全需要，武装力量的建设和武装力量的运用问题，从不同侧面揭示新时期军队建设和军事斗争的规律，得出了一系列相互联系的、极其重要的军事理论观点，构成一个科学的军事理论体系，是最富有时代精神的当代马克思主义军事理论。

（二）邓小平军事理论是对毛泽东军事思想的继承和发展

在长期的革命战争实践中形成和发展起来的毛泽东军事思想是我党我军的宝贵精神财富，无论过去、现在和将来，毛泽东军事思想都是国防和军队建设的理论指南，邓小平军事理论是建立在毛泽东军事思想这一基础之上的。邓小平强调指出，对待毛泽东军事思想，一要继承，二要发展。要把继承和发展统一起来，这是邓小平同志一贯倡导和坚持的科学态度，也是邓小平军事理论的显著特点和风格。邓小平在新的历史条件下，始终不渝地坚持运用毛泽东军事思想的立场、观点和方法，科学地回答和解决当代实践所提出的历史性课题，领导开拓军队和国防现代化的建设道路，创造性地提出了一系列新时期军队建设和军事斗争的指导原则，从而丰富发展了毛泽东军事思想的理论宝库，为毛泽东军事思想的历史发展做出了创造性贡献。其主要理论贡献：对战争与和平问题提出了新的论断；确立了军队建设的总目标和发展目标；提出并实行国防与军队建设指导思想的战略性转变；确定了国防与军队建设要服从国家建设大局的基本原则；指出改革是实现国防和军队现代化的根本出路；重新明确了我军在新时期仍要继续坚持积极防御的战略方针等。

（三）邓小平军事理论是军队和国防现代化建设的理论指南

邓小平军事理论，是新的历史条件下我国国防和军队建设实践经验的科学总结和理论概括，反映了新时期国防和军队建设的基本规律，是我国国防和军队建设的指导思想。江泽民同志指出：邓小平军事理论，具有鲜明的时代性、深刻的实践性和科学的指导性，为我们提供了正确认识和解决新时期国防建设、军队建设与军事斗争问题的立场、观点和方法。坚持以邓小平军事理论为指导，是我军建设沿着正确方向不断发展，夺取新的更大胜利的根本保证。军队建设之所以会有今天这样一个新的局面，最根本的原因就是有邓小平军事理论的科学理论指导。实践已经证明，并将继续证明，邓小平军事理论是军队和国防现代化建设的根本依据和理论指南。

第五节　江泽民国防和军队建设思想

江泽民同志说：“一个国家，一个民族，要生存和发展，要在竞争激烈的国际环境中站稳脚跟，就不能没有正确的军事战略方针。在当前复杂多变的国际新形势下，为了掌握战略主动，我们必须确立正确的军事战略方针。”为此，江泽民同志根据国际国内形势的发展变化，在领导和参与多次军事活动的基础上，发表了关于国防与军队建设的一系列重要论述。这些论述深刻反映了世纪之交我军建设的客观规律，为我军走有中国特色的精兵之路，加速革命化、现代化、正规化建设提供了重要的理论依据。

江泽民作为党的第三代领导集体的核心，在带领全党全军和全国人民推进建设有中国特色社会主义伟大事业的历史进程中，从我国和我军实际出发，提出了新时期军队和国防建设的一系列重要论述，创造性地发展了马列主义军事理论、毛泽东军事思想和邓小平军事理论，是新时期军队改革和建设经验的科学总结，是全面开创军队和国防现代化建设新局面的科学指南。

一、江泽民国防和军队建设思想的含义

江泽民国防和军队建设思想，是以江泽民同志为核心的中国共产党第三代领导集体，在领导国防和军队现代化建设的实践中，按照“三个代表”重要思想所体现的时代性和先进性要求，围绕解决“打得赢、不变质”两个历史性课题而创立的军事指导理论。

二、江泽民国防和军队建设思想的形成与发展

1989 年 11 月江泽民主持军委工作以来，国内外形势和我军建设与发展都发生了很大的变化，从历史和逻辑的线索看，江泽民国防和军队建设思想形成与发展，大致可以划分为三个阶段。

（一）从 1989 年 11 月至 1993 年年初，是江泽民国防和军队建设思想酝酿产生的重要阶段

20 世纪 90 年代初苏联的解体和东欧剧变，使世界社会主义运动陷入低潮，苏美互为对手的两极战略格局瓦解，国际战略格局发生了重大而深刻的变化。这种变化，既有利于我国国际地位的提高，又为超级大国把“和平演变”的主要矛头对向中国提供了条件，增大了中国坚定不移走社会主义道路的压力。中国社会主义经济体制改革和对外开放进一步向深度和广度发展，特别是 1992 年党的十四大明确提出我国要发展社会主义市场经济和扩大对开放，这既有利于中国经济的发展，又对人们的世界观、人生观、价值观带来巨大冲击。20 世纪 90 年代初海湾战争的爆发，标志着现代技术特别是高技术条件下局部战争的挑战已成为非常现实、不可回避的历史课题。在这段时间里，江泽民领导和参与了 90 多次军事实践和军事理论活动，发表了一系列重要军事论述，酝酿产生了江泽民新形势下国防和军队建设思想的许多重要观点。特别是江泽民在 1992 年 10 月党的十四大报告、1990 年 12 月和 1993 年 1 月在两次重要会议上的讲话，强调了一系列国防和军队建设的重要指导思想，其中最具有创新意义的内容是：提出了“五句话”的总要求，制定了新时期的军事战略方针。这一阶段，江泽民一系列重要军事论述的提出，标志着江泽民国防和军队建设思想已经酝酿产生了。

（二）从 1993 年年初至 1999 年年底，是江泽民国防和军队建设思想形成科学体系的阶段

这一阶段，我国改革开放和社会主义现代化建设面临着来自政治、经济和自然等方面的种种风险，经历了邓小平逝世、香港回归、党的十五大召开等重大事件，国防和军队建

设经受着更为严峻的考验，也面临着难得的发展机遇。此时，江泽民对国防和军队建设以及国防力量的使用问题给予了更大的关注。在日理万机的工作中，领导和参加的重要军事活动达100多次，提出了一系列指导军队建设和军事斗争准备的重要思想。这些思想，散见于江泽民的大量讲话和论述中，特别集中地见于1997年党的十五大报告，1998年12月25日在军委扩大会议上关于“七大关系”的讲话和1999年11月24日在军委“三讲”会上的“14个方面”的总结。

1997年9月在十五大报告中，江泽民强调：加强国防和军队建设，是国家安全和现代化建设的基本保证。1998年12月25日江泽民在军委扩大会议上的讲话，对改革开放20年来我军建设积累的丰富的历史经验作了总结。指出，这些经验主要体现在正确认识和处理七个方面的关系上，即关于战争与和平的关系；关于国防建设与经济建设的关系；关于革命化、现代化、正规化建设的关系；关于军队数量与质量的关系；关于常备军与国防后备力量的关系；关于继承优良传统与改革创新的关系；关于学习外军有益经验与保持我军特色的关系。江泽民强调，“这七条是我们坚持用邓小平同志新时期军队建设思想指导实践得出来的，是全军同志集体智慧的结晶”。

1999年11月24日在军委“三讲”会议上的讲话，江泽民系统地总结了主持军委工作十年来军委在军队建设方面提出的具有方向性、全局性的重大方针和指导原则，包括：始终坚持党对军队的绝对领导；关于军队建设的“五句话”总要求；确立立新时期积极防御的军事战略方针；把思想政治建设摆在全军项建设的首位；集中力量发展“撒手锏”武器装备；进行以裁员额50万为主要任务的体制编制调整改革；在全军广泛深入开展科技练兵活动；确立依法治军的方针；逐步走上投入较少、效益较高的军队现代化建设路子；坚决果断地停止军队和武警部队的一切经商活动；制定和颁发《军队基层建设纲要》；选拔和培养优秀年轻干部；制定国防和军队现代化建设“三步走”的发展战略；推动全军努力探索改革开放和发展社会主义市场经济条件下治军的特点与规律14个方面。标志着江泽民国防和军队建设思想已经形成为科学体系。

（三）从1999年年底以后，是江泽民国防和军队建设思想的成熟和进一步发展阶段

在这一阶段，前两阶段业已存在的客观条件仍然继续存在并产生影响，同时又出现了复杂的新情况。归纳起来，有四个重要因素将长时期地对世界和平与安全产生深刻的影响。一是世界多极化在曲折中发展，称霸与反霸的斗争将长期存在。这是影响国际和平与安全的一个基本因素。二是经济全球化不断加快，在推动生产力发展的同时，也加剧了世界发展不平衡的矛盾。三是世界新的军事变革和全球性军事战略调整正在深入进行，西方新军事干涉主义抬头，冷战后一度减弱的影响军事安全的因素又在上升。四是许多国家和地区的民族、宗教矛盾激化，由此引发的武装冲突和局部战争此起彼伏。面对新的时局，江泽民审时度势，继续对国防和军队建设事业予以极大关注。

从1999年年底到2004年，江泽民多次领导和参与重要军事活动，发表了许多重要论述，这些思想集中地见于党的十六大报告，军委扩大会议上的讲话和全国人大十届一次会议解放军代表团的讲话中，提出了推进中国特色军事变革的思想，使其国防和军队建设思

想的科学体系得到进一步丰富和发展。特别是党的十六大报告第一次把国防和军队建设单独作为一个部分，明确了国防和军队建设的地位作用、国防与经济建设的方针、国防和军队的任务和使命。

三、江泽民国防与军队建设思想的主要内容

江泽民同志在党的十六大报告中指出，要“坚持以毛泽东军事思想、邓小平新时期军队建设思想为指导，全面贯彻‘三个代表’重要思想，按照政治合格、军事过硬、作风优良、纪律严明、保障有力的总要求，紧紧围绕打得赢、不变质两个历史性课题，坚定不移地走中国特色的精兵之路，加强军队的革命化现代化正规化建设”。围绕这一目标，他全面、系统地阐明了新形势下国防和军队建设的地位、作用、目标任务、指导方针、实现途径、战略步骤和政治保证等一系列基本问题，形成了一个指导性强、内容丰富的科学体系。归纳起来，这一理论体系包括以下几个方面的主要内容。

（一）大力加强军队建设，不断增强国防实力

江泽民同志在党的十六大报告中指出：“建立巩固的国防是我国现代化建设的战略任务，是维护国家安全统一和全面建设小康社会的重要保障。”他认为，国防和军事实力是一个国家综合国力的重要体现，军队的强弱关系着国家的安危、民族的命运。要保卫社会主义祖国，保卫人民的和平劳动，抵御国际敌对势力的侵略和国内敌对分子的颠覆，维护国家统一和社会稳定，全面建设小康社会，推进现代化建设事业的发展，就不能没有一支强大的军队；要巩固社会主义制度，保持国家的长治久安，为经济建设赢得一个和平、稳定的环境，就不能没有一支强大的军队；要使我国在未来世界战略格局中居于主动地位，能自立于世界民族之林，同样也不能没有一支强大的军队。没有一支人民的军队，便没有人民的一切，这是历史的结论。过去如此，现在和将来仍然如此。因此，在和平时期，军队的地位和作用仍然是不可忽视的。

江泽民指出，中国人民解放军是人民民主专政的坚强柱石，是捍卫社会主义祖国的钢铁长城，是建设中国特色社会主义的重要力量。“只有建设一支与我们国家地位相适应的强大军队，才能可靠地保卫国家安全，保卫社会主义现代化的顺利进行。”

我军是执行政治任务的武装集团，必须始终把维护国家主权、安全和人民的根本利益放在第一位。人民解放军要完成这一历史重任，就必须忠实履行自己的职能，充分做好军事斗争的准备，坚定维护国家主权、安全和稳定。时刻保持高度警惕，扎扎实实做好反侵略战争的准备，为保卫世界和平、保卫国家安全，为争取台湾早日回归祖国、实现祖国统一大业做出积极贡献。

（二）始终不渝地坚持党对军队的绝对领导

江泽民同志在党的十六大上指出：“始终把思想政治建设摆在军队各项建设的首位，永葆人民军队的性质、本色和作风。党对军队的绝对领导是我军永远不变的军魂，要毫不动摇地坚持党领导人民军队的根本原则和制度。”

江泽民特别强调：“一个军队要有军魂，我们军队的军魂就是党的绝对领导。这一点在新的历史时期尤为重要。”他认为，坚持党对军队的绝对领导，必须落实一系列基本制

度，切实加强军队中党的建设，保证党在思想上、政治上、组织上牢牢掌握军队，保证我军在任何时候、任何情况下都同党中央保持一致，模范地执行党的路线、方针、政策，一切行动听从党中央、中央军委的指挥。坚决抵制“军队非党化”“非政治化”等各种错误观点的影响。

（三）贯彻“五句话”的总体要求

在新的历史条件下，军队建设的总目标和总方针是关系到军队建设的方向性问题。为此，江泽民同志明确提出，要把“政治合格、军事过硬、作风优良、纪律严明、保障有力”作为军队建设的总要求确立起来，贯彻到各项工作中去。这“五句话”的总要求思想深刻，内容丰富，意义深远。它体现了毛泽东的建军思想，特别体现了邓小平新时期军队建设思想的要求，是对毛泽东建军思想和邓小平新时期军队建设思想的继承和发展。

（1）政治合格。这是军队质量建设的首要任务，是我军的光荣本色和最大的优势。其根本含义就是要始终坚持和接受中国共产党的绝对领导，保证我军人民军队的性质和宗旨，坚定不移地贯彻执行和维护党的路线、方针和政策，确实履行党和人民所赋予的神圣使命，永远做党、国家和人民利益的忠诚捍卫者。在改革开放和发展社会主义市场经济的条件下，要做到政治合格，就必须高举邓小平理论伟大旗帜，深入贯彻“三个代表”重要思想，大力弘扬我党、我军的优良传统，加强和改进思想政治工作，把思想政治建设摆在首位。

（2）军事过硬。这是全面加强军队质量建设的一项基本要求。其关键就是要解决我军“打得赢”的问题。中国人民解放军所担负的历史使命，要求军队必须做到军事过硬。在新时期，实现军事过硬，一要树立现代战争意识，掌握高科技知识，精通战略战术和本职业务；二要坚持战斗力标准，牢固树立战斗队思想，全面落实战备工作，从实战需要出发，从难从严要求和训练部队，做到军事技术精湛，战略战术灵活，战斗作风顽强；三要提高五种作战能力（快速反应、野战生存、联合作战、电子对抗、后勤保障），在任何复杂艰难的情况下都能圆满完成各项任务。

（3）作风优良。这是我军的鲜明特色和特有的政治优势。其重点就是要解决我军永葆本色的问题。作风出战斗力，有什么样的作风就有什么样的战斗力。优良的光荣传统和特有的政治优势，是我军性质、宗旨的集中体现，也是构成我军战斗力的重要因素和克敌制胜的法宝。其主要内容是：实事求是、言行一致、公道正派、廉洁奉公、艰苦奋斗、勤俭节约、尊干爱兵、拥政爱民、雷厉风行、英勇顽强等。因此，江泽民反复强调，在新的历史条件下，全军在思想作风上，要保持坚定正确的政治方向，坚持解放思想，实事求是，理论联系实际，密切联系群众，勇于批评与自我批评，谦虚谨慎，顾全大局，维护团结；在工作作风上，要坚持与时俱进，勇于创新，雷厉风行，真抓实干，反对浮夸和形式主义；在战斗作风上，要不怕艰难困苦，不怕流血牺牲，英勇顽强，敢打必胜，勇于压倒一切敌人，战胜一切困难；在生活作风上，要艰苦朴素，勤俭节约，廉洁奉公，拒腐蚀、永不沾，永远保持人民军队的光荣本色。

（4）纪律严明。这是全面加强军队质量建设的重要保证。在新时期，军队质量建设程度越高，政治纪律、军事纪律和组织纪律的要求就越严格。这是保证我军高度集中统一的必然要求。江泽民反复强调指出，必须“以加强纪律建设为核心内容，依法从严治军”，因为“在长期的和平环境中，部队容易松懈，坚持从严治军很不容易，但正因为如此，治军就更要严格，丝毫懈怠不得”。为此，江泽民要求军队，一要严格政治纪律，坚决维护政令军令的权威性、严肃性，确保党中央、中央军委决策的贯彻落实；二要树立高度自觉的组织观念，无论客观环境如何变化，都必须按组织原则行事；三要严格遵守三大纪律八项注意、条令条例和规章制度；四要严格执行群众纪律，自觉接受群众的监督，维护人民的利益。

（5）保障有力。这是全面加强军队质量建设，提高战斗力的重要方面。其关键就是要解决我军在高技术战争条件下的供应保障问题。随着科学技术的快速发展和它在军事领域的广泛应用，保障是否有力，直接关系到军队质量建设的进程和战争的胜败。新时期的后勤保障和装备技术保障，要在我军现有条件下，妥善运用人力、物力、财力和各种技术装备，做到人员素质过硬，装备性能先进，保障体制优良，管理体制健全，基层工作落实，无论在任何条件下，都能及时、准确、高效地保障军队建设和作战的需要。

上述“五句话”虽各有其特殊的内涵和本质，但它们却是彼此联系、不可分割的统一整体。其中，政治合格主要是革命化建设的基本要求和尺度；军事过硬和保障有力主要是现代化建设的基本要求和尺度；作风优良和纪律严明主要是正规化建设的基本要求和尺度。因此，只有全面做到了“五句话”，才能全面实现新时期军队建设的总目标，全面提高部队的战斗力。

（四）把思想政治建设摆在全军各项建设的首位

江泽民指出：“搞好军队的思想政治建设，是搞好军事训练、后勤保障以及整个军队现代化建设的重要基础。思想政治建设是革命化建设的核心，是引导全军干部战士拒腐蚀、永不沾，永葆人民军队革命本色的可靠保证。所以，我们必须高度重视军队的思想政治建设，必须把它摆在全军各项建设的首位。”

江泽民强调，讲政治是我军优良传统的精髓和核心，注重并始终坚持从思想上、政治上建设部队是党领导军队的一条根本原则。他提出，在新时期的军队建设中，要始终关注两个最重要的问题：一个是在复杂的国际环境中，我军能不能跟上世界军事发展的趋势，打赢未来可能发生的高技术战争；一个是在社会主义市场经济和对外开放条件下，我军能不能保持人民军队的性质、本色和作风，始终成为党绝对领导下的革命军队。

江泽民说：“社会主义市场经济的发展，对外开放的扩大，为军队发展注入了强大的活力，有力地促进了军队的革命化、现代化、正规化建设。但是，在发展社会主义市场经济和对外开放的过程中，不可避免地会出现一些消极腐朽的东西，而这些东西对官兵思想的侵蚀和影响，对部队作风、纪律的冲击，就其广泛性和严重性来说，也是前所未有的……我之所以一再强调要把思想政治建设摆在全军各项建设的首位，强调军队讲政治应该标准更高、要求更严，就是着眼于在思想政治上切实掌握部队，使广大官兵拒腐蚀、永不沾，始终保持政治上的坚定和思想道德上的纯洁。”“如果不能在新形势下做到拒腐蚀、永不沾，我们这支人民军队就有改变性质的危险，就会丧失战斗力。”现代科学技术在军队建设和未来战争中的作用越来越突出，随着我军武器装备的改善，技术兵种的增多，部队合成化程度的提高，需要越来越多的具有现代科学文化知识的军事人才和专业技术人才。只有通过强有力的思想政治工作，将党的方针政策、强烈的革命事业心与政治责任感和进步的思想贯注于干部战士的头脑中，才能把干部战士身上蕴藏的力量充分激发出来，成为部队凝聚力的重要因素，成为推进军队现代化建设的强大动力，成为我军克敌制胜的战斗力。

为此，江泽民同志要求全军必须高度重视思想政治建设，把它摆在各项建设的首位，要为“打得赢”和“不变质”提供强大的精神动力和可靠的政治保障。要不断推进思想政治建设的创新和发展，增强时代感，加强针对性、实效性、主动性。要坚持不懈开展爱国奉献、革命人生观、尊干爱兵、艰苦奋斗“四个教育”和革命气节、理想信念教育，确保官兵政治上的坚定和思想道德上的纯洁，抵御腐朽思想文化的侵蚀和“酒绿灯红”的影响，使我军真正成为培养人、锻炼人的大学校、大熔炉，在精神文明建设上走在全社会前列。

（五）加强“质量建军”，走中国特色的精兵之路

江泽民同志强调：“加强质量建设，走有中国特色的精兵之路，是实现我军现代化的正确选择……减少数量，提高质量，是我军现代化建设的一条基本方针。”

质量建军直接关系到我国在21世纪能否占据更加有利的国际战略地位，关系到我们能否打赢未来的高技术局部战争。为此，1990—1992年，江泽民先后多次指出，加强国防不能在增加军队数量上打主意，不但不能在数量上打主意，我们还应该使军队更精干，政治质量更高，军事素质更高；要从严治军，走精兵之路，进一步收缩摊子，优化结构，加强管理，通过提高部队质量来提高部队战斗力；部队要严格训练，严格管理，加强教育，把质量建设的方针落实到各项工作中去，不断提高部队的战斗力和作战指挥能力。在他的提议下，1995年年底，在中共中央、国务院提出科教兴国战略的同时，中央军委明确提出在军队建设上要逐步实现由数量规模型向质量效能型、由人力密集型向科技密集型的转变。这一观点的提出，标志着我军科技强军战略的正式形成。

为了实现军队建设的“两个根本性转变”，江泽民提出，要下决心解决好军队的规模和体制、编制问题，克服领导、指挥、管理、保障体制和部队编组结构中制约军队战斗力提高、制约军队现代化建设的弊端和不足。编制体制调整改革，出军事效益，出战斗力。通过编制体制的调整和改革，把我军建设成为一支规模适度、结构合理、机构精干、指挥灵便、战斗力强的现代化、正规化革命军队。

（六）确立新时期军事战略方针

江泽民同志认为，军事战略归根到底是治国之道。一个国家，一个民族，要生存和发展，要在激烈的国际竞争中站稳脚跟，就不能没有正确的军事战略方针。在邓小平新时期军队建设思想的正确指导下，根据当今世界军事斗争格局的变化和维护国家安全利益的要求，以江泽民为核心的党中央、中央军委把新时期积极防御的军事战略同当代军事斗争的最新发展趋势结合起来，明确提出了新时期军事斗争准备的基点，要从应付一般条件下的常规战争转到打赢现代技术，特别是高技术条件下的局部战争上来。并进一步提出了军队建设必须从数量规模型向质量效能型，从人力密集型向科技密集型转变的战略思想。这是新时期军事斗争准备上具有战略意义的转变，也是军事战略指导上的重大调整。

高技术局部战争，是时代条件与新技术革命的必然产物。江泽民指出，随着高技术大量涌现并运用于军事领域，战争形态、战场环境、作战手段、指挥方法等各个方面都在发生深刻的革命性变革。现在，世界各主要国家都在调整军事战略，积极发展高技术武器装备，我国周边一些国家和地区正积极引进高技术兵器，军事高技术的发展极为迅速。未来我国面临的战争，将很可能是高技术局部战争。为此，在贯彻积极防御军事战略方针时，必须十分重视研究高技术发展及其对战争的影响，注重解决打得赢和不变质等诸多问题。

（七）实施“科技强军”战略，努力完成我军机械化和信息化建设的双重历史任务

江泽民同志指出，科学技术是第一生产力，也是非常重要的战斗力；科技进步是经济社会发展的重要动力，也是军队现代化的重要动力。有了强大的国防和先进的科学技术，我们就能顺利实现新时期军事战略方针。因此，必须把依靠科技进步作为提高军队战斗力的基础。他指出，首先必须建立现代化的军事理论，其次要实现武器装备的现代化，还要把科技练兵作为增强部队战斗力、提高打赢高技术局部战争能力的根本途径，进一步在全军兴起科技练兵的热潮，真正从难、从严、从实战出发锻炼和摔打部队。

2000 年，江泽民在军委扩大会上指出：“新军事革命，实质上是一场军事信息化革命。高技术战争，是以信息化为主要特征的。信息化正在成为军队战斗力的倍增器……可以预见，信息化战争将成为二十一世纪的主要战争形态。”我军正处在机械化任务尚未完成，又要努力向信息化过渡的特殊阶段，为了尽快缩短与世界先进水平的差距，我军必须走跨越式发展道路，以信息化为先导，用信息化带动机械化；以机械化为后盾，用机械化来推动信息化；最大限度地发挥后发优势，争取实现我军现代化的跨越式发展。

（八）培养高素质新型军事人才

江泽民同志多次强调，人才是兴军之本，是根本大计。我军迎接世界新军事革命的挑战，实现国防和军队现代化建设的跨越式发展，关键在人才。不把人才培养作为一项战略性任务来抓，就难以建设现代化的军队，也就难以战胜拥有高技术优势的敌人。江泽民同志说：“人才培养是个长期的任务，又是当务之急。高新技术装备一下子搞不上去，但人才培养要先行。宁肯让人才等装备，也不能让装备等人才。”他强调“治军先治校”，必须把院校教育摆在优先发展的地位，逐步建立起总体规模适当、结构合理、效益较高的具有我军特色的新型院校体系，形成有利于人才成长和科研创新的培训体制和管理体制。新时期高素质的新型军事人才，首先要有很高的政治素质，具有全心全意为人民服务的思想，始终与党中央、中央军委保持高度一致；其次要有很强的工作能力，能够创造性地贯彻上级指示，带领部队完成各项任务；同时还要有很好的作风，始终做到艰苦奋斗、密切联系群众、克己奉公、廉洁自律，永葆共产党人的革命品格和高尚情操。

（九）坚持依法从严治军

江泽民同志指出：“依法治军，把党关于国防建设和武装力量建设的主张，通过法定程序上升为国家意志，使党的领导同依法办事统一起来，目的是从制度上和法律上保证党对军队的绝对领导，保持人民军队的性质，推动军队现代化建设。”江泽民强调，要加强

军事立法工作，逐步建立适应社会主义市场经济要求，符合现代军事发展规律，能够体现我军性质和优良传统的军事法规体系；要坚决维护军事法律法规和条令条例的权威性和严肃性，一旦违反，要依法追究，严肃处理；要提高全军各级领导干部依法办事的能力，学会用法规制度教育引导和管理部队。依法治军，贵在严，也难在严。只有坚持按法律法规从严治军，才能维护我军威武之师、文明之师的良好形象，才能有战斗力。

（十）依靠人民建设军队和国防

国防和军队建设是全党、全国人民的共同事业。江泽民同志强调，人民战争是我们的真正力量所在，要按照人民战争的战略思想，实行精干的常备军与强大的国防后备力量相结合，在加强军队建设的同时，高度重视民兵、预备役等国防后备力量的建设；武警部队是我国武装力量的重要组成部分，要继续加强武警部队建设，发挥它们在维护国家安全和社会稳定中的重要作用；坚持“军民结合、平战结合、寓兵于民”的方针，建立适应现代战争快速动员要求的国防动员体制，实现国防资源的合理配置和统一调度，使综合国力在战时迅速转化为战争实力；发展人民战争的战略战术，创新人民群众参战支前的内容和形式，充分发挥高技术条件下人民战争的威力；大力发扬拥军优属、拥政爱民的优良传统，深入开展创建双拥模范城（县）活动，巩固和发展军政军民团结的大好局面；要深入持久地开展以爱国主义为核心的国防教育，增强全民国防观念，建立国家、军队、社会、学校、家庭“五位一体”的国防教育系统工程网络。

（十一）正确处理国防建设与经济建设之间的关系

江泽民同志指出：“把经济建设搞上去和建立强大的国防，是我国现代化建设的两大战略任务。”他强调，在新形势下，“国防建设和军队建设必须以经济建设为依托，服从国家经济建设的大局。国民经济发展了，才能为国防现代化提供必要的物质技术基础。”江泽民的重要论述，丰富和发展了毛泽东、邓小平关于国防建设与经济建设的辩证关系，同时，也是我国在新世纪发展过程中，正确处理经济建设与国防建设关系的指导原则。

江泽民强调，必须正确认识和处理经济建设与国防建设之间的关系，在集中力量进行社会主义经济建设的同时，努力加强国防建设，形成二者相互促进、协调发展的机制。他在党的十六大报告中说：“坚持国防建设与经济建设协调发展的方针，在经济发展的基础上推进国防和军队现代化。”

第六节　胡锦涛国防和军队建设重要论述

21 世纪，中国的发展跨入了一个重要的战略机遇期。胡锦涛同志以政治家和战略家的远见卓识与战略智慧，着眼时代特点，立足维护国家安全和发展利益的大局，依据国际国内环境的发展变化和新世纪新阶段国防和军队建设的客观实际，提出了关于加强国防和军队建设的一系列重要论述。

一、胡锦涛国防和军队建设重要论述的科学含义和历史背景

（一）胡锦涛国防和军队建设重要论述的科学含义

胡锦涛国防和军队建设重要论述，是胡锦涛关于新世纪新阶段我国军队和国防建设的思想理论体系。是以胡锦涛为总书记的党中央，根据新世纪新阶段的国际战略格局、国家安全形势和经济全球化趋势，而制定的我国国防建设和军队建设的纲领、路线、方针、政策；是继承、发展毛泽东军事思想、邓小平军事理论和江泽民国防和军队建设思想的成果；是新的领导集体智慧的结晶。

（二）胡锦涛国防和军队建设重要论述的历史背景

1. 世界多极化和经济全球化的趋势进一步凸显，影响国家可持续发展的外部制约因素增加

新世纪新阶段，国际形势呈现总体和平、缓和、稳定的基本态势，和平、发展、合作是时代的主流；世界多极化和经济全球化的趋势进一步凸显；各国利益相互依存、相互交织，对话合作意愿不断增强。但是，随着国际形势的发展变化，我国可持续发展面临的外部制约因素也在增加。表现在：西方敌对势力加紧对中国实施西化、分化和遏制政策，千方百计对中国加以牵制；我国周边安全环境存在诸多隐患，围绕海洋权益的斗争加剧；随着国家利益的拓展，保护海外利益的任务更加艰巨。

2. 社会和经济发展形势总体良好，影响国家安全和稳定的不确定因素增多

进入新世纪新阶段以后，我国政治安定、民族团结、经济发展、社会和谐的局面得到进一步巩固；我国对世界的影响力在增长；社会和经济发展形势总体良好。但影响国家安全和发展的不稳定、不确定因素增多。表现在：“台独”等民族分裂势力猖獗；恐怖势力、宗教极端势力等邪恶势力加紧勾连聚合，不断组织策划渗透、瓦解和破坏活动；我国人口、就业和“三农”等问题凸显，社会矛盾和犯罪问题增多；国内安全与国际安全的互动性增强，一些国内问题如果处理不当，可能会演变为国际问题，一些国际问题也可能影响我国诱发社会稳定问题；国家传统安全威胁和非传统安全威胁因素相互交织。

3. 我军所处环境和面临的任务发生了重大变化，国防和军队建设面临时代性的挑战

由于我军所处环境和面临的任务发生了重大变化，国防和军队建设需要解决诸多具有时代性的课题。如何在国际上单边主义和强权政治仍然存在，多极化趋势日渐呈现，区域化和全球化经济机遇与挑战并存，竞争大于合作的复杂形势下，坚决有效地维护国家的战略利益；如何在我国改革发展进入关键时刻，特别是“台独”分裂势力严重威胁祖国和平统一大业的背景下，更好地履行党和人民赋予军队的神圣使命，有效维护国家主权、统一和稳定；如何在世界新军事变革加速推进，战略主动权竞争日趋激烈的形势下，大力推进国防和军队现代化建设，不断增强应对危机、维护和平、遏制战争、打赢信息化战争的能力；如何在我国经济实力、科技实力、国防实力和民族凝聚力不断增强，国防和军队建设取得巨大成就的基础上，继续抓住机遇、乘势而上，推动国防和军队建设迈上新的台阶。这些都给我国国防和军队现代化建设带来了时代性的挑战。

二、胡锦涛国防和军队建设重要论述的主要内容

胡锦涛国防和军队建设的重要论述，是新世纪新阶段用科学发展观统筹国防和军队现代化建设，打赢信息化战争的军事指导理论。其主要内容有：

（一）用科学发展观统领国防和军队建设

胡锦涛指出，实现国防建设和经济建设协调发展，就是要使国防和军队发展战略与国家发展战略相适应。要做到这一点，我们就必须依据科学发展观的要求，站在国家发展战略的高度，考虑和设计国防和军队发展战略，把国防和军队现代化建设融入国家现代化建设的战略全局之中，使国防和军队现代化进程与国家现代化进程相一致。

新世纪新阶段我军要加速推进中国特色的军事变革，实现军队由半机械化、机械化向信息化的跨越式发展，必须坚持科学发展观指导实践，不断探索国防和军队建设与发展的新规律新特点，更加科学地把国防和军队建设推向前进。胡锦涛指出，我们要坚持以科学发展观为指导，全面、系统、深入地研究军队建设的阶段性特点。把军队建设的基础和现状搞清楚，把影响和制约军队建设的重难点问题搞清楚，把军队建设的发展方向和主要任务搞清楚，不断深化对军队建设规律的认识，正确解决军队建设发展中的深层次矛盾和问题，把军队建设切实转入科学发展轨道，使我军建设发展始终充满生机和活力。

胡锦涛指出，科学发展观的本质是坚持以人为本。军队要把以人为本作为重要的建军理念。军队讲以人为本，最重要的是必须始终坚持人民军队的根本性质，坚持维护人民群众的根本利益。坚持以人为本，对军队建设来说，就是要尊重官兵的主体地位，发挥他们在军队建设中的主体作用。军队讲以人为本，必须把推动部队建设与促进官兵全面发展结合起来。要坚定地相信和依靠广大官兵，增强他们的主人翁意识和使命感、责任感，把广大官兵中蕴藏的巨大积极性和创造性充分挖掘出来、调动起来，凝聚到军队现代化建设上来。

用科学发展观指导国防和军队建设，就必须把握国防和军队现代化建设的时代要求，明确新世纪新阶段我军肩负的使命。胡锦涛提出的“三个提供、一个发挥”的历史使命，深刻揭示了军队的职能任务必须与党的历史任务相一致，军事战略必须与国家发展战略相协调，军队建设和改革必须与世界军事发展趋势相符合的客观规律。新世纪新阶段我军历史使命的确立，是科学发展观在军事领域的具体运用。认真学习领悟科学发展观的内涵和精神实质，有助于加深对我军新时期新阶段历史使命的理解和把握，提高履行历史使命的坚定性和自觉性。

（二）认真履行我军在新世纪新阶段的历史使命

新世纪新阶段，我军应肩负什么样的历史使命？胡锦涛指出：

第一，为中国共产党巩固执政地位提供重要的力量保证。我们党成为执政党，是历史的选择、人民的选择。进入新世纪新阶段，我们既面临难得的发展机遇，也面临严峻挑战。国际国内敌对势力相互勾结、相互呼应，他们的最终目的，就是企图颠覆我们党的执政地位，颠覆人民民主专政的国家政权，推翻我国社会主义制度。因此，必须把坚持党对军队绝对领导的根本原则和制度，加强军队的革命化、现代化、正规化建设作为党执政的

一项重要战略任务抓紧抓好，确保我军能够经受住各种斗争任务和各种复杂环境的考验，始终成为党巩固执政地位的中坚力量。

第二，为维护国家发展的重要战略机遇期提供坚强的安全保障。当前，影响战略机遇期的因素仍然不少。陆地边界问题尚未完全解决，一半以上的领海和海洋权益存在争端，“台独”“藏独”“东突”等分裂主义和恐怖主义活动，给国家的安全带来了严重的威胁，给国家社会稳定造成的不利因素明显增多。国家主权面临的威胁、祖国统一面临的挑战和社会稳定面临的问题，哪一方面防范不好、斗争不力、处置不当，都有可能影响和冲击国家发展的重要战略机遇期。军队要把国家主权和安全放在第一位，履行好维护国家主权的神圣职责，为创造一个有利于全面建设小康社会、加快推进社会主义现代化的长期安全环境做出应有贡献。

第三，为维护国家利益提供有力的战略支撑。时代的进步和我国的发展，使我们的国家安全利益逐渐超出传统的领土、领海、领空范围，不断向海洋、太空、电磁空间扩展和延伸。海洋安全、太空安全、电磁空间安全，已经成为国家安全的重要领域。我们必须拓展安全战略和军事战略视野，不仅要关注和维护国家生存权益，还要关注和维护国家发展利益；不仅要关注和维护领土安全、领海安全、领空安全，还要关注和维护海洋安全、太空安全、电磁空间安全以及其他方面的国家安全。

第四，为维护世界和平与促进共同发展发挥重要作用。经济全球化趋势不断发展，使世界各国的经济联系空前紧密，任何国家都难以脱离世界经济而孤立地发展。现在，中国经济和世界经济总体上形成了一种你中有我、我中有你的局面。中国的发展离不开世界，世界也离不开中国。中国的发展强大是不可阻挡的，但我们必须正确把握世界发展趋势，根据我们社会主义国家的性质，坚持走和平发展道路，高举和平、发展、合作的旗帜，坚持依靠自身力量独立自主地建设中国特色社会主义，同时积极通过合作共赢的方式充分利用国外资源和市场，争取和平环境来发展自己，又以自身发展来维护世界和平。但也要看到，我国要实现和平发展，要维护国家安全和利益，要维护世界和平与促进共同发展，必须有强大的军事实力做后盾。以便更好地履行维护国家安全、捍卫国家主权和领土完整的职责，发挥维护世界和平的积极作用。

胡锦涛主席提出的新世纪新阶段我军“三个提供、一个发挥”的历史使命，意味着我军的职能和作用进一步拓展：由维护传统领土、领海和领空安全，延伸到维护海洋、太空、电磁空间等领域的安全；由应对传统安全威胁，延伸到应对非传统安全威胁；由维护国家生存利益，延伸到维护国家发展利益；由维护国家改革发展稳定大局，延伸到在维护世界和平中发挥积极作用。赋予了我军历史使命新的内涵，开阔了国家安全战略和军事战略的视野，进一步拓展了我军的职能使命，明确了国防和军队建设的发展目标，提高了军事斗争准备的标准，充实了军事力量运用的指导原则，科学回答了新世纪新阶段国防和军队建设朝什么方向发展、如何科学发展，如何科学运用军事力量的时代课题，实现了人民军队历史使命的与时俱进。

（三）大力加强思想政治建设

胡锦涛主席在视察部队时指出，思想政治建设是军队的根本性、基础性建设。要积适应新的形势和任务，把部队思想政治建设抓得更加有力、更加扎实、更加富有成效。还强调：要坚持把思想政治建设摆在全军各项建设的首位，始终不渝地坚持党对军队绝对领导的根本原则和制度。要按照党中央和中央军委的部署，把全军的意志和力量凝聚到履行新使命、完成新任务的具体实践中。

大力加强思想政治建设，坚持不懈地用党的创新新理论武装官兵，紧密结合形势任务，深入开展我军历史使命教育、理想信念教育、战斗精神教育和社会主义荣辱观教育，是始终保持部队正确政治方向的前提。因此，要在全军大力开展“以热爱祖国为荣、以危害祖国为耻，以服务人民为荣、以背离人民为耻，以崇尚科学为荣、以愚昧无知为耻，以团结互助为荣、以损人利己为耻，以诚实守信为荣、以见利忘义为耻，以遵纪守法为荣、以违法乱纪为耻，以艰苦奋斗为荣、以骄奢淫逸为耻”的“八荣八耻”教育，引导官兵树立社会主义荣辱观，坚定理想、信念；树立正确的世界观、人生观和价值观，做到听党指挥、服务人民、英勇善战。

胡锦涛主席强调指出，要紧密联系部队建设的新形势和新特点，切实加强和改进思想政治工作。这是确保党对军队绝对领导的必然要求，是确保部队“打得赢、不变质”的必然要求，也是确保广大官兵健康成长的必然要求。要着眼于时代发展和任务变化对思想政治工作提出的新要求，根据部队官兵的成分变化和思想实际，有的放矢地做工作。要紧密联系部队建设的新形势和新特点，努力改进思想政治工作，不断增强思想政治工作的针对性、实效性、主动性。要始终把革命化建设放在第一位，更加有力、更加扎实、更加富有成效地推进思想政治建设。

我军建设进入新世纪新阶段之后，部队官兵的思想出现了许多新情况新问题，思想政治教育的内容必须随之而变化。胡锦涛主席指出，要持久地开展以坚定理想信念和树立正确的世界观、人生观、价值观为核心的思想政治教育，尤其是要广泛深入地开展革命军人核心价值观教育，使广大官兵始终保持政治上的坚定和思想道德上的纯洁，始终保持坚强的革命意志和旺盛的战斗精神。要深入扎实地搞好保持共产党员先进性教育活动，确保取得实实在在的成果下，使其成为官兵满意工程。

（四）推进我军“三化”建设

胡锦涛指出，加强我军全面建设，是贯彻落实科学发展观的基本要求。总结长期以来的历史经验，军队全面建设的基本内容是革命化、现代化、正规化。革命化是军队建设的政治方向，现代化是军队建设的中心任务，正规化是军队建设的重要基础。革命化、现代化、正规化建设相互联系、相互促进，构成一个有机的统一整体。为了建设一支正规化、现代化的革命军队，三代领导人精心设计、不断创新，极力打造这支人民军队的战斗力水平。

我军作为执行党的政治任务的武装集团，必须始终把革命化建设放在第一位，革命化是我军建设中长期的重大任务。胡锦涛指出，思想政治建设是革命化建设的核心，是军队最根本的建设，任何时候都不能放松。

推进我军现代化建设，要从我国的国情和军情出发。胡锦涛指出，要按照国防和军队现代化建设“三步走”的战略构想，以建设信息化军队，打赢信息化战争为战略目标，坚持以机械化为基础，以信息化为主导，推进机械化和信息化的复合发展，实现部队火力、突击力、机动能力、防护能力和信息能力整体提高，增强我军信息化条件下的威慑和实战能力。

要加强我军正规化建设，必须加深对新形势下治军特点和规律的认识，推动正规化建设向更高水平发展。胡锦涛指出，要把依法治军作为正规化建设的基本要求，加强军事法制建设，把革命化、现代化建设和部队管理中创造的成功治军经验及时用法规的形式确定下来，完善军事法规体系，依照条令条例和规章制度规范军队各项建设和工作，使军队建设进一步走上法制化轨道。

（五）坚持以人为本，加快转变战斗力生成模式

战斗力是军队履行根本职能的能力。坚持把科学发展观作为加强国防和军队建设的重要指导方针，必须依靠科技进步和自主创新，高度重视武器装备和国防科技的发展，加快战斗力生成模式的转变。这是贯彻落实科学发展观与推进中国特色军事变革有机结合的关键所在，也是建设信息化军队、打赢信息化战争的必然要求。在战斗力生成模式的诸要素中，人是最活跃、最具决定性的因素。随着现代科学技术大量应用于军事领域，人的因素在战斗力生成中的作用不但没有降低，反而更加突出。在未来信息化战场上，具备信息素质的新型军事人才将发挥越来越重要的决定性作用。马克思主义战争观认为，人是战争中的决定性因素，最终决定战争胜负的是人而不是物。人是战争中武器装备的使用者、作战方法的创造者、军事行动的实践者，人的素质和精神状态，对战斗力的形成和发挥具有重要影响。只有坚持以人为本，充分尊重广大官兵的主体地位和创新精神，军队才能充满活力，不断增强战斗力。胡锦涛要求各部队，要坚定地相信和依靠广大官兵，不断提高官兵的思想政治素质、科学文化素质、军事专业素质和身体心理素质，大力培育战斗精神，充分调动官兵练兵积极性，充分发挥官兵在军队建设中的主人翁作用。

（六）强化战斗精神，树立敢打必胜的信心

强化战斗精神是对我军优良传统的继承和发扬。胡锦涛主席在 2004 年 12 月的一次重要会议上强调：要在全军深入进行强化战斗精神、提高打赢能力的教育，真正搞清楚为什么要准备打仗、准备打什么样的仗、怎样准备打仗这个重大问题，引导广大官兵牢固树立敢打必胜的坚定信心。

我军历来具有英勇顽强的战斗意志和战斗作风，依靠一不怕苦、二不怕死的革命精神、压倒一切敌人的英雄气概和绝不为强大敌人所屈服的必胜信念，依靠胜敌一筹的战争指挥艺术，依靠灵活机动的战略战术，依靠人民战争的法宝，创造了许多以劣势装备打败优势装备的国内外强大敌人的奇迹，在威武雄壮的战争舞台上导演了一幕幕有声有色的战争话剧。这是我军的优良传统和宝贵精神财富，要在新世纪新阶段继续发扬光大。在战略上要敢于藐视和战胜对手，牢固树立敢打必胜的信心；在战术上要重视对手，深入研究和探讨克敌制胜的有效战法。

目前，我军武器装备的现代化水平有了很大改善和提高，但与西方主要发达国家军队武器装备的发展水平相比还有很大差距。对我军来说，还是要坚持以劣抗优、以劣胜优，立足现有装备打仗。因此，强化战斗精神就显得非常重要。

强化战斗精神是谋求战斗力优势的重要途径。人和武器是构成战斗力的两个基本要素，其中人是最活跃、最有决定意义的因素。人的思想觉悟、战斗意志、牺牲精神以及综合素质，直接决定着武器装备效能的发挥，影响着战争的胜负。而人各方面作用的发挥首先依赖于敢打必胜的过硬战斗精神。战斗中，如果畏敌如虎，贪生怕死，不想打仗，不敢打仗，缺乏必胜的信念，那么就不能发挥武器装备的最佳效能，就不会积极主动地采取灵活的战法打击敌人，就会在敌人心理威慑面前丧失抵抗意志。仗未打，“气”先失，是注定要失败的。所以，为了打赢未来的信息化战争，捍卫国家利益，我军要在努力改善和发展武器装备的同时，继承和发扬不怕牺牲、不怕疲劳、连续作战、英勇顽强和敢打必胜的光荣传统，进一步强化战斗精神，保持我军在战斗力上的特有优势。

（七）加强科学管理，提高军队建设效益

在军队建设中要全面落实科学发展观，必须加强科学管理，不断提高国防和军队现代化建设的质量和效益。胡锦涛指出，我国正处于并将长期处于社会主义初级阶段，国家尚不富裕，要解决好军队建设需求和国防投资不足的矛盾，把有限的资源最大化地转换为国防实力和战斗力，必须加强科学管理，走一条投入少、效益高的国防和军队现代化建设路子。全军各级要强化质量效益观念，切实转变传统的人力密集型、数量规模型的管理模式，向科学管理要效益、向科学管理要战斗力。

世界军事变革不仅是一场军事技术和军队组织体制的革命，也是一场军事管理的革命。科学高效的管理，对于降低军队建设成本，提高军事系统运行效率，增强部队战斗力，具有非常重要的作用。如何加强科学管理，提高我军现代化建设的效益？胡锦涛指出，要加强战略筹划，统筹军队各方面建设，着眼全局和长远确定科学可行的发展目标和思路，有计划有步骤、快速高效地推进部队的建设和改革。要运用综合集成的方法对各种作战要素进行系统整合，防止和解决条块分割、重复建设的问题，提高部队信息化条件下整体作战能力。要充分发挥社会主义制度能够集中力量办大事的优势，抓住对全局具有重要影响的关键问题和建设项目进行重点突破，通过局部跃升带动整体发展。必须大力发扬艰苦奋斗精神，始终贯彻勤俭建军方针，坚持勤俭办一切事业，坚决反对大手大脚、铺张浪费、盲目攀比的风气，真正把有限的经费用在刀刃上，用出效益来。胡锦涛要求军队各级管理干部，要下功夫学理论、学科技、学管理。胡锦涛指出，国际国内形势在不断变化，国防和军队建设实践在不断发展，新情况新问题层出不穷，我们必须抓紧学习，否则就很难科学组织和领导军队建设。

（八）坚持“五个统筹”，实现国防和军队建设可持续发展

胡锦涛同志指出，坚持在国防和军队建设中贯彻落实科学发展观，首要问题是坚持国防建设和军队建设全面协调可持续发展的方针，坚持“五个统筹”：即“统筹中国特色军事变革与军事斗争准备，统筹机械化建设与信息化建设，统筹诸军兵种作战能力建设，统筹当前建设与长远发展，统筹主要战略方向与其他战略方向”。

第一，要统筹中国特色军事变革与军事斗争准备。推进中同特色军事变革与做好军事斗争准备是新世纪新阶段我军面临的两大战略任务。中国特色军事变革，就是适应世界新军事变革发展趋势，从我国的国情和军情出发，走以信息化带动机械化、以机械化促进信

息化的跨越式发展道路。通过深化改革，实现军队建设的整体转型，建设一支能够打得赢未来信息化战争的强大的现代化正规化革命军队。

中国特色军事变革与军事斗争准备，两者既相互统一，又相互区别，要注意正确处理好推进中国特色军事变革与做好军事斗争准备的关系。要以军事斗争准备来促进中国特色军事变革，以中国特色军事变革来带动军事斗争准备；要紧紧围绕军事斗争准备的现实需要推进中国特色军事变革；要把军事斗争准备纳入中国特色军事变革的全局之中；要以变革的精神指导军事斗争准备。

第二，必须统筹机械化建设与信息化建设。机械化与信息化是两个不同的概念和不同的军事形态。从发展和建设的角度来看，机械化和信息化是军队现代化的两个不同的发展阶段。信息化是建立在机械化基础之上的，两者既有各自的规律性，又密切联系。军队机械化，是指建立在工业技术基础之上的工业时代或工业社会军队的基本形态。军队信息化，是信息时代或信息社会军队的基本形态，是在机械化的基础上发展起来的。目前展现的主要特征：一是要大力发展以精确制导武器为代表的信息化武器装备、隐形武器装备和新概念武器装备。二是军队规模要缩减，海、空军在军队中的比例要扩大，部队编成向小型化、一体化、智能化方向发展，军队人员与武器装备系统的组合要进一步优化。三是指挥体制要“网络化”，指挥手段要“自动化”。四是要加强军事理论主要是信息化战争的作战理论的研究。

面对我军目前机械化尚未完成，同时又要努力向信息化过渡的现实，我们必须从国情和军情的实际出发，正确处理好机械化和信息化的关系，努力完成机械化和信息化建设的双重历史任务，实现我军现代化的跨越式发展。在实践中必须坚持以下几点：一是要以机械化为基础，加快信息化建设步伐。二是要以信息化为牵引，提高机械化建设水平。三是要将机械化建设与信息化建设有机结合、融为一体。四是要突出建设重点，既要始终把信息化建设放在首位，又要用信息化建设来牵引和带动机械化建设。

第三，要统筹诸军兵种作战能力建设。精干够用的诸军兵种作战力量，既是国家强大的象征，也是维护国家安全、捍卫国家利益、保卫国家稳定与发展的重要保证，同时还是我国维护和促进世界和平与发展的重要力量。在新世纪新阶段，建设中国特色的作战力量，必须着眼于胡锦涛同志提出的建设信息化军队、打赢信息化战争的战略目标，全面贯彻落实科学发展观，调整我军作战力量建设思路，坚持以提高战斗力为核心，统筹诸军兵种作战能力建设。

为适应我军职能的“四个延伸”，陆军要大力加强质量建设，提高空地一体、远程机动、快速突击和特种作战能力。海军要重点提高第一岛链内近海综合作战能力，增强核威慑和核反击能力，并逐步发展远海防卫作战能力。空军要由国土防空型加快向攻防兼备型转变，重点提高空中进攻、信息作战、防空反导、战略投送的能力。第二炮兵要加快新一代武器换型建设，着重提高战略核导弹的突防能力、快速反应能力，常规导弹的远程精确打击、综合毁伤能力和部队的生存防护能力。航天力量要适应未来太空防御作战的要求，提高发射、探测、预警、传输和防护能力，加快建设步伐。

目前，针对我军作战力量的编成、军兵种及其武器装备的结构等，胡锦涛同志指出：必须下功夫解决军队内部存在的各种问题，进一步优化结构理顺关系，加强体制建设，提高整体效能，使军队建设与发展在系统筹划、协调发展中前进。统筹诸军兵种作战能力建设，牵动整个国防和军队建设全局，涉及军事领域的诸多方面和各军兵种众多的利益关系。一是要进一步优化军兵种总体结构。适应信息化战争的特点和各军兵种的任务要求，按照精兵、合成、高效的原则，在精简陆军、加快陆军转型的同时，加强海、空军和第二炮兵建设，加强信息作战和航天力量建设，加强应急机动部队建设。形成体系完整、结构合理、比例适当，构建起一体化、立体化、远中近相互衔接、攻防兼备的力量体系，全面提高军队的威慑和实战能力。二是要进一步优化军种内部结构。优化军种内部的编成和规模结构，提高各军种高新技术兵种和部队的比例。兵种的数量可适当增加，兵种的规模可根据需要缩小。

第四，要统筹当前建设与长远发展。实现国防和军队建设的可持续发展，就是要把国防和军队建设作为一个承前启后的发展过程，统筹当前建设与长远发展。既注重当前建设和做好眼前工作，又要着眼未来，谋求长远发展，避免时断时续或大起太落，确保国防和军队建设与发展的连续性与持久性。

第五，要统筹主要战略方向与其他战略方向。主要战略方向是指对国家安全和战争全局具有决定意义的方向，是敌我双方矛盾斗争的焦点，是作战力量集中使用的重点和战略指导的关键点。战略方向的确定，来源于对国内外政治、经济、军事形势以及面临威胁和挑战的战略判断，并与国家的发展及安全需求相一致。战略方向判断的正确与否，各战略方向关系处理的如何，关乎国家安全，直接影响到国防和军队建设的大局，是一个重要的战略问题。从国家的战略指导上看，战略方向具有明确的指向性，是国防和军队建设及军事斗争准备的主要依据。正确判断周边安全环境，准确确定和统筹好主要战略方向与其他战略方向，对于保证我国的国家安全，全面建设小康社会具有十分重要的意义。

只有正确选定主要战略方向，才能围绕主要战略方向集中部署军事力量，构成有利于己而不利于敌的战略态势，包括围绕主要战略方向建立陆、海、空军和战略导弹部队密切协同，正规军、预备役部队和民兵紧密配合的作战系统，形成整体作战能力，确保在主要战略方向、重要作战阶段能及时、有效地集中精兵利器，形成战略作战拳头，对作战目标实施全方位、全时空的整体打击。

统筹主要战略方向与其他战略方向需要把握以下几个问题：一是立足全局抓主要战略方向，做到有所为，有所不为。二是根据主要战略方向的相关性，抓好其他战略方向，使其他战略方向起到策应作用。三是加强形势评估，把握不同战略方向地位的变化，防止战略指导失误。

（九）加强军事训练，提高部队应对危机和处置突发事件的能力

加强军事训练。胡锦涛主席在视察部队时强调，“军事训练是军队和平时期最基本的实践活动，是战斗力生成的基本途径”。加强军事训练，不仅是军事斗争准备的重要实践，也是重要的治军方式和管理方式。要充分认识加强军事训练的重要性，切实把军事训练作为部队的经常性中心工作，集中精力，抓紧抓实。要坚持从难从严从实战需要出发，坚持高标准、严要求，改进和创新训练的内容和方式方法。要把培养战斗精神贯穿于训练的全过程。

提高部队应对危机和处置突发事件的能力。胡锦涛主席指出："要紧贴部队的各项工作，全面提高部队应对危机和处置突发事件的能力。"军队要把国家主权和安全放在第一位，履行好维护国家主权、统一和稳定的神圣职责，为创造一个有利于全面建设小康社会，加快推进社会主义现代化建设的长期安全环境做出应有贡献。要坚决抵御外来侵略，确保我国领海、领空和边境不受侵犯。坚持反对和遏制分裂势力及其活动，严密防范和打击民族分裂主义势力，决不让各种分裂势力和西方敌对势力分化我国、破坏我国主权和领土完整的图谋得逞。要严密防范和坚决打击恐怖主义活动。要密切关注社会形势，积极支持和配合地方党委、政府妥善处理各种社会矛盾和问题，做好维护社会稳定的工作。

军队建设已经进入了新的发展阶段，中国特色军事变革和军事斗争准备不断向深度和广度推进，我军作战能力与信息化战争的要求不相适应的矛盾更加凸显。胡锦涛主席指出："要进一步增强使命感和紧迫感，扎扎实实抓好军事斗争准备。要加强我军历史使命和战备形势教育，从难从严从实战要求出发搞好训练。要着力解决军事训练、战备落实的重点、难点问题，加大落实训练、战备各项计划的力度，切实把各项工作量化、细化、具体化。"

（十）推进中国特色军事变革，加快军事创新

推进中国特色的军事变革，关键在于军事领域的创新，创新是军队进步和发展的灵魂。军事创新是军队实现持续发展的动力之源和必要条件，加快军事创新是加速推进中国特色军事变革的内在要求，也是我军履行新的历史使命的客观要求。科学发展观的第一要义是"发展"，没有军事上的不断创新，就难有军队建设上的不断发展和进步。

我军目前正处于机械化尚未完成、信息化刚刚起步的特殊阶段，要完成机械化和信息化复合发展的历史重任，面临着前所未有的挑战。新军事变革有一个从量变到质变的过程，而要想实现质变，只能依靠军事创新。胡锦涛同志要求军队在当前应重点实施军事理论创新、军事组织体制创新、军事技术创新和军事管理创新。

第一，创新军事理论。军队的科学发展需要科学的军事理论做指导。军事理论要保持科学性、先进性，靠的就是创新。军事理论一旦停滞，就会失去其先进性和指导作用的有效性。

海湾战争期间，伊拉克军队的作战理论是在两伊战争中运用过的"阵地战"理论为核心的。结果，伊拉克官兵只是躲在堑壕里等待美军来进行"肉搏战"，没想到美军的空中轰炸使他们成了"血肉之靶"。伊拉克军队失败的一个重要原因，就是其不注重军事理论的创新，军事理论落后，根本无法与美军的"空地一体战"理论相抗衡。

第二，创新军事组织体制。军事组织体制是影响军队整体效能发挥的关键因素，军队的科学发展需要通过创新军事组织体制来实现。只有军队组织体制科学，部队的战斗力才能充分发挥出来，而军队组织体制的科学性需要与军事理论和军事科学技术创新相一致来实现。

目前，我军的军事组织体制与未来信息化战争的要求不相适应的矛盾还比较突出，必须进行军事组织体制创新。创新军事组织体制，要着眼于以下几个方面：一是要着眼于信息传输与使用的快速性。物质力量上的优势之旅，一旦失去了"制信息权"，就会成为战场上的“瞎子”“聋子”和“靶子”，陷于被动挨打的境地；物质力量上的劣势之军如果掌握了信息优势，仍可以夺取战场的主动权。二是要着眼于军队力量构成的整体性。结构决定功能，整体功能大于部分功能之和。三是要着眼于军队系统的精干和高效。精干，是指军队组织总体规模小。高效，主要体现为军事组织系统运转顺畅、快速、准确、有力，在作战中表现为战斗能力强。

第三，创新军事技术。技术决定战术，军队的发展需要创新的军事技术做支撑。胡锦涛同志指出：“我们只有把科学技术真正置于优先发展的战略地位，真抓实干，急起直追，才能把握先机，赢得发展的主动权。”

科技创新是军事变革的源头，既迫切又艰巨，必须加快推进，并逐步扩展领域和提高水平。胡锦涛主席指出：“科技力是综合国力的重要内容和基础。自主创新能力是国家竞争力的核心。一个国家、一个民族要真正赢得发展、造福人类，必须注重自主创新。”从19世纪40年代到20世纪40年代中期的100年间，世界上几乎所有帝国主义国家都侵略过中国，除了日本侵华战争之外，均以中国失败、签订丧权辱国条约而告终。其战败的主要原因就是两条：一条是社会制度腐朽；另一条是经济科学技术落后。胡锦涛主席《在纪念中国人民抗日战争暨世界反法西斯战争胜利60周年大会上的讲话》中告诫人们：“落后就要挨打，这是中国人民从近代以来屡遭外来侵略的经历中得出的刻骨铭心的教训。”科学技术是第一生产力，军队现代化的关键也在于提高军事技术水平。科技强军是重大的战略选择，也是艰巨的历史任务。胡锦涛主席指出，我们必须“坚定不移地依靠科技进步和创新来实现全面、协调、可持续发展”。

我们只有加快以信息技术为核心的军事技术创新，尽快缩小与发达国家军队在军事技术方面的差距，才能为军队的强大奠定坚实的基础。在国防科技及武器建设方面，应该集中发展那些对提高我军作战能力产生重大作用的关键技术和武器装备，研制出克敌制胜的“撒手锏”，形成我们独有的优势，切实提高我军的威慑能力和实战能力。

第四，创新军事管理。军事管理是形成战斗力的关键环节，军事管理创新是提高战斗力、提高国防和军队建设质量效益的重要途径。胡锦涛主席指出，我们要努力适应军队现代化建设的新形势，更新管理观念，加强现代管理知识的学习，大力提高科学管理的能力。尤其是要深化管理体制改革，促进资源的有效配置和综合集成，努力实现人力、物力、财力的最佳组合，产生最大效益。着眼于新的时代特征、履行新的历史使命，要加强军事管理思维、军事管理模式和军事管理理论的创新，为军队的科学发展提供可靠的管理保障。

（十一）弘扬求真务实精神，坚持依法从严治军

1. 弘扬求真务实

2004年1月，胡锦涛主席指出：“求真务实，是辩证唯物主义和历史唯物主义一以贯之的科学精神，是我们党思想路线的核心内容，也是党的优良传统和共产党人应具备的政治品格。”求真，就是求部队建设规律之真；务实，就是务部队建设成效之实。

胡锦涛主席要求各级领导机关和领导干部要进一步端正工作指导思想和工作作风，改进工作方法，坚持战斗力标准，坚决克服形式主义、官僚主义。要进一步增强求真务实的

自觉性，进一步振奋革命精神，不辱使命，不负重托，坚持重实际、说实话、干实事、求实效，埋头苦干，锐意进取，努力学习新知识、总结新经验、增长新本领，把工作的着力点真正放在提高部队战斗力上，扎扎实实地抓落实。要认真贯彻科学发展观和树立正确的政绩观，注重部队建设协调发展、全面推进、整体提高，使各项工作真正落到实处，经得起党的检验、实践的检验、历史的检验。

胡锦涛主席指出，坚持以人为本，在军队建设中，必须充分尊重官兵的主体地位和创造精神，心系基层、情系官兵，切实维护官兵的权益，不断改善官兵的物质和文化生活条件。在国防和军队建设中坚持以人为本，不是一般的工作方法问题，而是重要的建军治军理念和立场；不是一般的关心人、体贴人、爱护人，而是事关人民军队相信谁、依靠谁、服务谁的根本原则；不是一般的工作要求，而是各级领导干部和领导机关必须担当的政治责任。

2. 坚持依法从严治军

胡锦涛主席强调，要适应军队现代化发展的要求，加强依法治军、从严治军。严格按国家的法律法规和军队的条令条例治理军队、管理部队，确保部队的高度稳定和集中统一，建立正规的战备、训练、工作和生活秩序。

依法从严治军是提高军队建设效益的重要保证。军队是一个庞大的组织系统，要确保这一系统高效运行，巩固和生成强大的战斗力，就必须依法从严治军，通过建立正规高效的各项秩序来提高军队建设的质量和效益。坚持依法从严治军：一是要逐步建立适应社会主义市场经济发展要求，符合现代军事发展规律，能够体现我军性质和优良传统的军事法规体系，把国防和军队建设事业纳入法制化的轨道，做到有法可依、有法必依、执法必严、违法必究。二是要从制度上和法律上保证党对军队的绝对领导，使“党指挥枪”的原则更具稳定性、权威性和规范性。三是要把关于国防和军队建设的主张，通过法定程序上上升为国家意志，实现领导与依法办事的统一。四是要把治军的成功经验，用法的形式确定下来，促进我军的革命化、现代化和正规化建设。

（十二）坚持国防建设与经济建设协调发展

胡锦涛同志指出：“坚持国防建设与经济建设协调发展，建设一支现代化、正规化的革命军队，确保国防安全，是执政党的一项重大战略任务。”2005 年 4 月 1 日，胡锦涛主席在一次讲话中又强调：“坚持在国防和军队建设中贯彻落实科学发展观，首要问题是坚持国防建设与经济建设协调发展的方针。”

我国是一个发展中国家，处于社会主义初级阶段，与世界发达国家相比，国家尚不富裕，经济技术比较落后，我军的现代化建设是在我国特殊国情环境中进行的。由于受国家经济实力所限，我军军费供需矛盾突出的问题不可能在短期内根本解决。我国的国防和军队现代化建设始终面临着双重压力。一方面，我国的军费，无论是绝对数还是占国内生产总值的比重，与世界主要国家相比都是较低的。另一方面，如果我们不紧紧跟上世界新军事变革的潮流，不下大力提高国防和军队现代化水平，一旦发生什么事情，就会陷入被动的境地。胡锦涛同志审时度势，提出了经济建设与国防建设，两者兼顾、协调发展，要在国家经济发展的基础上，努力建设一支同我国安全和发展利益相适应的军事力量，确保全面建设小康社会目标的顺利实现。

（十三）坚持军民结合、寓军于民的方针

实现国防和军队现代化建设又好又快地发展，必须坚持军民结合、寓军于民的方针，把国防和军队现代化建设深深融入经济社会发展体系之中。信息化战争呈现军民一体、前后方一体的趋势。信息化军队建设和作战，对经济、科技和社会的依赖性空前增强。新世纪新阶段，我国高新技术产业和社会信息化的迅速发展，对中国特色军事变革的影响不断深入，因此，对军民结合、寓军于民的发展国防和军队建设提出了新的更高的要求，也提供了更加有利的条件，利用国家经济社会资源加快国防和军队的建设和发展的前景也更加广阔。胡锦涛指出，我们要认真总结自己的成功经验，借鉴国外有益经验，积极探索新形势下军民结合、寓军于民的新途径新方法，全面推进经济、科技、教育、人才等各个领域的军民融合。

胡锦涛还指出，能利用民用资源的就不自己铺摊子，能纳入国家经济科技发展体系的就不另起炉灶，能依托社会保障资源办的事都要实行社会保障。要尽可能把国防科学技术研究纳入国家科学技术中长期发展规划，广泛吸纳成熟的民用技术，提高武器装备创新发展能力。胡锦涛特别强调，要加大依托国民教育培养军事人才和从社会引进专业技术人才的工作力度，更好地满足军队建设日益增长的高素质人才需求。国防动员是实现军民结合、寓军于民的重要组织形式和桥梁，要通过国防动员推进军队后勤保障和其他社会保障的社会化，大力加强民兵和预备役部队建设，突出抓好高新技术武器装备动员和综合保障动员建设，巩固军政军民团结，切实增强打赢信息化条件下的人民战争的整体实力。

三、胡锦涛国防和军队建设重要论述的地位和意义

（一）胡锦涛国防和军队建设的重要论述，丰富发展了毛泽东、邓小平、江泽民军事思想的内容

毛泽东、邓小平、江泽民的军事思想，是我国国防和军队建设各个时期取得重大成就的创新理论。新世纪新阶段，面对国际战略格局的发展变化，世界军事变革的挑战，我国安全形势的新情况，胡锦涛同志以伟大的马克思主义者的巨大政治勇气和理论勇气，把毛泽东、邓小平、江泽民国防和军队建设思想创造性地运用于新的实践，用科学发展观指导国防和军队现代化建设，把我们对国防和军队建设的思考和认识引领到一个新境界，极大地丰富和发展了三个领导人的军事理论内容，为新时期新阶段国防和军队现代化建设指明了方向。

胡锦涛同志反复强调，我国的国防和军队现代化建设，必须着眼于维护国家和发展利益的大局，从我国国情军情出发，转变发展观念，创新发展模式，提高发展质量，加快发展步伐，不断提高我军应对多种安全威胁、完成多样化军事任务的能力，确保我军能够在各种复杂形式下有效应对危机、维护和平、遏制战争、打赢战争。胡锦涛国防和军队建设重要论述的精髓突出表现在：解放思想、实事求是、科学发展。

（二）胡锦涛国防和军队建设的重要论述，是新世纪新阶段我国国防和军队建设实践经验的科学总结

胡锦涛同志以深邃的历史眼光、强烈的忧患意识、深远的前瞻思维，以战略家的远见卓识与战略智慧，总结历史，放眼未来，筹划和指导国防和军队建设。他始终高度关注世界军事发展的态势，敏锐洞察20世纪末、21世纪初发生的一系列高技术局部战争的新特点，立足于新世纪新阶段国防与军队建设的客观实际，提出国防和军队建设必须跟上世界军事变革和发展的潮流，积极借鉴各国特别是发达国家国防和军队建设的有益经验；必须进一步解放思想，在实践中不断丰富和发展我国的军事理论，为军事斗争准备服务，为我国国防与军队现代化建设服务。提出要以时不我待的紧迫感，认真履行新世纪新阶段军队的历史使命，积极推进中国特色军事变革，加快我军由机械化向信息化转变，全面提高我军的威慑和实战能力，为国家的安全统一和全面建设小康社会提供坚强有力的安全保障。胡锦涛国防和军队建设的重要论述，深刻揭示了新世纪新阶段国防建设和建军治军的特点与规律，是新世纪新阶段国防和军队建设实践经验的科学总结。

（三）胡锦涛国防和军队建设的重要论述，是新世纪新阶段加强我国国防和军队建设的科学指南

新世纪新阶段，我军迎接新军事革命的挑战，建设信息化军队和做好打赢信息化条件下局部战争准备等工作任务十分繁重。国防和军队建设是一项宏大的系统工程，必须系统思考、整体筹划，有计划、有步骤地重点突破，全面推进。这是胡锦涛同志谋划国防和军队建设的最具特色的指导原则和领导艺术。中央军委明确提出：新世纪新阶段军队建设面临的主要矛盾，是现代化水平与信息化战争需要不相适应的矛盾。要解决这个矛盾，胡锦涛同志在指导国防和军队建设中，始终注意把握和处理好两个方面的重大关系：一个是国防建设与经济建设的关系，强调国防建设和经济建设要相互促进、协调发展，不能顾此失彼；另一个是军队革命化、现代化和正规化建设之间的关系，强调军事工作、政治工作、后勤工作和装备工作要协调发展，武器装备、人才队伍、体制编制要协调发展。胡锦涛同志提出的国防和军队建设要贯彻“五个统筹”的要求就充分体现了这种系统性的思想。与此同时。胡锦涛同志特别善于抓关键、抓重点、抓枢纽，始终紧紧抓住“用科学发展观统筹国防和军队现代化建设”不放；紧紧抓住“三个提供一个发挥”的历史使命不放；紧紧抓住筑牢党对军队绝对领导的“军魂”意识不放；紧紧抓住军事变革和军事创新不放；紧紧抓住强化战斗精神、打赢信息化战争不放。

实践证明，我国国防和军队建设，按胡锦涛同志的要求，在系统谋划的基础上，紧紧抓住国防和军队建设的主要矛盾、关键环节和重大问题实施重点突破，已经取得了巨大的成就。今后将继续指导国防和军队建设，实现我军跨世纪战略目标，把我军建设成为强大的现代化正规化的革命军队。

第七节　习近平国防和军队建设重要论述

一、习近平国防和军队建设重要论述的科学含义和历史背景

（一）习近平国防和军队建设重要论述的科学含义

习近平国防和军队建设重要论述是深入学习贯彻党的十八大精神，高举中国特色社会主义伟大旗帜，以邓小平理论、“三个代表”重要思想、科学发展观为指导，坚持国防和军队建设主题主线，加强部队全面建设和军事斗争准备，为建设巩固国防和强大军队提供了强大的思想武器和根本遵循。

（二）习近平国防和军队建设重要论述的历史背景

1. 应对当前复杂国际环境的迫切需要

当今世界并不太平，我国安全和发展的国际环境更加复杂。

首先，世界进入国际体系加速演变和深度调整的历史转折时期，处于前所未有的大变局之中。全世界经济、贸易都处于持续低迷状态，对世界政治、安全形势产生深刻影响。大国关系进入全方位角力新阶段，霸权主义、强权政治和新干涉主义有所上升，局部动荡频繁发生，小战不断，冲突不止，世界依然面临着现实和潜在的战争威胁。

其次，美国战略关注点向亚太地区转移，我国安全环境面临的压力增大。美国在中国的东面、东南面、南面和西面都加强了渗透。美国提出“亚太再平衡战略”，战略重心东移亚太，战略目标从聚焦反恐转向应对新兴大国；美国两任国防部长都提出，在 2020 年前将把美军 60% 的军舰部署到太平洋地区，把其本土以外 60% 的空军力量部署到亚太；美国还强化与日本、韩国、菲律宾、澳大利亚等传统军事盟友关系，积极发展与新伙伴的关系，对与中国传统友好的国家进行拉拢；利用朝鲜半岛局势，加大在东北亚的军事存在。

最后，我国周边局势紧张动荡有所加剧。我国周边是大国利益交会、各种矛盾交织、诸多热点问题汇聚的地区。随着国际战略竞争加剧，亚太地区政治、经济和战略格局加速调整，这些热点、焦点地区有可能成为世界经济发展和大国战略博弈的重要舞台。在东北方向，朝鲜半岛和东北亚地区局势充满变数，一旦朝鲜拥核，将会刺激日本等国家的核野心。在西北方向，中亚地区暴力恐怖主义、民族分裂主义、宗教极端主义活动猖獗，对我国的渗透破坏和影响上升，给我国边防稳定和地区安全带来不利影响，并造成了实质性伤害。在西南方向，中印边境领土争端成为困扰中印关系发展的一个难题。可以说，我国周边特别是海上面临的现实威胁呈上升趋势，发生各种突发事件甚至武装冲突的可能始终存在，而且不同战略方向的相互联动性倾向更加明显。

2. 维护祖国统一和确保国内安全的必然要求

当前，我国统一大业仍然面临着复杂局面。台湾局势虽有所缓和，但祖国统一的前景仍不容乐观。“台独”分裂势力及其分裂活动仍然是两岸关系和平发展的最大威胁。习近平同志指出：“无论是实现祖国完全统一问题还是维护我国海洋权益问题，现在看，都不是短期内能够解决的，这里面恐怕就蕴含着我们很长一个时期都要面临的重大政治、外交、安全、军事风险。”国内环境也不容乐观。近年来，暴力恐怖势力、民族分裂势力、宗教极端势力“三股势力”活动日趋猖獗，使我国国内安全形势也不容乐观。新疆接连发生有组织、有预谋的严重暴力恐怖事件，暴徒滥杀无辜群众、围攻党政机关，其恐怖行径已经达到丧心病狂、令人发指的地步。特别是 2013 年 10 月 30 日在北京天安门发生的由新疆分裂分子制造的爆炸事件更是引起了全球的瞩目，受到世人的谴责。

对此，广大官兵必须始终保持清醒头脑，牢固树立这三种意识，深刻领会实现祖国和平统一必须有强大的军事实力做后盾，要毫不动摇、扎实有效地做好军事斗争准备各项工作，维护国家核心利益，确保一有情况就能迅即行动，随时能战，战之能胜，决不辜负党和人民的重托。

3. 实现中国梦这个国家和民族最高利益对军队提出的必然要求

经过鸦片战争以来的持续奋斗，中华民族伟大复兴展现出光明的前景。现在，我国发展仍然处于可以大有作为的重要战略机遇期，我们比历史上任何时期都更接近中华民族伟大复兴的目标，比历史上任何时期都更有信心、更有能力实现这个目标。对于实现中华民族伟大复兴的光荣历史任务，习近平同志强调：“中华民族伟大复兴绝不是轻轻松松、顺顺当当就能实现的，我们越发展壮大，遇到的阻力和压力就会越大，面临的外部风险就会越多。这是我们由大向强发展进程中无法回避的挑战，是实现中华民族伟大复兴绕不过的门槛。”

实现中华民族伟大复兴，既有来自国内经济、政治、文化、社会、生态等方面建设发展的压力，也有国际安全环境不稳定不确定因素的增多、周边安全挑战多元复杂的风险。历史与现实告诉我们，决定世界政治经济格局的，归根到底是大国力量对比，最终靠的还是实力。一个国家要自立于世界民族之林，既要以雄厚的经济实力为基础，又要以强大的绝对力量做后盾。没有一个和平稳定的发展环境，没有一直能打仗、打胜仗的强大军队，实现“中国梦”就没有保障。只有紧紧围绕国家核心安全需求，加快推进国防和军队现代化，切实提高军队打胜仗能力，才能为实现“中国梦”提供坚强力量保证。

二、习近平国防和军队建设重要论述的主要内容

习近平同志关于国防和军队建设的重要论述，明确了加快推进国防和军队现代化的行动纲领。新时代孕育新理论，新理论指引新征程。习近平同志关于国防和军队建设的重要论述，清晰勾画强军兴军的“目标图”，明确了加强军队建设的聚焦点着力点；科学规划强军兴军的“总布局”，阐明了加快推进国防和军队现代化的阶段步骤；精准提供强军兴军的“金钥匙”，开阔了破解矛盾问题的视野思路；日益成为强军兴军的“强磁场”，凝聚了实现中国梦强军梦的意志力量。

（一）建设一支听党指挥、能打胜仗、作风优良的人民军队

2013年3月11日，习近平同志在十二届全国人大一次会议解放军代表团全体会议上提出，建设一支听党指挥、能打胜仗、作风优良的人民军队，是党在新形势下的强军目标。这是新形势和任务对军队建设的新要求，为在新的历史起点上加快推进国防和军队建设指明了努力方向，提供了根本遵循，必将对军队建设起到有力的领导和推动作用。

1. 听党指挥是灵魂

军队听谁领导、听谁指挥，是军队建设首要的根本问题，关系着军队建设的方向。南昌起义一声炮响，我党有了自己的武装力量，“三湾改编”确立了“党对军队绝对领导”的原则，《古田会议决议》将“营团建立党委、连设党支部、班设党小组”作为军队中党组织的重要原则之一。从此，“党对军队的绝对领导”根本原则伴随着人民军队从无到有，从弱到强，并形成了比较完善的科学制度。

听党指挥是党对军队的最高政治要求。国内外敌对势力大肆鼓吹“军队非党化、非政治化”和“军队国家化”，同所谓的西方“民主”来丈量我国的国情，企图改变我军的性质进而破坏社会主义建设事业和国家稳定安宁。我们只有坚持党对军队的绝对领导，才能从根本上保证人民军队的性质、宗旨和本色，才能从根本上保证党从思想上、政治上、组织上牢牢掌握军队，才能始终保持旗帜鲜明、坚定正确的政治方向。

听党指挥是提高战斗力的源泉。邓小平曾说过：“一个连队有百分之三十的党员，这个连队一定好，战斗力强。为什么？就是党员冲锋在前，退却在后，生活上吃苦在先，享受在后。”在这么多年的革命、建设和改革实践中，我军之所以能够始终保持无坚不摧、无往不胜的强大战斗力，经受住各种考验，最根本的就是坚持党的绝对领导。实现强军目标，对我军的组织领导提出了新的更高要求，要充分发挥各级领导的创造力和凝聚力，发挥领导干部的模范带头作用和共产党员的先锋模范作用，把党对军队绝对领导的一系列制度原则贯彻落实到末端，引领和带动部队战斗力的巩固提高。

现在，社会思想文化多元，意识形态领域斗争暗潮汹涌，庸俗、低俗、媚俗之风有所蔓延，拜金主义、享乐主义、个人主义有所抬头，社会上的不良风气也一定程度上影响到了部队，占领思想、铸牢军魂的任务难度加大。新形势下做到听党指挥，就是要始终忠于党、忠于社会主义、忠于祖国、忠于人民、坚定党对军队绝对领导的政治自信和政治自觉；要铸牢听党指挥这个强军之魂，坚持党对军队绝对领导的根本原则和人民军队的根本宗旨不动摇，确保部队绝对忠诚、绝对纯洁、绝对可靠，一切行动听从党中央和中央军委指挥。

2. 能打胜仗是核心

军队是为打仗而存在的，能打胜仗是军队存在发展的价值所在，我军是在战火中诞生，从战争中走来的英雄部队，虽然在不同历史时期担负的具体任务不同，但“能打仗、打胜仗”是其履行使命任务的一贯要求。

能打胜仗反映了新时期军队的根本职能和军队建设的根本方向，我军在战争年代创造了许多以少胜多、以弱胜强的战争奇迹，原因之一就是能够始终保持一种敢打必胜的信心和锐气，并转化为官兵爱军习武的强大功力和英勇顽强的战斗作风，最终夺取了新民主主义革命的胜利。如今，经过几十年的建设和发展，我军的职能使命发生了历史性的变化，

但作为战斗队的根本职能始终没有变。随着信息化建设的加速发展，我军现代化条件下的防卫作战能力大幅跃升，体制编制不断调整优化，武器装备水平跨越式发展，全国建设现代化后勤步伐不断加快，一切建设和工作都在努力提高打赢能力，在向能打胜仗聚焦。

新形势下部队要做到能打胜仗，必须充分认清新时期确保军队“能打仗、打胜仗”所蕴含的时代要求，切实用打赢标准来衡量和推动各项工作和建设。习近平同志强调：“要坚持用打仗的标准推进军事斗争准备，不断强化官兵当兵打仗、带兵打仗、练兵打仗思想，坚持从实战需要从难从严训练部队，坚持以军事斗争准备为龙头带动现代化建设，全面提高部队以打赢信息化条件下局部战争能力为核心的完成多样化军事任务能力。”总参谋部在2013年和2014年颁发的《军事训练指示》，都要求按照能打仗打胜仗核心要求，牢固树立随时准备打仗思想，深化军事训练改革，大力加强实战化训练，推进训练与实战一体化，不断增强信息条件下威慑和实战能力。

3. 作风优良是保证

作风反映形象，作风影响成败。一支革命军队，必须具有优良的作风，才能执行革命的政治任务，保护自己，消灭敌人。我军自成立起，就不同于其他旧式军队，重要的一点就在于具有过硬的作风。这些作风伴随我军经历了波澜壮阔的斗争年代，经受住了历史和时代的考验，并贯穿渗透于军队建设的各个方面和环节中，这是人民军队的鲜明特色和政治优势，也是我军坚决听党指挥、能打胜仗的重要保证。

新时期在实现“强军梦”的伟大进程中，我们只有始终保持和发扬优良作风，不断从中汲取经验、智慧和力量，进一步强化职能使命意识，不断激发革命斗志，并将其转化为创新发展的精神动力，才能永葆我军的性质、本色和正确的发展方向。

现在，受长期和平环境的影响，部分官兵慢慢滋生了形式主义、官僚主义、弄虚作假、享乐奢靡等不良风气。有的官兵战斗意识和牺牲精神弱化，备战的弦松了，训练的劲减了，怕流血受伤，缺少胆气杀气；有的见危险就躲，遇困难就绕，有责任就推，缺少勇气霸气，出现了消极保安全、避难就易、偏训漏训等现象，严重影响了部队战斗力的提升。习近平同志指出：“古往今来，作风优良才能塑造英雄部队，作风松散可以搞垮常胜之师。”如果低估了这些不良风气对部队的侵蚀影响，我军的建设将会受到极大的破坏，就会失去人民军队的优良传统和政治本色，军队就不成其为军队，就会自毁长城。

习近平同志指出：“加强作风建设，是党的建设、军队建设的一个重要方面，直接关系军队形象和战斗力建设。”“军队抓作风建设，最重要的是聚焦能打仗、打胜仗，贯彻和体现战斗力这个唯一的根本的标准，为实现强军目标提供坚强作风保证。”新时期加强作风建设，就是要结合新的形势任务，把人民军队优良作风继承好、发扬好，使之成为强军兴军的珍贵滋养。要自觉践行全心全意为人民服务的根本宗旨，巩固同人民群众的血肉联系；坚持依法治军、从严治军，做到纪律严明、令行禁止，确保政令军令畅通；坚持尊干爱兵、纯正风气，巩固发展团结友爱和谐纯洁的内部关系；坚持艰苦奋斗、求真务实，坚持反对形式主义、官僚主义、享乐主义和奢靡之风，做到信念不动摇、思想不松懈、作风不涣散；把作风建设作为一项基础性长期性工作抓紧抓实，贯彻到军队建设，改革每个环节，常抓不懈。

（二）确保部队招之即来、来之能战、战之必胜

习近平同志提出："要把战斗力标准贯穿到军队建设全过程和各方面，强化官兵当兵打仗、带兵打仗、练兵打仗的思想，使部队始终保持招之即来、来之即战、战之必胜。"我军作为执行党的政治任务的武装集团，"招之即来"意味着军队始终做到听党指挥，"来之即战"意味着军队能做好各项军事斗争准备，"战之必胜"则意味着军队能够履行自己的职能使命，做到这三个"必"，是党和人民对军队的根本要求，也是军事斗争准备的根本出发点和落脚点。

1. 推进军事工作全面发展的根本依据和遵循

古今中外，"不战而屈人之兵"，莫不是以"能战能胜"为前提。如果不能战，和平就只能是一种奢求。习近平同志强调："能战方能止战，准备打才有可能不必打，越不能打越可能挨打，这就是战争与和平的辩证法。""招之即来、来之能战、战之必胜"就是要求在深入分析国防和军队建设的历史方位、阶段性特征、有利条件和发展难题等情况下，搞好战略筹划和顶层设计，厘清发展方向、发展思路，发挥军事战略对于推动军事斗争准备和军队建设的统揽作用，从宏观上确保军队能做到打胜仗。

要做到"招之即来、来之能战、战之必胜"就是要坚持把拓展和深化军事斗争准备作为基本途径。要坚持军事斗争准备龙头地位不动摇，立足应对复杂困难局面，统筹推进各方面各领域军事斗争准备，保持战略全局平衡和稳定；坚定不移把信息化作为军队现代发展方向，把加强新型作战力量建设作为战略重点，把培养高素质新型军事人才作为有力支撑，积极稳妥地推进军事领域改革。要紧贴作战需要，强化实战先实训的观念，不断拓展训练领域和范围，坚持仗怎么打兵就怎么练、打仗需要什么就练什么、部队最缺什么就专攻什么。坚持全部信息向打仗聚焦、各项工作向打仗用劲，以改革创新精神深化实战化训练，切实肩负起当兵打仗、练兵打仗的重要责任。

2. 以推进中国特色军事变革为核心牵引

军事领域是竞争和对抗最为激烈的领域，也是最具创新活力、最需创新精神的领域。一部世界战争史，一定意义上讲，就是适应时代要求的进取型军队战胜落后于时代要求的守成型军队的历史。发轫于20世纪70年代的新军事变革，现在仍在加速前进，信息制导成为制胜关键，体系对抗成为基本形态，网络空间成为崭新战场，精确作战、立体作战、全域作战、多能作战、持续作战成为新质战斗力的重要体现。世界主要国家都在加紧推进军事转型，它们具有广泛的共同特征，都是对军队进行全面彻底的变革，都是对军队的技术、人员、组织和作战方式等要素进行深刻的创新性整合，都聚集于核心军事能力的提升。美军在总结近几年局部战争经验教训基础上推动"二次转型"；俄罗斯围绕建设"职业化、常备化、精干化"军队深入推进"新面貌"军事改革；英国、法国、德国、印度、日本等国也不断采取新的重大军事举措。当前，我军正处于机械化建设尚未完成、信息化建设加速发展阶段，现代化水平与国家安全需求和世界先进军事水平相比还有较大差距，我们要保持清醒头脑。紧紧抓住和用好战略机遇期，深入推进中国特色军事变革。

党的十八届三中全会提出了全面深化国防和军队改革的重大课题，我军改革面临前所未有的重要机遇。面对世界新军事变革的大潮，我们要围绕"招之即来，来之能战，战之必

胜”具体要求，紧跟世界军事发展潮流，加快推进中国特色军事变革，坚持以国家核心安全需求为导向，按照信息化的要求，努力推进军事理论、武器装备、组织体制、军事训练以及保障方式的创新，逐步实现国防和军队建设各个领域的整体性、革命性变革，完成机械化和信息化建设双重历史任务，坚持以创新发展军事理论为先导，构建中国特色现代军事理论体系，为加快推进中国特色军事变革提供指导；立足自主创新加快武器装备发展，坚持走中国特色自主创新道路；加快重要领域和关键环节改革步伐，不断增强军队建设的生机活力。

3. 坚持用战斗力标准衡量和检验各项军事工作

习近平同志强调：“军队首先是个战斗队，必须坚持一切建设和工作向能打胜仗聚焦。”这深刻阐明了强军的要义是战斗力，离开这一点，军队就失去了存在的价值和意义。我们要牢固树立战斗力这个唯一的根本的标准，大力强化部队当兵打仗、带兵打仗、练兵打仗思想。

当前，我国国家安全发展形势严峻复杂，军队的使命任务更加繁重，但我军已很多年没有打过仗，缺乏信息化条件下作战的经验，各项建设也缺乏实战检验，能否做到能打仗、打胜仗是对我们履行职能使命的现实考验。在维护国家主权、安全和领土完整的斗争中，党和国家动用军事力量是最后手段、最后选择；而对军队来讲，则是唯一手段、唯一选择，必须做到招之即来、来之能战、战之必胜。习近平同志强调：“军队建设必须把提高战斗力作为出发点和落脚点，向能打胜仗、打胜仗的要求聚焦。”对军队建设来说，战斗力就是唯一的根本的标准；讲“根本”，是指战斗力对于军队建设最为重要，起着决定性的作用。无论在什么时候、什么情况下，这一条始终都不能变。坚持战斗力标准，要与时俱进加强军事战略指导，坚定不移地把信息化作为军队现代化建设发展方向，全面建设现代后勤，大力发展信息化武器装备，着力提高军事训练实战化水平；坚持战斗力标准，要确立发展思路、实施决策指导、配置力量资源、选拔任用干部、评定工作成效、培养先进典型，努力使各项建设都经得起实战的检验。

（三）努力实现富国和强军的统一

习近平同志指出：“经济建设是国防建设的基本依托，只有国家经济实力增强了，国防建设才能有更大的发展，国防建设是我国现代化建设的战略任务，只有把国防建设搞上去了，经济建设才能有更加坚强的安全保障，同时加强国防建设对经济社会发展也具有重要作用。”这一重要战略思想，把军民融合提升到了国家发展战略层面，为在更广范围、更高层次、更深程度上实现国防建设和经济建设协调发展指明了方向。

1. 正确认识经济建设和国防建设的关系

“国家贫弱，其民必辱；国家富强，其民必荣。”历史一再告诉我们，一个国家要自立于世界民族之林，不仅要有雄厚的经济实力，更要有强大的国防力量作为保障。加强国防和军队建设不是单纯的军事任务，而是中国特色社会主义事业的重要组成部分。党的十八大明确提出，建设与我国国际地位相称，与国家安全和发展利益相适应的巩固国防和强大军队，是我国现代化建设的战略任务，这是坚持和发展中国特色社会主义、实现中华民族伟大复兴的内在要求，也是实现强国梦的必然选择。没有国家的富强，强军就无从谈起；没有强大的军队，国家安全和发展也就无法保障。同时，社会经济越发展，国家利益越拓展，安全需求越迫切，强军要求越紧迫。我们要实现中华民族伟大复兴，必须坚持富国和强军相统一，把经济建设和国防建设有机统一起来，努力建设巩固国防和强大军队。我们要抓住现有条件，从国家发展的总体战略出发，正确把握国防建设与经济建设的关系，把国防和军队现代化建设融入国家现代化建设的战略全局之中，努力推动国防实力与经济实力同步发展。

2. 走军民融合式发展路子，是实现富国和强军相统一的重要途径

在全面建设小康社会的进程中实现富国和强军相统一面临诸多问题，而最根本和全局性的问题是如何充分认识和正确解决富国与强军“双重攻坚”的战略性课题。兵不强不可以摧敌，国不富不可以养兵。军民结合、寓军于民，是我们党处理经济问题建设和国防建设关系一贯坚持的重要指导方针，随着当代科技革命、产业革命和世界新军事革命加速发展，国防经济与社会经济、军用技术与民用技术的结合面越来越广。走军民融合式发展路子，有利于国防和军队现代化建设从国家经济建设中获得更加有力的安全保障。将富国和强军有机统一于发展中国特色社会主义之中，统一于维护国家安全和促进国家发展之中，这个路子，既是兴国之举，又是强军之道。习近平同志指出：“走军民融合式发展路子，是实现富国和强军相统一的重要途径。”近年来，我国军民融合产业整体深入推进，其中最重要的举措之一是针对军民融合产业专项法律的制定进程不断加快。在习近平同志重要指示的引领下，在军地双方的共同努力下，一个全方位、全要素、深层次、多领域军民融合深度发展格局正在形成。

3. 军政军民团结是实现富国和强军相统一的重要政治保障

从现实需要看，坚强的军政军民团结，在实现“强国梦”与“强军梦”的统一中具有重要的桥梁作用。纵观国际国内大势，我国进入改革发展“深水区”，西方国家对我国进行牵制和遏制，国内各种不安全不稳定因素必然随之增加和升温，更加需要亿万军民携手奋进。习近平同志指出：军政军民团结是实现富国强军的战略高度，进一步阐明了加强军政军民团结是加快实现国防和军队现代化的重要保证，也是和谐稳定、凝聚力量、实现中国梦的坚实基础。新时期加强军政军民团结，需要把全民建成小康社会和实现强军目标有机结合起来，不断增进军民在共同政治基础和经济基础上的坚强团结。军队要利用自身资源和优势，积极做好扶贫帮困、援建新农村、医疗救助、助学兴教和生态环境建设，大力援助地方经济社会建设。地方各级要把支援部队做好军事斗争准备作为主要努力的方向，普及和深化全民国防教育，大力支持民兵和预备役部队建设，为部队搞好基础设施、战备训练和重大演习提供有力支持，并扎实做好拥军优属工作。

三、习近平国防和军队建设重要论述的地位和意义

（一）习近平国防和军队建设的重要论述，是当代中国马克思主义的创新军事理论

习近平同志关于国防和军队建设的重要论述，赋予了马克思主义军事理论新的时代内涵。我们党历来重视从理论上解决军事斗争实践一系列重大问题。先后形成了毛泽东军事

思想、邓小平新时期军队建设思想、江泽民国防和军队建设思想、胡锦涛国防和军队建设思想，它们有力指引人民军队不断阔步前进。新形势下，习近平同志准确把握时代特征和当代中国军事实践，对我军所处历史方位和阶段性特点做出新定位，明确了筹划推进国防和军队建设的战略基点；对军队建设目标做出新概括，拎起了国防和军队建设的总纲；对推进军队建设、改革和军事斗争准备提出新要求，揭示了新的历史条件下建军治军的特点规律，清晰勾画强军兴军的“目标图”，明确了加强军队建设的聚焦点着力点；科学规划强军兴军的“总布局”，阐明了加快推进国防和军队现代化的阶段步骤；精准提供强军兴军的“金钥匙”，开阔了破解矛盾问题的视野思路；日益成为强军兴军的“强磁场”，凝聚了实现中国梦强军梦的意志力量。习近平同志关于国防和军队建设的重要论述，以一系列新思想、新观点、新论断，科学阐明了加快推进国防和军队现代化的重大理论和现实问题，丰富发展了党的军事指导理论，续写了马克思主义军事理论中国化的新篇章。

（二）习近平国防和军队建设的重要论述，是国防和军队新征程的行动指南

深入学习贯彻习近平同志关于国防和军队建设的重要论述，是军队建设方向性全局性根本性的重大战略问题，必须作为首要政治任务和长期战略任务抓紧抓实。我们要坚持学以致用、至诚笃信、务实践行，切实统一思想和行动，凝聚起强军兴军的磅礴力量。进一步坚定强军信念。强军目标振奋军心，强军兴军催人奋进。深入学习贯彻习近平同志关于国防和军队建设的重要论述，必须把实现强军目标作为建设发展的鲜明主题和基本实践，始终牢记于心，矢志不渝推进，坚定不移落实。坚持用中国特色社会主义理论体系武装头脑，深入学习领会习近平同志系列重要讲话精神，特别是关于国防和军队建设的重要论述，坚定道路自信、理论自信、制度自信、文化自信，打牢实现中国梦强军梦的共同思想基础。深化强军目标学习教育，紧紧围绕强军目标深入开展主题教育活动，大力加强核心价值观培育，繁荣发展强军文化，引导官兵勤学修德明辨笃实，激发精神动力，汇集强军力量。

（三）习近平国防和军队建设的重要论述，是我军履行新形势下历史使命的重要保证

习近平同志关于国防和军队建设的重要论述，明确了加快推进国防和军队现代化的大方向、大思路，蕴含着马克思主义立场观点方法，为筹划推进部队各项建设和工作提供了基本依据和科学指导。学习这些重要论述，必须善于运用科学理论之“矢”射部队建设发展之“的”，形成符合本单位本部门实际的建设理念、工作思路和具体举措。自觉站在时代前沿、军事前沿、科技前沿，破除守旧守常守成思想，牢固树立前瞻谋划、打仗思想、问题导向、实干精神等与强军目标相适应的思想观念。紧紧围绕强军目标想问题做决策抓建设，始终着眼铸牢强军之魂、扭住强军之要、夯实强军之基，共同下好强军兴军这盘棋。坚持以破解矛盾问题为切入点，深入研究解决制约强军的深层问题、影响打仗的瓶颈问题、官兵关切的实际问题，在攻坚克难中取得新突破新进展。注重掌握科学思维方法，以战略眼光观察形势，以辩证方法分析事物，以系统观念谋划全局，以创新思想推动发

展，以底线思维应对挑战，增强工作的科学性、主动性、预见性，以更高标准推动各项建设和工作。进一步强化使命担当。现在，强军的责任落到了我们这一代革命军人肩上。这是党和人民的期望和重托。深入学习贯彻习近平同志关于国防和军队建设的重要论述，一定要落实到岗位职责上，体现在实际行动上。必须强化忧患意识、危机意识和使命意识，心头时刻想着国家安危，肩上时刻扛着强军责任，把当兵打仗作为主课主业，做到聚焦强军不走神、勤勉工作不懈怠、敢作敢为不推诿、关键时刻不退缩。激发锐意进取、争创一流的奋斗精神，始终保持开拓之勇、昂扬之气，越是困难越向前，不断创造新业绩。弘扬真抓实干、埋头苦干的作风，大力发扬钉钉子精神，求实务实落实，始终保持一抓到底的狠劲、毫不放松的韧劲、燕子垒窝的恒劲，一步一个脚印向强军目标迈进，切实为实现中华民族伟大复兴提供坚强力量保证。

第三章　国际战略形势与战略环境

第一节　国际战略形势

随着冷战的结束，国际战略形势发生了重大的变化，从目前总体的情况来看，虽然世界是和平的，世界形势是缓和的，世界各国是稳定的，然而，由于局部战争、局部紧张、局部动荡仍然存在，世界总体和平、稳定的局面依然面临着许多潜在的威胁。“和平与发展这两大问题，至今一个也没有解决”“和平问题没有得到解决，发展问题更加严重”。

一、和平问题面临着严峻挑战

世界和平只是相对的，破坏世界和平的因素并没有得到彻底的消除，世界和平的问题仍然遭受着巨大的挑战。这种挑战主要体现在以下几个方面：

（一）和平问题没有得到真正的解决，局部战争频频发生

据不完全统计，自1993年以来，世界各地发生的或当年仍在持续的局部战争和武装冲突逐年上升，其中，1993年34起，当年新发生的有12起；1994年上升到38起，当年新发生的15起；1995年又上升至46起，新发生的11起；仅1998年一年就发生局部战争和武装冲突30余起。1990—1997年，美国对外用兵共42次，年用兵频率比冷战时期约高出一倍。1999年3月，美国组织部分北约国家对南联盟进行了大规模的军事打击，2001年与2003年又纠合英国对阿富汗、伊拉克采取军事行动。

（二）爆发新的世界大战的可能性依然存在

冷战后，美国作为世界上唯一的超级大国，企图建立独霸世界的“新秩序”，对弱小国家动辄诉诸武力，对自己的盟国则极力推行单边主义。从而使它与其他国家特别是世界大国存在着发生新的冷战甚至热战的可能。一旦世界大国之间发生战争，哪怕只是局部的战争，都有可能由此发展成世界大战。

（三）霸权主义与恐怖主义、分裂主义的联系日益紧密，给本就不太平的世界局势带来了严重的威胁

冷战结束后，美国一方面打着“反恐”的旗号频频地侵略发展中国家，另一方面积极地推行国家恐怖主义，支持右翼恐怖主义特别是民族分裂主义的恐怖活动，其目的就是要实现用武力征服世界的战略。这就势必使世界日益不安宁，而最终点燃大规模战争的烈火。

因此，我们既要正确认识到，和平是存在的，把主要的精力应放在经济建设上；又必须清醒地认识到，和平是暂时的、相对的，是面临严重威胁的，坚决反对那种“太平盛世”已经来临，可以“刀枪入库，马放南山”的盲目乐观态度和麻痹思想，紧紧抓住新军事革命带来的机遇和挑战，加快国防现代化建设，千方百计地缩小与发达国家之间的差距，积极地做好应对未来战争的准备。

二、发展问题日益突出，成为世界的核心问题

随着东西方关系的逐渐缓和，战争危险减弱，特别是经济全球化速度的加快，发展中国家的发展问题日渐凸显，并日益恶化，“边缘化”趋势更加严重。突出体现在少数发达的资本主义国家控制和剥削广大发展中国家，造成南北经济关系不平等、经济发展不平衡的问题上。据世界银行统计，1999 年人均 GDP 最高的国家，其 GDP 是最低的国家的 444 倍。据联合国统计，2000 年最不发达国家的数量已由 1990 年的 36 个增加到 48 个。1990 年中低收入国家的债务总额为 1.5 万亿美元，至 1998 年增加到 2.3 万亿美元。这是因为民族经济的发展受到全球市场与全球金融的制约，很难一厢情愿地按原定的目标和战略实施。一方面，民族经济的发展受到全球问题，特别是环境问题的制约，一国的资源开发利用已不能不顾及发达国家的要求，一国的工业发展规模、产品及相应的生产工艺也会受制于发达国家的要求；另一方面，跨国公司凭借其雄厚的实力和跨国经营的优势，对民族国家经济主权构成巨大威胁。其最终结果必然是发展中国家与发达国家的经济差距越拉越大。

发展需要和平，和平离不开发展。发展中国家长期处于贫穷状态，必将孕育出动乱甚至战争。发达国家与发展中国家之间发展的极端不平衡，也必将导致强国侵略弱国、富国掠夺穷国的动机恶性膨胀，导致各国之间的相互仇视和敌对，从而危及整个世界的和平。

三、国际战略形势的新特点

近年来国际形势总体上趋向缓和，国际战略形势也向缓和的方向发展，在世界经历从两极向多极化转变的过渡时期，国际战略形势逐渐显露出以下新的特点。

（一）美国成为世界唯一的超级大国

苏联的解体标志着以美苏对抗为特征的两极国际军事格局的终结，同时也导致了世界军事力量对比的严重失衡。美国作为冷战后唯一的超级大国，其经济、政治、军事、科技等力量占据着极大的优势。尽管它的经济在连续十多年的增长后出现了一定程度的衰退，

但它在国际舞台上仍具有最强的竞争力和影响力，处于“超级”或“超强”的地位。同时，由于世界战略格局的转变具有渐进性，这将使美国“一超独霸”的局面保持相当长的一段时期。美国也意图凭借其日益增强的政治、经济、军事、科技、文化等优势，企图利用2015年以前的“战略机遇期”，将防止在欧亚大陆出现对美构成战略威胁的新对手作为首要的目标，以确保“美在世界的领导地位”和巩固“既定的世界政治和经济秩序”。

（二）以其他战略力量迅速增长为主要特征的世界多极化的趋势正在发展

冷战结束后，世界战略格局开始进入有史以来最激烈、最动荡、最复杂的过渡时期，在这个过渡期内，国际战略格局呈现出“一超诸强，多元争极”的基本态势。称霸与反称霸，单极与多极的斗争将极为激烈。因此，世界各种力量都在抓紧时机，发展经济、政治、科技、军事等力量，增强自己的综合国力，提高自己在世界上的竞争力和国际地位。突出表现在战后的日本、德国迅速崛起，已成为世界主要经济大国，并且凭借其强大的经济实力，力图谋求政治大国的地位，积极争取成为联合国安理会常任理事国，客观上朝着“极”的方向发展，极力争取得到“极”的地位。

日本是世界上仅次于美国的第二经济大国。尽管近些年经济较低迷，但整体实力依然强大。日本的军事力量近年增长很快。随着其经济、科技及军事力量的增强，日本力争在关系世界稳定和发展的重大问题上，拥有不次于其他大国的发言权，成为在未来国际战略格局中“支撑国际秩序的一极”。

欧盟具有雄厚的经济、科技和军事实力，在联合国安理会5个常任理事国中占有两个席位，在处理全球或地区事务中有很大的发言权；在南北关系中有较大的影响力，尤其与曾是其殖民地的发展中国家还保持着较为密切的政治、经济、文化联系。

俄罗斯虽然丧失了苏联超级大国的地位，但其军事力量仍然是一个可以对世界形势产生重大影响的因素。俄军仍然是目前世界上能与美国抗衡的军事力量。

中国是发展中大国，政治稳定，经济持续、快速、健康发展，综合国力不断增强，在国际事务中的影响与日俱增，现仍属于一支“新生力量”。虽然发展道路并不平坦，但高速发展的趋势无人能阻挡，在21世纪初期成为多极化格局的一极是毫无疑问的。

以上因素的存在都将促使世界军事格局朝着多极化的方向发展。当前“一超多强”的国际战略格局已初露端倪。

（三）各种新的安全结构正在建立和完善

在两极格局时代，美苏始终互为对手，在西方集团内部即使有时其经济、政治上的矛盾升为主要矛盾，但盟友关系却一直是十分清楚的。而在两极格局瓦解后，对手和盟友便模糊不清了，均势的维持更多依靠结盟。

当前，世界各国正力求通过建立和完善各种形式的安全机制来维护自身的安全利益，各种力量正围绕建立新的全球和地区安全结构进行着斗争和协调，以使自己在未来新的安全结构中处于较为有利的地位。例如，以美国为首的西方国家尽管相互之间出于各自利益的考虑而产生的矛盾日益明显，但它们正加强协调，试图形成一个以它们为主体的、在某种程度上体现多边参与对话、相互协调和制约的安全结构。

在欧洲，北约加快了从军事政治集团向政治军事组织的转变，并开始调整其战略，以适应冷战后欧洲新的安全形势。1992 年，北约决定将它的军事活动范围由北约成员国领土之内向整个欧洲扩展。北约建立了北大西洋合作委员会，将其作为北约成员国与原华约国家讨论安全问题的论坛，并与其他欧洲国家以及俄罗斯建立了“和平伙伴关系”。欧共体已于 1993 年 11 月 1 日开始实施《欧洲联盟条约》，成为欧洲联盟。欧洲安全与合作会议已由过去东西方之间在安全问题上对话的论坛，发展为一个在建立信任与安全、裁军谈判、泛欧安全与合作、调解冲突等方面能发挥一些作用的机构，并于 1994 年 12 月改名为“欧洲安全与合作组织”，初步建立了在危机情况下进行协商与合作的机制。在这个新的安全结构中，这些组织各自发挥作用的侧重点会有所不同，同时某些职能又会有所重合，从而互补共存，共同在欧洲安全事务中发挥影响。

在亚太地区，基本能够覆盖全区域的多边安全合作机制主要有东盟地区论坛和亚太安全合作理事会。东盟地区论坛（ARF）是东盟主导的、官方性质的多边安全合作机制。1994 年 7 月，东盟地区论坛首次外长会议在曼谷召开，标志着论坛正式成立。其目标和宗旨是：作为一个高级别的磋商论坛，使亚太地区各国培养对共同感兴趣的和关注的政治安全问题开展建设性对话的习惯，为亚太地区建立信任和进行预防性外交而努力。目前，论坛已发展成为有 22 个国家参与的泛亚太地区多边安全合作机制。亚太安全合作理事会（CSCAP）是西方国家主导的、非官方性质的多边安全合作机制。其目的是以非政府机构的形式促进亚太地区的安全与合作，通过开辟第二轨道外交，邀请国际非政府组织和政府官员以私人身份参加，发展其对东盟地区论坛的咨询作用。此外，还有一些次区域性的官方与非官方安全合作机制，如：朝鲜半岛四方会谈、东北亚合作对话会、亚太圆桌会议、中美日安全磋商等。亚太地区重要的双边安全合机制还包括中俄、中美等双边安全磋商机制。随着各地区安全机制的建立，未来地区军事格局将朝着多样化、区域化的方向演进。

（四）经济因素在国际事务中的作用得到加强，但军事手段作用仍然为各国所重视

近年来，世界大多数的国家都将精力更多地转向国内的经济建设。随着科技和国际贸易的迅猛发展，促进了各国在经济上的密切交往，大大加深了世界各国在经济上的相互依存程度，很大程度上推动了各国更多地从经济利益的角度来考虑国与国之间的关系，并尽可能地避免采取极端的军事手段使矛盾激化，从而使经济因素在国际事务中的作用得到加强。反映在各国的安全政策上，几乎普遍一致地将确保国家的经济安全作为各国首要的目标，使军备建设服从于经济建设的需要。但是，军事手段的作用仍然为各国，特别是各大国所重视。

（五）地区武装冲突和局部战争成为主要的军事冲突形式，对国际安全与世界的稳定造成了突出的影响

随着美、苏冷战的结束，世界大战的危险进一步减小，地区武装冲突和局部战争成为主要的军事冲突形式。这是因为：首先，许多过去被美、苏对抗这一主要矛盾掩盖着的民族、领土和宗教矛盾，随着冷战的结束而爆发出来。其次，旧的世界战略格局的瓦解所带来的动荡，尤其是苏联和南斯拉夫解体所造成的局部力量真空和失衡使局势失控。再次，

部分地区过去长期处于经济贫困之中，又受到因世界战略格局变化而带来的西方政治思潮的冲击和外援减少等影响，从而引发了严重的社会动乱。最后，国际恐怖主义、民族分裂主义和宗教极端主义“三股恶势力”对国际安全与稳定的影响更加突出。这些在旧的国际政治秩序瓦解和新的秩序形成过程中出现的各种动荡和矛盾，如果不能妥当处理和解决，就有可能引发新的冲突，从而对国际安全与世界的稳定构成新的、严重的威胁，甚至会给全世界带来灾难。

（六）先进的常规武器装备大量倾销，对和平与稳定产生不利的影响

随着美、苏冷战的结束和两极格局的瓦解，国际武器交易总额有所下降，无形地造成了更加激烈的国际武器市场的竞争。为了在减少国内武器采购和削减本国军备的同时，维持现有军工企业并从出口武器中谋取高额经济利益，美国、俄罗斯以及一些西欧发达国家大力支持本国的军火工业在已有的国际武器市场基础上，扩大或寻求新的国际武器市场，源源不断地向第三世界，特别是向世界一些重要地区大量地倾销先进的常规武器装备。据不完全统计，1990 年，美国向第三世界出口武器达 185 亿美元，比起 1989 年，有较大的增长，超过了苏联而成为世界最大的军火出口国。1993 年，美国向外出口军火数量进一步增加，达到 320 亿美元。如此大数量的倾销先进常规武器，势必给被倾销地区带来诸多的不利影响。

第二节　国际战略环境

国际战略环境，是一个时期内世界各主要国家（集团）在矛盾斗争或合作共处中的全局状况和总体趋势。它是国际政治、经济、军事形势的综合体现。国际战略环境关系到国家的生存与发展、安危与兴衰。它影响一个国家（集团）军事斗争的对象、性质、目标、敌友关系，以及据此确定的军事力量建设与运用的基本方向，因而是各个国家（集团）制定战略必须首先考察和关注的外部环境和条件。

和平与发展仍然是当今时代的主题。国际安全形势总体稳定的基本态势进一步发展，但不稳定不确定因素也在增多，新挑战、新威胁不断出现。

一、历史演变与发展趋势

20 世纪以来，国际战略环境经历了两次巨大变化。

第一次变化以第二次世界大战为标志。第二次世界大战前，国际战略力量中心在欧洲，各大国之间基本达成均势，没有哪一个国家能够独霸世界，欧洲列强之间的争夺，成为影响国际战略环境的主要因素。第二次世界大战后形成美苏争霸态势，后来又呈现出美强苏弱的局面。随后 1989 年东欧剧变，1990 年德国统一，1991 年苏联走向解体。

第二次变化以冷战结束为标志。东欧剧变、苏联解体，以美苏对抗为特征的两极格局不复存在。冷战时期美苏核对峙的局面成为历史，世界大战的危险大大降低，但局部战争和武装冲突仍然此起彼伏。旧的国际秩序解体，各战略力量开始新的分化组合，都在朝着建立有利于自己的新的国际秩序而努力。美国成为唯一的超级大国，国际战略力量对比严重失衡。美国利用一超地位，加紧建立和巩固全球霸权，企图长期主宰世界。欧洲进一步加强联合，一体化进程取得重大进展，在国际事务中的分量加重。中国迅速崛起，综合国力和国际影响力不断上升。俄罗斯、日本、印度等各大国都在合纵连横，希望成为独立的一极，单极与多极的斗争相当尖锐。以经济、科技为重点的综合国力的竞争成为国际斗争新焦点。各国都在利用国际局势相对缓和，科技迅猛发展的重要机遇，发展本国的综合国力，以使自己在未来的国际竞争中占据有利地位。

总之，当前国际战略环境的主要特点可以概括为：总体缓和，局部动荡；战略力量失衡，战略关系重组；国际秩序变化，单极多极抗争。

二、走向多极化的国际战略格局

国际战略格局是一定时期内国际关系中起主导作用的力量之间的相对关系和结构形式。

苏联的解体标志着以美苏对抗为特征的两极国际军事格局的终结，并导致了世界军事力量对比的严重失衡。

两极格局结束后，世界出现了一超和多强并立的态势。大国关系在不断变化和调整，世界上各种政治力量在不断进行分化和组合。多极化趋势的发展，有利于世界的和平、稳定和繁荣，有利于推动建立公正合理的国际政治经济新秩序。

（一）美国企图长期保持唯一的超级大国地位

在向新格局转移的过渡时期，美国成为世界上在政治、军事、经济等方面都具有全球性影响的唯一超级大国。在政治上，极力推行以美国为模式的所谓“全球民主化”；在经济上，倚仗其强大的经济实力，以进行经济制裁为手段，迫使别国无限度地开放市场，利用高科技和不等价交换等手段剥削发展中国家；在军事上，保持庞大的“防务”开支，努力发展高、新、尖武器，在世界各地部署军事力量并建立军事联盟，插手干涉别国内部事务。在全球战略方面，既联合又试图控制欧洲；既利用又制约日本；以北约东扩为手段，进一步挤压、削弱俄罗斯；将中国视为主要竞争对手，向中国台湾出售武器。

（二）欧盟势力影响日益扩大

进入21世纪以来，欧盟在内统外扩与壮大实力方面都取得重大突破。现在拥有27个成员方，包括2个联合国安理会常任理事国和2个核大国，400多万平方公里土地面积和4.6亿人口。欧盟实际上已将绝大多数欧洲国家和幅员统合在自己麾下。欧盟的经济形势比较稳定，经济实力大幅提高，敢对美国说“不”，不认同美国的单极战略而主张多极化，对美国的单极战略构成有力挑战。因此，欧盟在国际上发出的声音更为响亮有力，地位、作用日益增强。无疑，未来欧盟将可能成为国际社会具有重要影响力的一极。

（三）俄罗斯意欲重振大国地位

20世纪90年代以后，俄罗斯国内形势不稳，金融危机严重，生产停滞，经济滑坡，大国地位受到严重削弱，但它毕竟拥有良好的工业和科技基础，拥有丰富的资源和巨大的发展潜力。在军事上，它仍然是唯一能够和美国相抗衡的核大国。在普京执政后，俄罗斯社会趋向稳定，经济开始恢复性增长，而且增长的质量明显提高，为世界上经济增长最快的国家之一，将跻身世界主要经济体之列。俄利用高科技提升防务能力，保持了世界第二大军事强国地位。随着经济的复苏，俄罗斯加大了对国防的投入，加快了军队建设和武器装备更新换代的步伐，重振大国的意图更加明显。俄罗斯的发展将证实邓小平同志的预言：未来多极世界，俄罗斯算一极。

（四）日本走向政治、军事大国步伐加快

日本是世界第二经济大国。由于历史等原因，日本在国际社会的政治、军事影响却远未达到其经济上对世界的影响。它在外交上依附于美国，唯美国马首是瞻，亦步亦趋。人们很少在国际问题上听到日本与美国有不同的声音。然而，近年来日本通过对内外政策的调整，积极改变这种状态，国际影响力不断扩大，加速走向政治、军事大国的迹象比较明显。日本正在由经济大国向世界政治大国甚至军事大国转变。

（五）中国综合国力稳步上升

中国经济保持快速增长，综合国力迈上新台阶。2007 年，中国的国民生产总值近 25 万亿人民币，居世界第 4 位，成为带动世界经济增长的主要动力源之一。在综合实力和对世界和平与发展的贡献显著提升和增大的基础上，中国在外交上不断开拓进取，国际地位和作用明显增强，在地区和世界事务中日益发挥重要的影响。

中国改革开放几十年来保持了持续发展的强劲势头，经济总量明显增加，与世界经济的关系更加紧密。中国坚持走和平发展的道路，努力与世界各国平等互利合作，不单纯追求己方利益，而是力主双赢，并积极加强区域合作，推动共同发展，不断为促进全球发展和繁荣做出重要贡献。中国高举和平、发展、合作的旗帜，坚持原则，伸张正义，更加积极参与国际事务，在力所能及的范围内支持和援助其他国家，充分发挥出一个负责任大国的作用，国际影响日益增大。随着经济的发展，综合国力进一步加强，中国在国际事务中将发挥越来越重要的作用。

（六）区域一体化组织蓬勃发展

经济是基础，发展水平不同也决定了不同国家在国内政治及国际事务中采取不同的立场。发展中国家间发展不平衡，利益各异。因此，一些经济发展水平比较接近的国家和地区组成的地区性组织兴起，活动积极，联合自强趋势增强。

广大中小国家为了在新的形势下有效地维护自己的独立和主权，提升本国的国际地位，在致力于自身发展的同时，强化了联合自强，走区域一体化道路的势头。除了区域组织不断发展外，大区域一体化组织也在形成和加强。除欧盟、东盟外，近年还涌现出非洲联盟和南美洲联盟。随着各地区安全机制的建立，未来地区军事格局将朝着多样化、区域化的方向演进。

当前，世界处于新旧格局交替的动荡时期，世界和平与安全面临的机遇大于挑战。世界格局处于向多极化过渡的重要时期，国际战略力量对比严重失衡的局面有望改善。各主要力量既相互牵制和竞争，又相互协调，彼此借重和务实合作。一些发展中大国和区域集

团实力增强，发展中国家整体力量上升。经济全球化趋势深入发展，科技进步突飞猛进，国际分工体系深刻变动，全球和区域经济合作生机勃勃，国家间相互依存的利益关系逐步加深。传统安全领域的对话不断增多，非传统安全领域的合作深入发展。各国更加重视通过国际协调合作和多边机制解决发展和安全问题。联合国在国际事务中的地位和作用得到维护和加强。

三、安全威胁复杂多变

冷战结束后，冷战思维并没有终结，霸权主义更加猖獗，仍是威胁世界和平与发展的主要根源。不公正不合理的国际政治经济旧秩序，还严重地损害着发展中国家的利益。民族、宗教、文化、领土、资源等矛盾，以及国际犯罪、恐怖主义、环境恶化等问题日益突出，从而使国际安全形势变得更加复杂多变。

（一）民族矛盾和宗教纷争不断加剧

冷战结束后，一些国家和地区的民族主义思潮再次兴起，尤其是一些新独立的民族国家和一些极端民族主义者，主张按照民族地域、民族共同体和民族心理认同来重新划分边界，甚至不惜用武力来修改边界，从而导致不同民族之间、部分民族与政府之间的矛盾激化，引发了一系列武装冲突和局部战争。

两极格局解体后，宗教矛盾同民族矛盾一样，更加公开化、尖锐化和国际化。一些西方大国在利用军事手段和经济手段的同时，还利用别国宗教矛盾，支持和挑起别国分裂或内战，企图破坏别国的政治稳定甚至颠覆别国政权，这已成为导致发展中国家动荡或战乱的一个重要因素。

（二）跨国性问题日益严重

由于科学技术的发展和全球经济一体化的进程加快，整个世界的空间在相对缩小，“地球村”正在逐步形成。许多跨国性的问题也随之出现并日益严重，对国际社会的安宁与稳定构成了越来越严重的威胁。

1. 大规模杀伤性武器扩散的危险性增大

一些国家超出本国防御的需要，不顾国际社会的反对，采取各种手段，研制和发展核生化武器。同时，以美国为首的西方大国在防扩散问题上常常采取双重标准，在对一些国家采取严格限制、核查和制裁的同时，又怂恿和支持另一些国家秘密研制核生化武器，使防止核扩散问题长期难以解决。

2. 国际恐怖主义威胁更加突出

冷战后，恐怖主义活动在全世界盛行，当今国际恐怖主义组织众多，国际化程度高，成分复杂，武器先进，手段残暴，恐怖主义并没有从根本上得到遏制，国际反恐斗争的长期性、复杂性和曲折性突出，国际反恐任重道远。

3. 国际贩毒走私活动更加猖獗

国际毒品控制委员会认为，全球性毒品问题日益严重，国际贩毒走私活动成为日益严峻的国际问题。

（三）军备质量竞赛更加激烈

由于国际形势日渐缓和，全球性军备竞赛有所降温。但是，一些地区性的军备竞赛有所升级，特别是世界各国质量建军的步伐大大加快。

在核军备方面，尽管美、俄两国开始大幅裁减核武器，但仍保持有庞大的核武器库。美、俄、法、英四国都在继续加强核武器的研制和更新换代。同时，世界上有能力制造核武器、生物武器和化学武器的国家也越来越多。

在常规军备方面，美国加快了运用高技术提高军队质量水平的步伐，倡导进行新军事革命的呼声日趋强烈，强调用高技术提高美军的战斗力，将工业时代的武装力量转变为信息时代的武装力量。俄罗斯则要求运用最新科技成果、最新工艺、最新材料超前研制新一代武器装备。法、英、德等国在提高军队质量，发展高技术武器装备方面也不遗余力。印度、韩国、东盟各国大幅度增加发展高技术武器装备的投入，使其军费开支保持高额并不断攀升。日本每年都投入100多亿美元用于采购高精尖的武器装备，其自卫队武器装备技术水平居亚洲各国军队之首，引起周边国家的严重关注。美国违背中美三个联合公报的原则，向中国台湾地区出售先进武器装备，支持台湾的分裂势力，成为导致台湾海峡局势动荡的重要因素之一。

与此同时，各主要国家围绕太空展开的竞争一刻也没有停止。2001年，美国提出航天部队发展规划，成立第一支太空试验部队。俄罗斯国防部宣布建立“国家空天防御系统”。欧洲各大国、日本、印度、韩国等也在竞相制定新的太空发展战略，积极开发航天技术。尤其是美国调整了太空开发政策，大力提高了太空军事能力。

（四）霸权主义呈现新的表现形式

东欧剧变和苏联解体后，虽然美苏争霸世界的局面已不复存在，但霸权主义仍未退出国际舞台，尤其是以美国为首的某些西方国家推行霸权主义更加肆无忌惮，一些地区霸权主义也乘机抬头。

1. 政治强权有所发展

以美国为首的某些西方国家仗恃其实力优势，粗暴干涉别国的内政。它们打着“民主”“自由”的旗号，到处推行西方的政治模式与价值观，竭力在政治上控制发展中国家，致使许多发展中国家政局不稳，社会动荡，战乱不休。尤其是在人权问题上，西方竭力鼓吹“人权高于主权”等观点，对别国内部事务指手画脚，说三道四，甚至提出建立“国际人权干预部队”。自20世纪90年代初至2008年，西方国家在联合国人权委员会上，连续16次假借人权问题，干涉中国内政。联合国人权委员会在美国等少数西方国家操纵下通过的一系列决议，几乎全是针对发展中国家的。

2. 军事干涉更加频繁

从20世纪90年代起，西方大国使用军事力量干涉别国事务的行为更是有恃无恐，有增无减，并在科索沃战争中表现出前所未有的破坏性和冒险性。美国等西方国家实施军事干涉的形式和手段主要是：以军事联盟的形式出现，将冷战时以防御为主的军事集团改造成为进攻性的扩张工具；使用高技术兵器，对精心选择的月标实施突袭；在所谓的潜在危机地区及其附近保持足够的军事力量，炫耀实力，随时准备进行武力干涉；打着“维和”的旗号，进行武力逼和，甚至直接参战，偏袒一方，打击另一方；在别国领空和领海实行禁飞、禁航，实施海空封锁，践踏别国主权。上述军事干涉行动，直接引发了一些地区的危机和战火，加剧了地区紧张局势，破坏了地区的和平与稳定。

3. 经济制裁逐渐增多

20 世纪 90 年代以来，美国等西方国家几乎在每一次重大的国际对抗与冲突中，都使用了经济制裁与封锁手段，或以经济利益为交换条件，逼迫对方让步。近年来，美国在与伊拉克、伊朗、利比亚、古巴等国家的对抗和冲突中，以及处理其他国际争端时，政府和国会的首要行动通常是宣布进行经济制裁与封锁。例如，美国国会于 1996 年通过的“赫尔姆斯—伯顿法”和“达马托法”，不仅干涉古巴、伊朗和利比亚的内政，而且干涉了同这三个国家发展经济贸易关系的所有国家的内政，遭到包括其盟国在内的世界各国的强烈反对。

4. 文化渗透日趋公开

文化渗透是西方国家推行其价值观念、生活方式和政治制度模式的重要手段之一。它们凭借信息传媒工具的技术优势，以各种消遣娱乐、流行时尚等商业文化，或以影视音像、文学作品等形式，或通过互联网，跨国进行思想文化渗透，达到无孔不入的地步。特别是近年来美国及其西方大国在乌克兰、白俄罗斯、格鲁吉亚及中亚各国培育亲西方的“政治精英”，发起所谓“颜色革命”，更是把文化渗透作为对别国进行“和平演变”的基本手段，成为引发某些国家社会动乱的祸水。

总而言之，上述复杂多变的、多元化的安全威胁，虽然有的是现实的、直接的，有的是潜在的、间接的，却是客观和不容置疑的，对此，爱好和平的人们不应放松警惕。

第三节　我国周边安全环境

国家周边安全环境，是指一个国家周边安全状况和态势，包括与相邻国家矛盾冲突、边界纠纷、军事渗透、颠覆甚至入侵等情况。它关系着国家和民族的兴衰存亡，是制定国防战略的依据。

一、我国周边安全环境概述

1. 我国是陆海大国

我国是位于欧亚大陆东南部、亚洲东部、太平洋西岸的濒海大国。陆地面积约 960 万 km^2，有 2.2 万 km 的陆地边界线，1.8 万 km 的海岸线（不含岛屿海界），陆地国土面积居世界第 3 位，拥有丰富的海洋资源。

2. 我国邻国众多地缘复杂

我国陆地上与14个国家相接壤，按地理位置排序依次是：朝鲜、俄罗斯、蒙古、哈萨克斯坦、吉尔吉斯斯坦、塔吉克斯坦、阿富汗、巴基斯坦、印度、尼泊尔、不丹、缅甸、老挝和越南。在海上我国与日本、朝鲜、韩国、菲律宾、马来西亚、印度尼西亚、文莱和越南8个国家的大陆架或200海里专属经济区相连接，其中朝鲜和越南既是海上邻国，又是陆地邻国。我国陆海邻国众多，仅次于俄罗斯，排世界第二位，周边安全环境复杂。

我国及周边地区也是世界上大国最集中的地区，而多是军事强国，核扩散的形势严峻。在众多邻国中，有的过去曾经对我国发动过侵略战争，并且现在仍是经济大国，并正在成为军事强国。一些邻国之间存有积怨，甚至对立，一旦它们之间发生冲突，必将影响我国的边境安全。有的国家内部不稳定因素多，一旦发生内乱，将对我国边境安全造成压力。有的国家居民与我国边境居民同为一个民族，信奉同一宗教，虽有利于两国边境居民友好往来，但也存在着消极因素。还有一些国家，与我国之间存在着历史遗留下来的边界领土争端和海洋划界争议。这些不同因素的变化，将对我国安全环境产生不同的影响。

3. 我国安全环境受外部影响因素大

我国安全环境的外部影响，主要来自陆、海两个方面。历史上，美、苏曾分别从海上和陆上对我国施加过影响。苏联解体后，俄罗斯仍是世界上最大的陆地国家，面积1 700万 km^2，其中2/3在欧洲，1/3在亚洲。从历史上看，中、俄地缘战略上的不安全因素依然存在。美国位于北美洲大陆南部，陆地面积936万 km^2，综合国力日益增强，积极向海外发展。美国和俄罗斯对欧亚大陆具有全局性影响。

日本、印度是我国周边地区的两个重要国家，是构成我国地理环境的重要因素。日本资源缺乏，对海外资源和海外市场的严重依赖性是其显著特点。在近代，日本经历了50年的侵略扩张和对美国的依附。甲午战争至第二次世界大战结束以前，日本军国主义积极推行侵略扩张政策，主要是向亚洲大陆扩张。第二次世界大战结束后，美国控制世界海洋，日本转而依附美国，充当美国在太平洋的前沿堡垒。冷战结束后，日本继续追随美国，企图成为政治和军事大国。

印度人口众多，是一个依陆面海的大国，其地理条件较为优越，周边邻国主要是中小国家。我国是直接与印度毗邻的唯一大国，两国目前仍存有边界争议，历史上曾发生过边境战争。

东南亚、中亚是我国周边的两个重要地区，也是我国陆、海两面的枢纽地区，对我国的安全和经济发展具有重要影响。在通道、资源、安全等方面都有重要战略意义。在交通方面：东南亚是连接亚洲与大洋洲，沟通印度洋和太平洋的“十字路口”，控制太平洋到印度洋的主要水上航线。中亚地区处于东亚、西亚、南亚和北亚的地理连接点上，是连接欧亚大陆以及我国、俄罗斯、欧洲、中东、南亚各地陆路连接的枢纽。在资源方面：东南亚有丰富的战略资源，锡储量占世界60%，橡胶年产量占世界的80%以上，矿产资源丰富，石油和稻米出口量较大。在安全方面：东南亚邻接我国的东南沿海与西南地区，是影响我国南部安全的重要方向。贯穿东南亚的海上战略通道对于日本有重要意义，对美欧各国的航运也有重要影响。中亚地区与我国新疆、西藏等地接壤，该地区的形势与我国西北边疆的安危相关。中亚五国是苏联的加盟共和国，现是独联体成员国。随着上海经合组织的建立，我国与中亚各国建立了平等合作的友好关系，将对这一地区的安全环境产生有利影响。

二、我国周边安全环境现状

（一）和平发展是我国目前周边安全环境的主流

进入新世纪以来，世界格局和安全形势正发生变化，和平与发展成为新时代的主题，一个相对和平的安全环境已经出现，中国与所有邻国的关系得到全面改善。经过共同努力，中国与一些曾经关系紧张的国家逐渐建立起相互谅解和信任的正常关系，重新走上了健康发展道路。周边安全环境处于中华人民共和国以来最好的时期之一，呈现出和平发展的新局面。

1. 世界大国与我国建立了合作伙伴关系

中、美关系是当今世界大国关系中最为重要的关系之一，也经历了跌宕起伏的坎坷历程。两国曾是共同抗日的盟友，从中华人民共和国诞生到中、美建交前，两国关系从长期对峙逐渐趋向缓和。中、美建交后，两国关系出现了历史性的改善。中、美两国元首实现互访，把两国关系带入了新阶段。在我国家元首访美时双方发表的《中美联合声明》中指出：中美双方将“共同致力于建立中美建设性战略伙伴关系”，双方将“在中、美三个联合公报的原则基础上处理两国关系”。中美关系在布什政府上台后，曾因台湾问题而出现波折，但共同利益特别是双方的经济合作，使两国关系又重新走上了正轨。

中、俄关系对中国安全的影响深远。冷战结束以后，中、俄关系发展顺利，两国保持着良好的国家关系，两国领导人保持互访，发表了一系列联合声明。进入新世纪后，两国政府和人民决心继续致力于中俄世代友好这一主题，2001 年 7 月，两国元首在莫斯科签署了具有历史意义的《中俄睦邻友好合作条约》。该条约以“永做好邻居、好朋友、好伙伴，永不为敌”的战略思想为核心，全面总结了中、俄关系的历程，并对未来双边关系发展确定了指导原则。中、俄两国已经建立了良好的国家关系，在普京访华期间双方签署的《联合声明》曾重申：“无论国际风云如何变幻，无论中、俄各自国内发生什么样的变化，双方决心恪守《中俄友好合作条约》所确定的方针和原则，不断推进、扩大并以新的内容充实和深化两国全面战略协作伙伴关系，在双方关切的问题上协调立场，相互支持。”未来，两国关系必将更加稳固，合作领域还将更加宽广。

中、日关系是今天国际关系中的重要组成部分。中、日复交后，两国关系发展基本平稳，双方都把发展长期稳定的友好关系作为各自的基本国策。1998 年 11 月，双方曾在我国元首访日的联合宣言中明确“建立致力于和平与发展的友好合作伙伴关系”。中、日两国的根本利益使中、日关系克服一切困难向前发展。

中国与欧盟各国保持着良好的关系。中国与欧盟领导人就建立中、欧长期稳定的建设性伙伴关系达成共识。鉴于中国社会经济发展情况，欧盟 2001—2003 年优先对华合作的领域：为中国加入 WTO 提供支持和援助、反偷渡和非法移民、社会保险改革、电信、环境、能源以及人力资源开发等。这些合作项目的开发促进了中国相关领域的发展，也提高了“欧盟在中国的知名度”。在过去的2001—2005年的合作预算约为2.5亿欧元。欧盟对华合作项目集中于支持中国的人力资源开发；向与中国经济和社会改革关系密切的部门提供培训及技术援助；通过鼓励地方经济发展，帮助解决农村及城市贫困问题；环保合作以及加强中、欧商业对话和产业合作等。

2. 我与邻国友好关系发展顺利

我国在坚持“和平共处五项原则”基础上与一切国家发展友好关系，特别注重发展与邻国的睦邻友好关系。目前，我国与所有邻国的关系均得到改善。20世纪90年代以来，我国分别与俄罗斯、哈萨克斯坦、吉尔吉斯斯坦签订了国界协定，与哈萨克斯坦的国界问题已经得到完全解决。中、俄、哈、吉、塔5国领导人多次会晤，签署了关于边境地区加强信任及相互裁减军事力量的协定。

我国同越南、印度的关系也得到发展，全面加强政治、经济、文化交往，国家领导人正常互访。中、越边界问题得到较好解决。

同时，我国与韩国、日本等国在经济贸易和文化等领域进行了广泛交流与合作。

3. 我国周边“热点”逐渐降温

所谓“热点”，是指一些经常或多年发生战争的地区或国家。我国周边的“热点”较多，如20世纪50年代初的朝鲜半岛问题，70年代末的阿富汗、柬埔寨战争，90年代的印、巴冲突等。这些战争和冲突，不仅均发生在我国周边，也不同程度地威胁着我国边界地区的安全。冷战结束后，这几个“热点”地区先后出现了不同程度的降温，目前，尽管朝鲜问题还存在着多种矛盾，甚至矛盾可能还会进一步激化，但总的形势是趋于缓和，对外部的影响越来越小，减缓了对我国有关边界地区安全的威胁。

新形势下，周边的“热点”中，对我国安全影响较大的是朝鲜核问题和印、巴之间的对立。朝鲜半岛是东亚各国利益的交会点，各大国都不希望朝鲜半岛出现危机。朝鲜半岛问题的根源在于朝鲜与韩国、美国和日本的对立。20世纪90年代初美国与朝鲜曾签署了关于核问题的框架协议，双方的对立局面曾有所缓和。朝鲜与韩国也开始从对峙走向对话，打破了严重僵持的局面。21世纪初朝鲜再次出现核问题，因此危机再起。2006年9月朝鲜进行核试验，从而将朝核问题推到极其危险的境地，解决该问题的任务将是长期、复杂的过程。另外，对我国影响较大的另一热点问题是印度与巴基斯坦的严重对立。两国关系曾有一定程度的改善，但仍未能根本解决已存在的对立。但总的看来，我国周边安全环境趋于和平与稳定。

（二）相对稳定的安全环境中存在着不安全因素

我国的安全环境存在着两重性：一是相对和平稳定的安全环境不断得到巩固和发展；二是我国仍面临着一些不安全因素和潜在的威胁。

1. 西方军事强国对我国安全环境影响深远

在世界军事强国中，美国对我国安全环境的影响尤甚。美国与我国虽远隔重洋，但对我国安全的影响却无处不在。在各大国与我国关系向前发展的同时，在以美国为首的西方世界仍然有一股企图遏制中国的逆流，顽固地坚持冷战思维，不愿意正视我国政治、经济的发展以及在国际社会中的积极作用。散布所谓的“中国威胁论”，以“人权”为幌子，干预中国的内政，继续坚持对台军售，阻挠中国统一大业。美国对华政策的两面性，是我国安全环境的不稳定的主要因素之一。

2. 周边“热点”地区仍有发生情况突变的可能

我国周边“热点”地区之一的朝鲜半岛，由于在核问题的立场与国际社会相差甚远，多方谈判举步维艰，军事对峙的僵局很难打破。朝鲜半岛发生战争的可能性不能排除。一旦这种情况发生，必将对我国安全造成影响。

印度与巴基斯坦的对立一天不解决，我国这一边境地区的安全隐患就无法排除。由于历史原因，印、巴两国既存在民族怨恨，又存在宗教纠纷，还存在着领土争端，在短时间内难于得到解决。多年来，印、巴军事摩擦时有发生。印度作为地区大国，1996 年拒绝在《全面禁止核武器条约》上签字，并以“中国威胁论”为借口，大力发展核武器，积极谋求世界核大国地位。印、巴核军事装备竞赛的升级和对立的加剧，对我国的安全环境产生了不利影响。印、巴双方陈兵于边境，相互对峙，克什米尔地区是印度和巴基斯坦争夺的焦点，如果战争爆发，必然会对我国边境安全构成较大威胁。另外，伊朗核问题、伊拉克战争造成的地区安全问题等也不可避免对我国安全环境带来影响。

3. 边界和海洋权益争端尚存

我国坚持在“和平共处五项原则”的基础上愿与一切国家发展友好关系，特别注重发展与邻国的睦邻友好关系。但也必须看到，我国与邻国的边境争议和关于海洋权益的争议情况复杂，解决起来难度很大，这些争议始终是可能影响到我国边境和领海安全的不稳定因素。在这些争议中，陆地边界问题的争议，尤以中、印边界争议较为突出。关于海洋权益的争议则更为复杂。我国与朝鲜、韩国之间关于黄海、东海大陆架划分，与日本之间关于东海大陆架划分和钓鱼岛的归属问题，都存在着争议。中国的南海处于岛屿被侵占、海域被分割、资源被掠夺的严重局面。我国南沙群岛的海面岛礁几乎被瓜分殆尽。关于南沙群岛的争议，短期难以解决。如果处理不当，还有可能引起国际争端或诱发局部战争。

第四章　信息化战争

信息化战争是一种战争形态，是指在信息时代核威慑条件下，交战双方以信息化军队为主要作战力量，以信息化武器装备为主要作战工具，以信息战为主导，在陆、海、空、天、电等全维空间展开的多军兵种一体化的战争。从海湾战争、科索沃战争、阿富汗战争和伊拉克战争中我们可以清楚地看出，战争形态正由机械化战争向信息化战争转变。研究信息化战争，揭示其特点和规律，探索打赢信息化战争的主要手段和作战方法，对于积极推进中国特色军事变革，加速军队信息化建设等都具有十分重要的意义。

第一节　信息化战争的基本特征

信息化战争是一种新型战争形态，既不同于农业时代的冷兵器战争形态，也不同于工业时代的热兵器战争形态，它属于知识经济、信息时代的高技术战争形态。当前世界范围内正在进行的新军事变革，其实质就是要把工业时代的机械化军事形态改造成信息时代的信息化军事形态。信息化战争作为21世纪新的主要战争形态，除了包括信息战之外，还包括精确战、网络中心战、特种战、太空战等作战样式。与其他战争形态相比，信息化战争具有以下基本特征。

一、战场空间多维化

随着人类认知领域的不断扩展，战场空间也在不断扩大。信息化战争与机械化战争相比，其战场空间已由地面、海洋和空中向外层空间、网络空间及心理空间等领域扩展，使信息化战争的战场空间呈现出多维化的特征。

1. 外层空间

在信息化战争中，战场监控、信息传输、导航定位、精确制导等，主要依赖外层空间的卫星来支持，这已经被近几场局部战争证明。科索沃战争和阿富汗战争中，美军及其盟国的军事情报70%～90%是由太空侦察系统获得的。伊拉克战争中，美军为了夺取信息优势，在600~800km的外层空间，部署了多达116颗各类卫星。在未来信息化战争中，太空所具备的独特的优越性将得到进一步扩展和强化。没有制天权，就不可能掌握制信息权和制空权，也就没有制海权和制陆权。可以说，谁控制了太空，谁就掌握了战争的制胜权。

2. 电磁空间

电磁战场被称作继陆、海、空、天之后的“第五维战场”，是信息化战争的重要作战空间。在信息化战争中，电子目标星罗棋布，无论是电台、雷达、通信卫星等各种电子装备，还是地面开进的坦克、海上游弋的舰艇、空间格斗的战机等各种作战兵器，它们都能成为电磁波的发射源，使各种电磁波纵横交错，在广阔的空间中形成密集的电磁频谱网，确保了对各军兵种部队的指挥控制。信息化战争中电磁空间的极端重要性，使得敌对双方在电磁空间里的对抗更加激烈。

3. 网络空间

网络空间是人类进入信息社会的必然产物。据介绍，目前全世界已有170多个国家和地区的计算机通过国际互联网络连为一体，形成了一个巨大的遍布全球的网络空间。网络空间的出现，使地理上的距离概念和国家之间的地理分界线变得越来越模糊，也给信息化战争带来了新的作战空间，出现了网络空间战这一种全新的作战样式。在网络空间里，通过计算机病毒、芯片攻击和网络“黑客”入侵等手段，可对以计算机为核心的信息网络实施攻击，达到瘫痪敌指挥控制系统、削弱甚至使敌整个部队丧失战斗力的目的。科索沃战争中，无形的“黑客”曾使美国白宫的网络服务器瘫痪数小时；北约空袭开始后，总部的网站每天都收到来自攻击者的数以万计的电子邮件，严重阻塞了网络线路。

4. 心理空间

从阿富汗战争和伊拉克战争中，我们可以看到，心理空间已经成为信息化战争的一个重要的作战空间。阿富汗战争中，美军向阿边境快速部署了空军第193特种作战联队和陆军第4心理战大队等专业心理战部队，采取各种手段开展强大的心理攻势。伊拉克战争中，战前美军心理战专家专门分析了伊拉克甚至阿拉伯世界的意识形态和文化特点，将各军兵种所属的多支富有实战经验的心理战部队，部署到伊拉克周边地区，对伊军民实施广泛的心理战行动，专门设立了“倒萨广播电台”，并以各种手段向伊境内散发“倒萨”宣传品，极力宣扬美军的强大武力，企图以强大的心理攻势瓦解伊军民的抵抗信心和士气。与此同时，伊拉克也竭尽所能地进行了反心理战，主动与联合国配合进行核查，以争取国际舆论的支持；进行全民动员，激励士气，号召全国军民抵抗侵略；针对联军担心大规模的人员伤亡，大肆宣扬要与美军进行巷战，使巴格达成为美军的坟墓等，从心理上对美军士兵施压。

二、作战体系一体化

信息化战争是体系与体系的对抗。交战双方为了赢得战争的胜利，必须调动一切积极因素，充分发挥各自系统的最大整体作战能力，这就使一体化成为信息化战争的一个重要特征。

1. 作战力量一体化

信息化战争中，通过信息网络和信息技术，可以将处于不同空间位置的各种作战能力联结成为一个有机的整体，形成一体化作战力量。主要表现为：一是武器装备体系的一体化。通过指挥自动化系统可实现从传感器到射手之间、各武器系统之间、各作战部队之间的信息流动，使武器装备在横向联结成为统一的有机整体，大幅度地提高武器装备系统的整体效能。二是诸兵种合成一体化。在各军种内部，不断提高部队的合成程度，使作战部队、作战支援部队、勤务保障部队紧密合成为统一的有机整体，提高作战系统的整体作战能力。三是诸军种联合一体化。在各军兵种之间，通过建立一体化信息网络和联合指挥机制．铲平各军种相互独立的“烟囱”，实现诸军种作战力量一体化。

2. 作战行动一体化

信息化战争中自动化指军系统的广泛应用，使军兵种部队作战行动的一体化程度大幅跃升。空中、地面、海上作战行动的配合更加紧密，各种作战力量的传统分工趋于模糊，攻击战术目标，有时要动用战略手段；打击战略目标，有时仅需要战术力量；进攻和防御界线趋于模糊，在加强对敌人进攻作战的同时，十分重视对己方作战力量的防护，攻防节奏转换很快；软打击和硬摧毁融为一体，软打击是实施硬摧毁的重要保障，硬摧毁必须在软打击行动的支持下才能顺利实施。这些变化说明，单一军种的独立作战正在逐渐消失，空地一体、海空一体、陆海空天一体的多军兵种联合作战已成为作战的基本样式，信息化战争已经呈现出十分鲜明的一体化特征。

3. 作战指挥一体化

信息化战争中，集指挥、控制、通信、计算机、情报、侦察和监视于一体的 C^4ISR 系统，为作战指挥提供了准确的战场情报、快速的通信联络、科学的辅助决策、实时的反馈监控，从而使树状的指挥体制将逐渐被扁平网络化的指挥体制代替，使作战指挥实现了一体化。

4. 综合保障一体化

信息化条件下作战对综合保障的要求越来越高，作战保障、后勤保障、装备保障、政治工作保障必须联合进行才能进一步提高部队的联合作战能力。在机械化战争中，各种保障行动是相对独立的，保障效能较低。为了适应信息化战争的联合作战要求，各军兵种后勤和装备保障，必须统一组织，统一计划，统一行动，只有实行联合一体化保障，才能发挥后勤和装备保障的整体效能。

三、侦察、打击和保障精确化

1. 侦察、定位与控制精确化

精确侦察、定位与控制是实现精确打击的前提和基础。第一，信息化战争中，大量先进的侦察、监视、预警等探测系统，可对目标实施全天候、全时辰的侦察监视，从不同侧面反映目标的特征，并对获取的信息进行相互印证，从而得到全面、准确的战场情报。第二，通过建立精确的大地坐标系、建立地形数据库和目标特征数据库等各项技术，使用

GPS 等天基导航定位系统，使全球精确定位变成了现实。第三，在 C^4ISR 系统的支持下，作战指挥与控制实现了互联、互通、互操作，指挥员可以直接对一线作战部队甚至作战兵器进行有效的指挥、控制和协调，使指挥控制更加精确化。

2. 打击精确化

精确打击是信息化战争精确化的核心内容，它是在利用先进的技术手段对目标实施精确侦察与定位的基础上，通过运用先进的武器装备来提高命中精度，达到预定的作战效果。从理论上讲，武器的命中精确提高一倍，其对目标的毁伤力可达到原来的四倍。科索沃战争中，北约始终把精确制导武器作为主导型武器使用，大量使用防区外发射的精确制导弹药或巡航导弹实施远距离空袭作战，对预定目标实施全纵深精确打击和重点打击，使精确打击成为作战的主导方式。

3. 保障精确化

所谓精确保障，就是充分运用以信息技术为核心的高技术手段，在精确预测后勤需求和随时掌握需求变化的前提下，精细而准确地筹划和运用保障力量，在准确的时间、地点为部队提供准确的数量、质量的后勤保障。比如，美军后勤各业务领域普遍建立了信息管理系统，如“全军资产可视系统”“物资在运可视系统”“新型战场分发系统”等，为精确保障提供了重要前提。

四、指挥决策、行动快速化

从科索沃战争、阿富汗战争和伊拉克战争我们可以看出，未来信息化战争的作战速度快，作战节奏转换迅速，作战行动的持续时间甚至整个战争的持续显得越来越短暂，使信息化战争呈现出快速性的特征。

1. 指挥决策快

在信息化战争中，信息技术广泛运用于战场，使侦察监测设备和信息快速传输网络联为一体，实现了信息的实时获取、实时传输、实时处理，使得信息流动速度空前加快，尽管基本作战指挥程序和信息流程没有发生根本变化，但发现目标、进行决策、下达指令、部队行动等环节几乎可以同步进行。

2. 作战行动快

伊拉克战争中，美第 3 机械化师高速挺进，不与伊南部的伊军部队纠缠，开战仅 5d，就长驱直入 400km，直逼巴格达，创造了日行 170km 的开进速度，这等于海湾战争时期美军开进速度的 3 倍，创造了战争史上大纵深突击的新纪录。另外，信息化战争中，各种信息化武器具有快速的打击能力，使得作战行动的速度加快，时效性明显提高。如美国的“宝石路”激光制导炸弹从发射到击中目标仅为 30 ~ 40s；空空导弹只有 3 ~ 4s；先进的防空系统发现目标后几秒钟即可截击目标。

五、武器装备信息化

工业时代的战争，以机械化武器装备为物质基础；信息时代的战争，则是以信息化武器装备系统为物质基础。信息化的武器装备系统，是以计算机技术为核心、以信息技术为基础的一体化的武器装备系统。信息和能量相结合控制能量的释放空间，形成精确化的信息武器系统，不仅具有信息获取的、传递和处理的功能，而且具有信息压制和打击的功能。如硬杀伤型信息武器，主要是指精确制导武器和种信息化作战平台，它们集侦察、干扰、欺骗和打击为一体，既可实施战场探场，也可实施精确打击，还可实施信息攻防作战。如美国的RQ—1“捕食者”无人机，不仅可以实施侦察、传输，还可实施定位打击。

第二节 信息化战争的基本作战样式

任何战争形态都有其特定的作战样式。不同的战争形态，有不同的作战样式。信息化战争较为重要和典型的作战样式有精确战、网络战、电子战、情报战和心理战等。

一、精确战

精确打击战，简称精确战，是指依靠信息优势的支持，运用精确制导武器系统，对敌人实施精确打击的一种作战样式。精确战的出现是日益成熟的信息技术应用于武器装备的必然结果，是武器信息化和战场透明化综合作用的产物，更是信息时代的必然要求。

（一）精确战的几个关键环节

1. 精确侦察

精确侦察是实施精确战的前提条件，没有精确侦察就无从谈起精确战，军事高技术的发展正在使战场上“精确”地获取信息成为可能。在战争中，多种侦察手段并用，全方位、全天候、全时辰、全频谱的精确侦察，可以确保指挥员迅速、准确、全面地掌握战场情况，并且为武器控制系统获取精确的目标信息提供重要的保证。

2. 实时传递

战场信息及时、准确地传输给所需的部队和所需的武器装备，是实施精确战的又一个重要方面。在1995年波黑维和行动中，以美国为首的北约建立起了更为迅速可靠的实时数据传输系统。该系统首先通过无人侦察机获取波黑前线的地面目标信息，然后将数据直接通过中继卫星发送到设在匈牙利的无人机地面控制站；经地面控制站初步处理后再通过中继卫星传输到设在英国的英格兰联合分析中心；分析处理后，再经中继卫星传至美国本上的五角大楼，形成攻击指令，然后，通过中继卫星传送给正在前线空中待命的战斗机飞行员。整个信息处理与传输过程只需要大约1s就可完成，基本做到了战场信息的实时化处理与传递。

3. 精确定位

由于战场上的作战目标种类繁多，性质各异，因此对目标进行精确定位显得十分复杂和尤为重要。定位涉及侦察、监视、预警、探测、建立精确的大地坐标系、建立地形数据库和目标特征数据库等许多方面。以战场监视和预警系统为例，各国建立了众多的战场监视系统，其目的都在于精确地确定战场上各类目标的位置。

4. 精确控制

精确控制是精确战的重要保证。没有精确、高效的指挥控制，就不会有精确战。精确控制主要是通过指挥自动化系统来实现的，指挥自动化系统与武器系统是密切相关、有机联系的统一整体，它不仅是单项武器系统的“战斗力倍增器”，而且是确保精确战的重要物质基础。离开了精确的指挥控制，任何先进的武器系统也不能发挥个体作战能力，更不能发挥总体作战威力。当前各国都特别注重加强指挥自动化系统的建设，研制出了多种精确控制系统，或用于部队指挥，或用于武器控制。

5. 精确打击

精确打击是精确战的目的与核心。海湾战争使人们看到了精确制导武器作为战场主攻火力的美妙前景。而提高武器命中精度的关键是以信息技术为核心的精确制导技术。精确制导技术集各种高新技术之大成，分为自主制导、遥控制导、寻的制导、复合制导四大类。随着信息技术的发展，精确制导武器正在朝着高精度、智能化、远射程、隐身化、高速化、通用化的方向继续发展，将使未来精确战植根于更加扎实的物质基础之中。

6. 精确评估

精确评估打击效果是精确战的又一重要方面。它是精确侦察和精确定位的综合应用。没有准确可靠的目标毁伤信息，就不能及时判断攻击效果，精确战也就不可能顺利地进行下去。1991 年海湾战争期间，多国部队对伊拉克的空袭作战中仍然出现了这种情况，使得多国部队白白地浪费了大量的弹药和兵力兵器资源。从美军战后的总结报告来看，这也是当时影响精确制导武器发挥更大威力的一个重要制约因素。精确评估作为精确战的重要一环，将成为精确战顺利、成功实施的重要保证。

（二）精确战的主要打击兵器及特点

1. 精确战的主要打击兵器

精确制导武器作为精确战的打击兵器，其质量优劣、配系整缺和数量多寡，已成为衡量一支军队质量建设水平高低和战斗力强弱的最主要标志之一。精确制导武器目前已基本覆盖了整个火力打击武器系统，主要包括：高精度导弹（巡航导弹、空地导弹、防空导弹、空空导弹、反坦克导弹、反舰导弹、地地弹道导弹、反辐射导弹、反潜导弹等）、制导炮弹、航空制导炸弹、制导鱼雷、制导地雷、制导水雷等。不难看出，全部硬杀伤型武器系统都正在日益精确化、信息化、智能化。

2. 精确战的主要特点

（1）精确战可以直接摧毁敌人重心。

在精确战中、一旦发现了敌人的战争重心，就完全可以对其实施“点穴式”的精确攻击，摧毁敌方作战体系赖以生存的基础，从而彻底瘫痪敌人。精确战往往选择敌指挥自动化系统特别是指挥中枢、后勤保障系统、信息武器系统及其保障设施等“要穴”，实施以点制面，攻其一点，波及其余，以造成敌方战争大系统运行失调，力量结构失衡，整体运转失灵，最终彻底瘫痪敌方整个作战体系。

（2）精确战的作战节奏将明显加快。

高度机动灵活的硬杀伤型信息武器系统和一体化指挥自动化系统，可以保证作战部队以更快的速度做出反应，使“查明情况—定下决心—采取行动”的作战周期大大缩短，作战节奏明显加快。

（3）精确战使战场生存问题变得至关重要。

在精确战中，交战双方将更加强调质量优势，主要使用精确制导武器等实施精确打击。火力射程远，精度高，使得战场空间相对缩小，双方战场全纵深所有的目标都可能同时遭到对方的精确火力打击，目标一旦被发现就意味着可能被摧毁。精确战的威胁日益突出，使战场目标的生存问题成为信息战争必须解决的一个重要课题。

（三）精确战的基本行动

精确战作为信息战争的基本作战样式，将与其他作战样式一起在高度集中统一的指挥控制之下，共同瘫痪、摧毁敌人战略、战役指挥自动化系统与战争基础，共同歼灭敌战场作战有生力量。在对敌系统的打击中，精确战更加需要与电子战和网络战的密切配合及联合行动。

1. 瘫痪、摧毁敌人战略战役指挥自动化系统和战争基础

在精确战中，主要是：利用空基、海基、陆基和天基硬杀伤型信息武器，攻击敌人的卫星系统、破坏敌人各级指挥控制系统、破坏敌人战争潜力；利用反辐射武器和搭载电磁脉冲弹的导弹或无人驾驶飞行器，攻击敌人防空雷达网和预警指挥系统；利用精确制导武器和电磁脉冲武器攻击敌人通信系统等已成为必然。

2. 歼灭敌战场有生力量

精确作战主要是瘫痪、摧毁敌人战略战役指挥自动化系统和战争基础，然而当摧毁敌人国家战争系统后，若仍未能达成战争目的，则需要进一步歼灭敌人有生力量，包括歼灭敌后勤支援、保障力量等。

二、网络战

网络战是一种全新作战样式。它的出现是信息化战争的一个根本性标志，在信息化战争中处于特殊的地位，发挥着特殊的作用。

（一）网络战的内涵

网络战是以计算机和计算机网络为主要目标，以先进信息技术为基本手段，在整个计算机网络空间上各类信息攻防作战的总称。成功地实施网络战，可以使军队的作战能力倍增。同时，网络战还是国家及社会集团间信息冲突的主要内容，涉及政治、经济、文化、外交等领域。

网络战的基本特征是：以计算机网络空间为战场，以计算机为主要武器，以知识化的程序代码为弹药，以具有计算机攻防能力的人才组成作战部（分）队，以夺取和保持网络

信息优势，进而夺取和保持网络制信息权，为政治、经济、军事、外交等战略、战役、战术行动服务。

网络战是在特定的时代背景和技术条件下出现的一种全新的作战样式。与其他作战样式相比，具有作战力量的广泛性、作战手段的知识性、作战空间的广阔性、作战时间的连续性、作战过程的突变性等突出特点。

（二）网络进攻

计算机网络进攻是实施计算机网络战的重要组成部分，是为夺取制网络权乃至制信息权而采取的主动性进攻行动。它是计算机网络战中斗争最为激烈的阶段。

1. 在目标系统中植入病毒

计算机病毒是一种对计算机信息系统产生毁灭性破坏的软杀伤武器，能对计算机信息系统的正常工作造成不可估量的危害。计算机病毒是人为编制的一种程序，之所以称为病毒，是因为这种程序可像自然界生病毒一样使其他计算机程序受到感染，并且在计算机系统和网络中繁殖、潜伏和扩散，从而使整个计算机系统和网络瘫痪。

当前，计算机及其网络已经成为国家重要信息基础设施、各种军用电子信息系统和高技术武器系统的主要组成部分，利用计算机病毒武器对敌计算机网络系统实施攻击能起到事半功倍的效果。

（1）战略网络战的主战场是互联网，可以利用其网络开放与互联的特点从薄弱环节将病毒注入敌方的网络中，破坏敌方的重要信息基础设施，削弱敌方的战争潜力。比如，将传送的邮件装上病毒，打开邮件就自然侵入计算机。

（2）战场网络战的主战场是相对封闭的战场局域网。一般来讲，战场局域网和互联网设有物理连接，难以通过普通的方法将病毒注入对方的网络中，必须在战前将病毒预置到对方的网络中，战时根据需要将其激活。如海湾战争前，美军发现伊拉克从法国购买一批计算机准备通过约旦进入巴格达，美军令其特工将计算机芯片注入病毒，战争中给予激活，病毒发作，造成指挥失灵；或者战时采用特种作战方式注入；或者在技术上实现无线注入的方式将病毒植入敌方网络中。

2. 使敌服务器拒绝服务

“拒绝服务”攻击是通过使被攻击的服务器崩溃或使其不胜负荷来阻止其提供正常服务的攻击行动。拒绝服务攻击行动主要是利用通信协议、操作系统、应用软件等存在的漏洞或者是系统资源和网络带宽等存在的限制，使服务器的服务中断或忙于一些无意义的请求，而使合法用户的正常请求无法得到响应。包括向目标主机发送一些非法的数据或数据包，使得目标主机在接收到数据或数据包之后，无法按常规正常处理，导致系统崩溃，而必须通过重新启动才能恢复正常。包括攻击者向目标主机发送大量信息，超出了目标系统或网络的处理能力，使得系统因资源不足而无法响应合法用户的请求。

3. 破解目标系统的口令

口令是验证用户身份和实施访问控制的重要防线，一旦将敌方目标系统的口令破解成功，就能够以合法用户的身份进入目标网络系统，随心所欲地获取、破坏和篡改敌方的信息，直至完全控制敌方系统。

破解口令就是不停地采用可能的字符串进行试探，直到试出正确的口令为止。随着技术的不断发展，破解口令逐渐演变成三种形式：在线破解、在线窃听以及本地破解。

在线破解主要是指在无法获取被攻击方口令存储文件的前提下对一个活动的系统进行重复的口令尝试。目前很多猜测电子邮箱密码的工具、猜测 Windows 共享资源密码的工具都可用于这类行动。

在线窃听主要是指在一个网络中设置一个置于混杂模式的网络设备，一般是一台被控制的、将网卡设置为混杂模式的计算机，对网络中所有传输的数据进行复制，并且进行解码分析，发现其中与认证相关的内容，从而发现并破解通过明文或者简单加密的密码。

本地破解主要是指在获得敌方网络系统经过加密处理的口令文件或口令存储文件后，在自己喜欢的平台上采用最熟悉的工具对这些文件进行破解，从而获取口令。

4. 劫持敌方的会话

劫持会话是一种综合运用嗅探以及欺骗技术的攻击行动。广义上讲，劫持会话就是在一次正常的通信过程中，实施攻击者作为第三方参与到其中；或者是在数据流里注入额外的信息；或者是将双方的通信模式暗中改变。

5. 破坏敌方信息

破坏敌方信息是在成功进入敌方网络系统后，对敌方系统内存储的信息实施的破坏行动。主要表现是：一是对重要服务器上存储信息的复制，获得敌方的重要保密信息；二是更改服务存储器上的信息使敌方信息失真，而无法使用、不敢使用，不能再作为指挥决策的依据；三是还可以通过修改其系统文件使敌方系统无法正常运行；四是篡改一些经常使用的应用程序，使其在运行的时候除了执行正常的操作之外，同时还运行木马程序，在敌人的系统中开个后门，为下次进入该系统留下通道。

（三）计算机网络防御

网络攻击和网络防御是矛与盾的关系。通常情况下，防御是一种被动行为，无法预先知道敌人何时、对我方网络的哪个环节实施攻击，必须实施“全时”“全网”的整体防御。目前，常用防御的手段主要有以下几种：

1. 物理隔离

物理隔离指的是将专用军事网络与互联网等公众网络断开，没有物理上的连接，避免外界从公众网访问专用军事网络，防止敌人用普通的办法入侵或者将病毒释放到我方的专用军事网络中。

2. 设置防火墙

防火墙通常位于内部网络和外部网络之间，它可以监视、控制和更改在内部与外部网络之间的数据。其安全防护作用主要表现为：根据访问控制策略管理进出网络的访问行为，防止不合法的访问行为；对进出防火墙的数据包进行检查，过滤掉外部的非法信息，过滤掉内部的保密信息；对网络攻击进行检测和告警等。

3. 部署入侵检测系统

入侵检测系统通过对入侵行为的过程与特征的判断，及时对入侵事件和入侵过程做出响应。入侵检测系统是防火墙的合理补充，帮助内部网络或主机系统对抗入侵攻击，扩展系统安全管理员的安全管理能力，提高信息安全基础结构的完整性。

4. 检测病毒

利用病毒检测软件，自动地发现或判断计算机文件、内存以及网络中传输的信息是否含有病毒，做到早发现、早报警、早消除。

5. 加密数据

加密数据是确保计算机网络安全的一种重要机制。加密可以防止非法用户查看保密的数据文件，防止保密数据泄露或被篡改，防止特权用户查看私人数据文件。

6. 加强认证

信息的认证是信息安全性的另一个重要方面，认证的目的有两个，一是验证信息发送者的真实身份；二是验证信息的完整性，即验证信息在传送或存储过程中是否被篡改、重放或延迟等。

7. 设立“蜜罐”

“蜜罐”是试图将攻击者从关键系统引诱到无用处的诱骗系统。这些系统充满了看起来很有用的信息，而这些信息实际上是精心设计的“陷阱”。其作用是帮助系统安全管理员检测出攻击者，或者是诱惑攻击者上当受骗、浪费时间，以延缓其对真正目标的攻击。

8. 加强人员对网络的安全管理

人是网络安全管理中的一个非常重要的要素，加强人员管理在维护网络安全中具有至关重要的作用。常用的管理措施主要包括：

（1）提高高层管理人员对网络安全问题的重视程度，将网络安全管理制度化和规范化；

（2）制定完善的网络安全策略和安全评估指标，并将其制度化，严格执行；

（3）加强对网络管理人员与操作人员的网络安全教育，明确制度，提高所有涉网人员的安全意识，杜绝隐患；

（4）建立访问控制策略，限定访问系统的用户，以及限定合法用户对系统资源可进行何种类型的访问，只允许合法用户合法使用计算机系统及资源，而把非法用户和敌人拒之门外；

（5）禁止运行未经授权或检验的程序，减少病毒的入侵概率；

（6）及时修补系统漏洞，阻断网络攻击者攻击网络的切入点；

（7）定期或不定期地进行数据备份，最大限度地减小系统被破坏时的数据损失。

三、电子战

电子战，是指利用电磁能和定向能以控制电磁频谱，为削弱和破坏敌方电子设备的使用效能，同时保护己方电子设备正常发挥效能而采取的措施和行动。电子战主要包括电子侦察、电子进攻和电子防御三部分。涉及的领域主要有通信对抗、雷达对抗、导航对抗、红外对抗、可见光对抗、激光对抗、水声对抗等。其中，通信对抗、雷达对抗、导航对抗等又称为射频对抗；红外对抗、可见光对抗、激光对抗等又称为光电对抗；水声对抗主要指舰船的声呐对抗。

（一）电子战的作战目标

电子战在两次世界大战期间主要用于战斗保障，主要是通信对抗、雷达对抗和导航对抗；第二次世界大战后期到20世纪60年代，电子作战装备和作战理论都有了更大的发展，基本形成电子侦察、电子进攻和电子防御格局，但电子作战仍限于无线电频谱范围，仍被视为作战保障行动。然而，在现代战争中，电子作战已被视为军队战斗力的重要组成部分，已从侦察监视和自卫等作战保障行动，转向作为一种用电子软杀伤型武器和电子硬杀伤型武器为主要武器的作战样式运用于战场。电子作战已经覆盖无线电波和光波频谱，从作战保障行动发展为作战样式。其主要作战目标集中体现以下几个方面：

1. 获取军事情报

通过电子侦察获取军事情报，是电子战的一个重要作战目标，主要包括两个方面：一是通过侦听、截获、破译通信信号，直接获取军事情报，用于指导作战，从而以最小的代价迅速达成作战目的。二是通过截获敌方的电磁辐射，以获得敌方电磁辐射源的类型、数量、位置、战术与技术参数等情报。然后，经过认真分析、综合，为己方发展电子作战装备和电子作战理论以及战时实施有效电子进攻和电子防御等军事行动提供可靠的依据。

2. 削弱敌方各种高技术兵器的作战效能

随着高新技术的发展，现代战争所投入的武器装备越来越现代化和高技术化。而武器装备的现代化和高技术化程度主要取决于其信息设备。信息设备越先进，相应的武器装备现代化程度越高，否则就比较低。可以说，无论先进的飞机、坦克、军舰还是精确制导武器等，各种高技术兵器日趋信息化，离不开先进的信息技术，离不开信息控制。只有掌握制信息权，这些高技术兵器才能充分发挥作用；否则，即使数量再多，也难以发挥作用。因此，现代战争交战双方总是运用各种电子战手段，夺取制电磁权，进而夺取制信息权，以削弱敌方各种高技术兵器的作战效能，甚至使其完全失效。

3. 削弱或瘫痪敌方指挥自动化系统

现代战争中，指挥自动化系统已广泛渗透到侦察、监视、预警导航、识别、评估、指挥、控制、通信等每一种军事行动和每一个战斗单位中，已成为现代战争作战系统的中枢神经和“千里眼顺风耳”。而指挥自动化系统上述任何功能的实现都离不开信息技术和信息控制。所以，现代战争交战双方围绕指挥自动化系统的制信息权斗争表现得非常激烈。双方都采用各种电子战手段，夺取制电磁权和制信息权，以削弱或瘫痪对方的指挥自动化系统，使对方的侦察预警系统失灵，通信联络中断，指挥协同混乱，进而牢牢控制战场的主动权。

4. 击毁敌军事卫星

随着空间技术的不断发展，空间军事能力进一步提高，大气层外层空间必将成为信息化战争角逐的场所。加之外层空间能提供十分巨大的指挥控制能力，所以电子战势必首先登上信息化战争中战争角逐的最高场所。众所周知，军事卫星的发展只有短短 40 多年的历史，但已成为一种强有力的军事技术装备。可以说，任何重大军事行动都离不开空间军事卫星的有力支援，而任何重大军事行动也都很难躲开侦察卫星的视线。控制空间的重要性和迫切性，使空间技术和空间武器成为军事和科技大国竞相发展的重点。

5. 保证己方高技术兵器和指挥自动化系统免遭敌方电子作战的影响

现代战争中，交战双方在干扰或破坏敌方信息装备，进而削弱或瘫痪敌方各种高技术兵器和指挥自动化系统作战效能的同时，积极采用各种反侦察、抗干扰、防摧毁的措施和办法，保证己方的重要电子设备、光电系统等信息装备在敌电子进攻的条件下仍能正常工作，保证己方的各种高技兵器和指挥自动化系统免遭敌方电子作战的影响。这种行动统为电子防御，它是现代战争电子作战的一个很重要组成部分。

（二）电子战的主要内容

1. 电子侦察

电子侦察是利用专门的电子设备或装备对敌电磁辐射信号的技术参数特征进行的侦察。电磁（声）信号发送出去以后，己方可以使用相应的接收设备通过返回信号获取所需信息；敌方也可使用相应设备不露痕迹地搜索、截获、分析这些电磁（声）信号，以获取辐射源设备的技术参数、位置、类型、用途等情报，对于敌方所采取的这种电子技术措施和行动，人们称作电子战侦察。

电子战侦察，是电子侦察的重要内容。电子侦察所截收的可以是己方的电磁辐射反射信号（通信信号除外），以发现和跟踪敌方目标，也可以是敌方的电磁辐射信号，以发现和监控敌方辐射源平台；它可以侦察电磁辐射信号的技术参数特征，也可以侦察电磁辐射信号所包含的内容。

电子战侦察根据任务和用途的不同，可分为电子战情报侦察和电子战支援侦察。

电子战情报侦察，是在平时或战前，通过长期监视或定期核查来截获对方的电磁辐射信号，测定其技术参数，全面收集和记录数据及其他情报，认真进行综合分析、弄清对方辐射源的有关技术参数和技术特点、状态、地理位置、用途、能力、威胁程度、薄弱环节及由其保障的指挥控制系统或武器系统的部署变动情况和战略战术意图等，为战时实施电子战支援提供信息，为己方有针对性地使用和发展电子战装备，制定军事作战计划提供依据。

电子战支援侦察，是根据电子战情报侦察所提供的情报在战时进行实时侦察，尤其是对特定的威胁信号进行实时侦察，并迅速判明敌方辐射源的类型、工作状态、位置、威胁程度和使用状态，为及时实施规避、电子干扰、电子反干扰、引导和控制摧毁性武器等提供情报。

2. 电子进攻

电子进攻是指利用电磁能、定向能和反辐射武器攻击敌方的人员、设施和装备来破坏敌方的作战能力。主要包括电子干扰、定向能攻击和反辐射攻击。

（1）电子干扰。

电子干扰，是电子战主要的进攻性手段。它是根据电子战侦察获得的准确情报，利用电子干扰设备和器材，通过发射电磁波或反射、吸收敌方电子设备辐射的电磁波，对敌方电子设备进行干扰压制或欺骗，以削弱或阻碍敌方电子设备效能的正常发挥。例如：1968年苏军侵略捷克时，为了隐蔽其空中行动，对西德、奥地利方向实施了大规模的、强烈的电子干扰，使北约集团监视空中的雷达荧光屏上呈现一片“白雾”。整个入侵过程中，始终没有发现苏军空降兵的任何行动。

电子干扰根据它对敌方电子设备或系统的作用性质的不同，分为压制性干扰和欺骗性干扰；根据干扰形成方法的不同分为有源干扰和无源干扰。

电子干扰按干扰在作战中的使用方式可分为自卫式干扰和支援式干扰。自卫式干扰是飞机、舰艇、坦克、导弹等目标自身携带干扰设备和干扰器材，在必要的时候，施放干扰掩护目标自身，提高自身的生存能力。

支援式干扰通常是由专用的运载平台，如电子战飞机，携带雷达和通信干扰设备和干扰器材，在适当的时候，对敌方雷达和通信进行干扰，掩护己方部队的作战行动，保障作战兵力、兵器的安全。支援式干扰又可分为远距离支援干扰、近距离支援干扰和随队支援干扰等干扰方式。

电子干扰按照被干扰对象的不同来区分，又可分为雷达干扰、无线电通信干扰、制导干扰、引信干扰、敌我识别干扰、光电子扰、水声干扰等。

电子干扰是一种软杀伤手段。它主要通过电磁波的作用来扰乱和破坏敌方电子设备的正常效能发挥，并不是实体摧毁敌方的电子系统。敌方在受到干扰时，还会采取各种反干扰措施。因此，电子干扰的效果不但取决于所采用的各种干扰手段的技术特性和战术使用方法，还取决于敌方电子系统所采用的反干扰措施。

（2）定向能攻击。

定向能攻击，是利用定向能武器攻击敌方的人员和设施。所谓定向能武器，就是指利用能量高度集中的电磁能、原子和亚原子粒子束杀伤敌方人员和设施的装备。如激光武器、高功率微波武器、粒子束武器等。其中，激光武器利用高度集中的能量（激光束），可直接杀伤敌方的人员，还可烧毁敌方的各种设施和武器，如利用激光攻击卫星、利用激光拦截导弹和飞机等。如美军曾在一次模拟演习中，用激光在172s内击毁15枚导弹。

（3）反辐射攻击。

反辐射攻击，是利用反辐射武器跟踪敌方的辐射源，利用敌方的辐射信号作为制导信号，引导反辐射武器最终摧毁辐射源。如美国1964年装备的“百舌鸟”“标准”和20世纪80年代装备的哈姆高速反辐射导弹。关于反辐射武器主要有两类：一类是反辐射导弹，另一类是反辐射无人机。它们都是依靠对敌方辐射源的探测、定位、识别和跟踪来摧毁敌方的辐射源。反辐射攻击主要用于对敌方各种威胁性较大的雷达系统实施攻击。

3. 电子防御

电子防御是指采取被动或主动的方法来防止己方的人员、设施和装备被己方或敌方的电子战行动所扰乱，造成作战能力的削弱或破坏。电子防御是一种防守和保护的行动，是相对于进攻而言的，没有进攻也就失去了防护的意义。

敌方电子战的影响是显然的，对其进行电子防御的观念早已深入人心；但与此同时，还要注意对己方的电磁辐射的防护。电子干扰信号发射出去以后，它是分不清敌我的，只要条件适合，一律予以干扰，这一点有别于一般意义上的进攻行动。对己方电磁辐射的防护，一般在专业上界定为电磁兼容，属于战场电磁频谱管理的范畴。

电子防御是电子战的防御行动，可以是被动的防护行为，也可以是主动的攻击行动。被动的防护行为包括采取反侦察和反干扰技术措施、对电子设施进行电磁屏蔽保护和加固防护工事等；主动的防护行为包括摧毁敌方的干扰源、对敌方的电子战侦察设备进行干扰压制等，贯彻积极防御的精神。

电子防御，不光要对电子设备和系统进行防护，还要防止作战人员被双方的电子战行动扰乱。人，始终是军事斗争中最积极、最活跃的因素。他本身就是一个智能化的信息系统，电子战也是通过对电子设备的影响，最终达成对人的认识系统的影响。各种作战人员，尤其是使用电子设备的人员和电子系统操作员，才是电子战的中心目标。比如，在雷达干扰的过程中，目标的回波信号掺杂在干扰信号中，对于训练水平差的人员，就无从判断，而训练有素的操作手，就可以从中区别目标信号和干扰信号，从而使对方的干扰失效。只有训练有素的作战人员，与电子装备的完美结合才能够发挥武器的最大效用，达成电子防御的目标。

四、情报战

在信息化战争中，情报战是一种十分重要的作战样式。因为从本质上来说，信息化战争的核心就是围绕信息的获取权、控制权和使用权的争夺与对抗。而情报作战实质上就是信息获取权的争夺与对抗，因此，它理所当然地成为信息战争的一个十分重要的组成部分。

（一）情报战的含义

情报战是指一个国家或集团为满足战争的需要，采取各种手段，有意识、有目的、有组织地搜集和窃取敌人情报，为其制定战争政策、方略、计划和行动方案提供依据，为作战行动直接提供遂行任务的手段，同时防止对方的类似行动而展开的一种作战样式。

在信息战争中，对抗双方围绕信息获取权的争夺将越来越激烈。但双方争夺的信息并不是一般的信息，而是对其竞争和决策有特定价值的信息。这些有价值的信息实质上就是我们所讲的情报。所以，围绕情报的获取与反获取而展开的情报作战，必然是信息战争中信息争夺的一种重要形式。

（二）情报战进行的方式

与传统的情报战相比，信息化战争中情报战的对抗更加激烈，形式更加多样。

1. 间谍战

信息化战争中，历史上最古老的情报战形式——间谍战，依靠日益先进的技术手段，依然保持着巨大的活力，仍是情报战的重要手段之一。间谍活动中，金钱交易、色情间谍、窃听、偷窃、制造假情报等传统手段得到进一步的应用，仍在发挥着重要作用。但是，各种利用现代科学技术的新型手段也得到十分广泛的应用，从暗杀使用的无声手枪、化学毒剂，到用于窃听、拍照的各种精密仪器设备，无不反映着现代科技的新成果。此外，在情报对抗和情报处理上，也大量使用了各种先进的高科技手段和装备。这些新的间谍战手段和方法的使用，极大地扩展了间谍作战的范围，提高了情报收集的效率，加剧了间谍战的激烈程度。

2. 诡秘窃听

情报战中，窃听与反窃听的对抗不仅变得愈加激烈和广泛，而且更加诡秘和有效。电子信息技术的迅速发展极大地促进了电子窃听的发展。利用微型化的电子元件，窃听器做得越来越小，伪装的方法也越来越巧妙。它既可以装在墙壁、电话、电灯、打火机、沙发、椅子里面，也可以藏在书本、提包、首饰、钢笔、领带、纽扣之中；既可以镶入各种礼品之中，也可以藏进鞋跟、假齿里。随着微电子技术的进一步发展，类似于“苍蝇间谍”那种可以自主飞行的窃听机器人也将大量产生，它可由无线电遥控，对一定范围内的几乎所有目标实施有效的窃听。而在窃听技术迅速发展的同时，相应的反窃听技术也有了长足的发展，各种有效的反窃听手段和工具也相继出现和使用。

3. 地面侦听

地面侦听主要是通过截收和破译对方的无线电信号而获取情报。它主要靠无线电侦察接收机，就像收音机收听电台广播节目一样，只不过其灵敏度比收音机要高得多。地面侦听不仅监视目标距离远，覆盖范围广，而且接收电子信号的灵敏度高，全天候能力强。为了有效地侦听无线电信号，世界许多国家都建立了规模庞大的电子侦听系统，地面侦听站星罗棋布。一些国家的驻外机构甚至也在地面电子侦听活动中扮演着十分重要的角色，它们其实就是直接建立在别国领土腹地的大型“秘密”侦听站。

4. 海中“猎手”

海洋是军事争夺的重要领域，也是情报战的重要场所。目前，海上猎取情报主要有三种方式：派遣情报船、使用间谍潜艇、海底侦听。其中海底侦听要简便得多，只需在海底布设一套监听装置即可，应用十分广泛。这种侦听装置可以测到各种舰船的发动机和螺旋桨的声音并送到地面站。如美国就建有庞大的水下监听系统，其中部署在太平洋的监听系统，从阿拉斯加顶端沿美国西海岸 2 080km 处向南一直延伸到加利福尼亚半岛，对几十万平方千米范围内一切舰船的类型、吨位、航向和速度等都能准确查清。

5. 空中侦察

航空技术的发展不仅为空军和空战的出现奠定了技术基础，也为情报战向空中扩展准备了物质条件。飞机这种新型装备在战争中的首次使用就是执行战场侦察任务。在现代战争中，战术情报的90%都来自空中侦察。有人驾驶侦察机一直是空中侦察的主要工具，并始终是世界各国发展的重点。在有人驾驶侦察机迅速发展的同时，各式各样的遥控无人飞行器也纷纷投入情报战场。它们可装备电视摄像机和照相机，可携带激光指示器和红外热成像设备，可在高空久航，可随时召回，可在敏感地区停留，可穿行于大街小巷。近年来，各国都在想方设法改进和采用新的技术手段，提高空中侦察能力，越来越多的新型

“空中间谍”将在未来情报战场上一显身手。

6. 卫星侦察

1957年10月，苏联把第一颗人造卫星送入太空。这不仅标志着人类跨入了宇宙航行的时代，同时也预示着情报战领域一场革命的开始：情报争夺的战场从地面、空中延伸到外层空间。世界各国发射的卫星已有数千颗，仅美国和苏联两国就发射了3 000颗左右，其中70%是直接或间接从事情报活动的侦察监视卫星。卫星已成为收集战略情报的主要手段。

7. 网络“间谍”

计算机的出现和大量使用是信息技术发展的一个突出成就。在人类从工业社会向信息社会迈进的过程中，作为信息控制、处理和存储的主要手段，计算机正扮演着越来越重要的角色，发挥着越来越重要的作用。当今社会，无论政治、经济、科技活动还是军事活动，都离不开计算机做支撑。然而，正是20世纪这一最辉煌的科技成果，带来了20世纪保密防间工作的最大麻烦，也促使情报战发生了又一场变革，开辟了一个崭新的领域——计算机空间。作为信息处理的主要工具，计算机系统存储着大量系统而完整的情报信息，因此理所当然地成为情报战的主要目标。而计算机系统自身安全的脆弱性，又使针对计算机的情报作战行动很容易得逞。于是在计算机系统特别是计算机网络中，一种全新的情报战就激烈地展开了。

各国情报机关针对计算机系统和网络的情报战主要手段包括：一是利用相应的设备进入敌方计算机系统，偷窃秘密情报。如苏联情报机关就曾打入维也纳国际应用系统分析研究所，利用该所与美国及西欧国家计算机系统的接口设施，成功地窃取了西方国家的大量秘密。二是利用日益扩展的计算机网络，通过非法入侵进行情报活动。三是收买敌方计算机工作人员。这样既可窃取大量的秘密情报，又可以通过在计算机中输入虚假信息，以及在软件中安装只有在特殊情况下才发生作用的秘密指令等手段，进行情报欺骗，其危害不容轻视。

五、心理战

人类战争通常表现为两种形式，一是斗力，二是斗智。斗智则是属于心理战的范畴。从近年来爆发的几场局部战争来看，心理战已经广泛运用于战场，并发挥着巨大的作用。

（一）心理战的概念

心理战是研究如何利用人的心理规律，按照己方的目的，通过有效的信息去影响和改变对方心理的一种行动。心理包括狭义心理和广义心理两种。狭义心理，是指人的感觉、知觉、记忆、思维、情感、性格、能力等的总称。广义心理，是指人的意识或精神，是与物质相对应的一个大概念。这不仅包括人的上述心理因素，还包括人的思想观点、思维方式、价值观念、政治态度等。总之，发生在人们头脑中的一切主观现象都可以称为广义上的心理。

既然心理有广义和狭义之别，那么心理战定义也必将有广义与狭义之分。广义心理战，就是通过宣传和其他信息活动，从精神上瓦解敌方国民及军队的一种手段。狭义心理战，就是利用各种方式、手段和途径对敌进行信息刺激和影响，使其产生紧张、恐惧、惊慌、怀疑、不安、疲惫、厌战、疏忽大意、不知所措、犹豫不决等心理反应，进而或变攻为守，或铤而走险，或消极怠战，或反戈一击，以达成分化瓦解敌人之目的。

心理战，不仅包括对敌人实施心理打击，动摇和瓦解敌方的国民斗志和军心士气，还包括巩固己方的心理防线，激励本国军民的士气，使其始终保持旺盛的斗志和敢打必胜的信心。心理战按内容分，可包括政治心理战、外交心理战、经济心理战、作战心理战、宗教心理战等。

（二）心理战的基本手段

为了达成心理战的目的而采取的方法和措施，统称为心理战手段。随着战争的发展，人们对心理战的重视程度日益加深，许多国家都把心理战作为总体作战的一个重要环节，与军事、政治、经济、外交、情报、文化斗争紧密结合，综合应用。其手段是宣传、恐吓、威胁、欺骗、诱惑、诡诈、收买等。而宣传是最重要的手段，如广播、电视、报刊、传单、书籍、实物赠品、战场书信、战场喊话等。有的国家甚至辅以发动谣言攻势，进行挑拨离间，策划暴动骚乱，从事破坏暗杀等，以动摇瓦解对方的民心士气。归纳起来，心理作战最基本的手段集中表现为宣传、武力威胁和斗智斗谋（即采用谋略），从而形成宣传心理战、武装心理战和谋略心理战。而在信息化战争条件下，新的信息技术也使心理战产生了一些新的作战方法，使心理战跃升为更高智慧层次上的一种斗争形式。拿宣传来说，就有如下新的发展。

第一，传统心理战方法将不断翻新。众所周知，传统的宣传形式主要是传单、喊话、广播和电台，但在信息化战争中的心理战中，这些传统的宣传方法不仅不会被淘汰，反而将焕发出新的活力。比如说传单，传单虽是一种最简单和最常用的宣传方法，但未来战争并不会因为技术的根本性进展而使传单失去存在的价值。在信息化战争中，传单这种传统的宣传手段不仅会继续存在下去，而且会在更快和更新两个方面出现大的发展。所谓更快是指传单的制作将从根本上摆脱以往的制作状态，从信息的收集、处理、编排直至最后完成，整个过程都将完全处于自动化与智能化状态，快中求好、好中求美的特点尤为突出。所谓更新则主要是指传单的面貌新。传单的面貌不仅将会焕然一新，更重要的是，以纸张为信息载体、以文字为信息媒体的传统局面将被打破，信息战争时代心理作战的传单世界里，将大量出现多媒体和光盘等信息技术产品。

第二，电视宣传将是宣传心理战的最佳途径。从技术上讲，随着微电子技术、光电子技术、计算机技术、电视技术（包括先进的个人接收技术）和空间技术的高速发展及其之间的相互融合，未来的电视宣传将具有更强大的生命力。电视技术特别是卫星电视广播技术不仅为正面宣传提供了最强大的技术支持，同时也为宣传心理战提供了最强大的技术支持。在宣传内容制作技术上将不再只局限于采用一般技术、实物和现场拍摄等制作方法，而更多地采用虚拟现实技术。宣传心理战得以利用计算机及相关软件、数字摄影和编辑技术等手段，营造与真实环境没有任何区别的多媒体氛围，通过对敌方国家首脑或决策人物的言行和指挥决策内容的逼真模拟，达到宣传心理作战的目的。如在战争即将发生前或战争进行当中，战争一方的军民会突然在电视中收看到这种“实况转播”：本国的政府首脑正在发布战争演说或命令，然而其内容却完全对本国不利，只会导致战争的失败，甚至是宣布停止战争或投降。其实，这一切可能是敌国通过卫星电视广播进行的一种宣传心理战。这种情形在信息技术高度发达的信息化战争时代是不难实现的。

第三，计算机网络空间将是宣传心理战的新领域。在信息化战争中，传统的宣传技术和方法仍有着充分施展本领的余地，而新的宣传技术和方法更是大有用武之地。在众多新技术中，集信息技术之大成的网络技术更加显得突出和重要。无处不在的信息网络系统将成为心理战的重要战场。包括利用网络系统，窃取对方宣传机密，改变或破坏对方有关宣传的信息和数据库；利用网络系统进行“信息绑架”或“信息讹诈”；利用网络系统和虚拟现实技术实施网络宣传心理战，等将在未来作战中发挥很大的作用，产生重大的心理效应。

第三节　信息化战争的发展趋势

海湾战争使人们看到了信息化战争的萌芽，伊拉克战争向人们展示了信息化战争的雏形，目前战争形态仍正处于一个由机械化战争向信息化战争过渡的转型期，中外一些未来学家和军事专家认为，敌对双方完全使用信息化武器装备所进行的全面信息化战争大约要到本世纪中叶才能到来。从十多年信息化战争发展的大致轨迹来看，未来信息化战争的发展将会呈现出如下一些趋势。

一、拓展战争内涵

（一）战争的主体多元化

传统的战争主要发生在国家和政治集团之间，战争打击的目标主要是对方的军事力量和战争潜力，战争的主体是军队。而在未来信息化战争中，由于信息战和反恐战所具有的特点，战争的主体除了军队之外，还包括恐怖组织、贩毒集团、工商集团、民族组织、宗教组织犯罪团伙等。

（二）战争的目的发生变化

夺取经济资源是战争最重要的目的。在工业时代，因为人力、土地、能源和矿产等资源是经济发展的基础和主导因素，所以战争的目的主要表现为对这些有形物质资源的争夺。进入信息化时代后，知识经济不仅依赖于有形的物质资源，更依赖于无形的知识和信息资源。联合国教科文组织做过调查，各国知识占有量上的差距，已经成为最终导致国与国间竞争力和经济实力差距的主要因素。因此，未来信息化战争的目的将发生变化，将不再主要是明火执仗地攻城略地，赤裸裸地抢占自然资源，而是通过争夺和控制知识与信息资源，包括控制敌对国领导层和民众的精神、意识与价值观，进而控制有形的物质资源，最终维护和发展国家与集团的政治利益和经济利益。

（三）战争的暴力性减弱

传统的战争理论认为："战争是流血的政治"，但未来的信息化战争中，则有可能成为不流血或少流血的政治。在信息化战争中，信息和信息系统既是武器，也是交战双方攻击的主要目标。进攻一方可以不动用大量的军队，不实施传统意义上的大规模火力交战，而只需通过网络攻击、黑客入侵和利用新闻媒介实施的大规模信息心理战等"软"打击的方式，破坏敌方的计算机信息网络，瘫痪敌方指挥系统，瘫痪敌国的经济，制造敌方社会的动乱，把战争意志强加给对方，以不流血的形式换取最大的政治和经济利益。即使在使用各种"硬"摧毁手段的战争中，进攻一方也不再以剥夺敌国的生存权利，或完全夺占敌方的领土等作为最终目标，而是注重影响对手的意志，尽可能地减少战争的伤亡，力争以最小的伤亡代价换取最大的胜利，战争暴力性将会减弱。

（四）战争的层次更加模糊

在未来信息化战争中，战争的战略、战役和战术层次将会逐渐模糊。一方面，战役或战术行动具有战略意义。由于武器装备的作战效能越来越高，精确打击和信息战等作战行动对敌方军事、政治、经济和心理的攻击威力越来越大，因而小规模的作战行动就能有效达成一定的战略目的，一场战斗或一次战役就有可能是一场战争。另一方面，作战行动将主要在战略级展开。信息化战争不再是从战术突破到战役突破再到战略突破，而是战争一开始就把敌方的军事、政治和经济等重要战略目标作为打击对象。战略信息战和超视距非接触式的精确打击，使得战争在全纵深内展开，使战略、战役和战术融为一体。比如，在科索沃战争中，战斗就几乎没有发生过，战争主要是由战略性空中打击构成的。

二、谋取全谱优势

美军在《2020年联合构想》中指出："美军的最高宗旨是达成国家最高指挥当局指定的各项目标。就未来的联合部队而言，实现这一宗旨的途径是掌握全谱优势。所谓'全谱优势'，是指在所有军事行动中美军都能单独地，或与多国及跨机构伙伴协同击败任何对手并控制局势。"

谋取全谱优势，就是要夺取陆、海、空、天、电等各个战场空间里的优势，获得制空、制海和制信息权，其中最重要的是夺取制信息权，谋取信息优势。美国高级军事专家艾略特·科恩在《战争的革命》一书中说道："在未来战争中，对信息的争夺将发挥核心作用．可能会取代以往冲突中对地理位置的争夺。"信息优势具有以下几个方面的含义：一是信息优势是信息化军队的核心能力，只有具备这种能力，才能使军队具有"交互式作战空间态势感知与共享能力"。二是比敌方更全面地掌握战场空间状况，包括敌对双方的态势和企图。三是拥有比敌方更先进的天基信息系统，有阻止敌方利用太空实施威胁的能力。四是有比敌方更强的情报搜集与评估能力、侦察与监视能力、信息传输能力和信息处理能力。五是拥有很强的信息防护能力，能确保传感器、通信和信息处理网络系统不被敌方干扰、破坏和利用。六是有很强的信息进攻能力，能使用"软""硬"手段，影响、干扰、削弱、破坏或摧毁敌方的信息系统。

为了充分发挥信息优势的作用，提高信息的有效性和信息使用的效率，美军正在努力将建造全球网络栅格，力图将信息优势转化为决策优势。美军认为："信息优势只有在其有效地转化为知识优势和决策优势时才能给联合部队带来竞争优势。联合部队必须能够利用转化为知识优势的信息优势来夺取'决策优势'，即在对手做出反应前做出决策并使决策付诸实施，如果是非战斗性行动，就要以快节奏做出决策的落实决策。"

随着科学技术的飞速发展，谋取全谱优势不断被注入新的内涵。如为了确保对太空领域的优势地位，保证网络基础设施不会受到严重破坏，美国拟准备将信息网络中心建在火星之上。再如，纳米技术和生物技术的发展，将会拓展战争的空间，使战争向微型化和生物化方向发展，谋取全谱优势就必须包括谋取在纳米尺度下的微型空间的优势、谋取在生物领域内的优势。

三、实现智能化

信息化发展的高级阶段是智能化阶段，因此信息化战争的发展趋势之一就是实现战争的智能化。这一趋势主要表现在以下三个方面：

（一）作战武器平台的智能化

随着人工智能技术的发展，在未来信息化战争中将会大量使用具有智能化的作战武器平台。如：人工智能制导武器，它具有自主进行敌我识别、自主分析判断和决策能力，可以自动寻找目标并实施攻击；无人驾驶的智能化坦克、飞机和舰船，它们可以在深入危险地区执行攻击任务；智能电子战系统，它可以自动分析并掌握敌方雷达的搜索、截获和跟踪工作程序，发出有关敌方导弹发射的警告信号，并确定出最佳防卫和干扰措施；众多类型不同、功能各异的各种机器人，等等。在阿富汗战争中，无人机已经发挥了重要的作用。特别值得注意的是，目前世界许多发达国家都在制定发展机器人的计划，仅美国正在研制的机器人就有100余种，英国也有30余种。随着纳米技术的发展，军用微型机器人将大量地投放于战场，执行侦察探测、信息传递、破袭敌电子设备和武器系统以及杀伤敌作战人员等任务。

（二）作战指挥手段的智能化

随着计算机技术的发展，未来将会出现神经网络计算机、光计算机、高速超导计算机、生物计算机等新概念计算机，将使人工智能技术迈上新的台阶。未来计算机的功能，将在运算、存储、传递、执行命令的基础上，大大扩展其智能，将会由信息处理转向知识处理，不仅可以代替人的记忆和计算功能，而且可以代替人的思维功能。

（三）作战行动将在智能化领域对抗

在传统的机械化战争中，虽然在智能化领域也存在着敌我对抗活动，如敌我之间的谋略对抗就是一种思维对抗，但这种对抗是间接的，需要用部队真实的作战行动才能表现出来。然而，在未来的信息化战争中，由于信息战的广泛运用，智能化领域将会发生激烈的对抗。知识、信息和思维这些智能化的范畴，既有可能是作战所使用的手段，也有可能是作战所要打击的目标。

四、全面威慑与速决取胜

在未来信息时代，战争指导者为了得到世界民众的支持，不引发民众强烈的反战情绪，不得不对战争的规模和进程实施严格的控制，因而未来信息化战争基本上都是一种局部战争。在这种局部战争中，为了以最小的代价获得所需要的政治、经济和军事利益，就必须高度重视军事威慑的作用，力争采取速决的方法赢得战争的胜利。在这方面，美军在伊拉克战争中所运用的“震慑”与“迅速制敌”作战理论，代表了未来信息化战争的一种发展趋势。

第五章　军事高技术

第一节　军事高技术概述

自 20 世纪 60 年代之后，以高新技术为先导和制高点的科学技术的发展，不仅对整个科学技术的进步和社会经济的发展产生了深远的影响，而且高新技术与军事两大领域相互渗透、相互影响、融为一体的结果，还引发了一场前所未有的新军事革命，导致军事领域发生了许多革命性的变化。为此，我们要大力加强新时期的国防建设，努力提高我国的科学技术水平，尤其是必须占领新世纪的军事科学技术的制高点，创造条件尽快实现军队现代化和国防现代化，不断提高我国高技术条件下的防卫作战能力，确保打赢未来高技术条件下的局部战争。

一、军事高技术的基本概念与分类

军事高技术，又称国防高技术，是国防科学技术的重要组成部分，是其最有活力的成分，是在军事领域发展和应用的高技术，是建立在现代科学技术成就基础上，处于当代科学技术前沿，对武器装备发展起巨大推动作用的那部分高技术的总称。

（一）按照军事高技术的领域进行分类

（1）军事信息技术，包括微电子、光电子、计算机、自动化、卫星通信和光纤通信技术等。

（2）军用新材料技术，包括信息材料、能源材料、新型结构材料等。

（3）军用新能源技术，包括核能、太阳能等。

（4）军用生物技术，包括基因工程、细胞工程等。

（5）军用海洋开发技术，包括海水淡化、海底采矿和海底工程建设等。

（6）军事航天技术，包括航天器的制造、发射和测控、回收等。

(二)按军事高技术的应用进行分类

(1)侦察监视技术,包括太空侦察(使用卫星)、航空侦察(预警飞机)、地面侦察(雷达)、水下侦察(声呐)。

(2)伪装与隐身技术,即通过在外形和涂料两个方面的措施来减小雷达波的散射能量的一种技术。

(3)夜视技术,即通过使用各种夜视器材,突破夜幕的障碍的一种技术。

(4)军事激光技术,如激光武器、激光测距仪等。

(5)电子战技术,主要目的是争夺电磁频谱的控制权和使用权。

(6)军事航天技术,借助于部署在太空的各种遥感器和观测设备、通信设备、武器系统等,执行侦察、监视、预警、通信、导航、气象预报等任务。

(7)精确制导技术,主要有导弹、制导炸弹、制导炮弹等。

(8)指挥自动化技术,如 C^4I 系统等。

除此之外,还有核武器、化学武器与生物武器技术以及目前正在探索中的新概念武器等新技术,如定向能武器、动能武器、各种反装备武器等。

二、军事高技术的主要特征

军事高技术具有高智力性、高投资性、高竞争性、高风险性、高效益性、高渗透性、高创造性。

(一)高智力性

高技术是知识密集型技术,其发展和运用都必须依靠创造性的智力劳动,依靠富有创新意识、创新能力的高素质人才,体现了高智力的特性。例如,半导体集成电路,从成本上讲,原料及能源,仅占其总成本的2%,而其余98%都是其智力含量。

(二)高投资性

高技术的研究开发,需要昂贵的设备和较长的研制周期,因而需要耗费巨额资金。据目前统计,一般高技术企业用于研究开发的经费占其产品销售额的比10%~30%,科研成果产业化的投资又比研究开发投资高出5~20倍,形成高技术产业后的设备更新投资还会越来越大。

(三)高竞争性

高技术的竞争性,决定了谁先掌握并应用高技术,先研发出新武器装备并抢先用于战场,谁就能占据战争主动权。为此,世界军事大国都试图在高技术发展的竞争中占据主动。

(四)高风险性

高技术研究本身蕴含着巨大的风险。高技术竞争的失败,对民用技术而言,就意味着企业投资的失败;对军事技术而言,则意味着国家利益将受到损害。以航天技术发展为例,几十年来取得了神话般的巨大成就,但在1961年3月23日,苏联的邦达连科就成为为航天事业献身的第一人;1986年1月28日,美国“挑战者”号航天飞机失事;2003年2月1日,“哥伦比亚”号航天飞机重返大气层时空中解体,可见其风险之大。

（五）高效益性

新型武器装备往往是军事高技术的物化，是军事高技术的综合集成。战争实践证明，军事高技术成果一旦转化为新型武器装备，不仅能够大大提高部队战斗力，而且能够逐步改变作战样式甚至战争形态。例如，航天技术，其投资效益比高达1∶14，充分体现了高效益的特点。

三、军事高技术的发展与应用

当前，军事高技术前沿领域主要有军用信息技术、作战平台技术、军事航天技术、新概念武器技术、军用新材料技术、先进推进与动力技术、军用生物技术和核武器技术等。其中，军用信息技术、作战平台技术、军事航天技术、新概念武器技术的发展和应用，直接影响现代战争的作战样式和进程；军用生物技术发展的潜力巨大、影响深远。本节主要介绍军用信息技术、军用新材料技术和军用生物技术的发展和应用。

（一）军用信息技术

1. 微电子技术

微电子技术，即电子元器件及由它组成的电子设备微型化的技术。其核心是集成电路技术。1958年第一块集成电路的诞生，标志着微电子技术开始步入人类文明的殿堂。衡量微电子技术发展水平高低的标志是集成度。集成电路产品的生成主要包括两项关键技术：一是原材料，二是制造工艺。

目前，集成电路普遍使用的制造材料是硅材料。随着集成电路运行速度和集成度的不断提高，砷化镓半导体材料正逐渐占据重要地位。砷化镓与硅材料相比，在同样条件下，其载流子的迁移速度要快5～7倍。以砷化镓为基片制成的集成电路与传统硅电路相比，其运行速度提高了1 000倍，具有低功耗、抗辐射、耐高温以及寄生电容小等优点。

在制造工艺方面，目前仍普遍采用平面加工工艺。自1959年生产集成电路以来，集成度以每10年增大250倍的速度在发展，20世纪90年代末已达到在350mm^{2}的晶片上集成5亿个元器件的水平。未来10～20年将采用生物技术制造晶体管，集成电路性能将越来越高，用途也将越来越广。

随着微电子技术发展水平的不断提高和在军事领域的广泛应用，武器装备的性能将发生巨大变化：一是武器系统的体积、质量和功耗大大减少，可靠性大大提高；二是武器系统自身的信息处理能力得到质的飞跃，使一些原来作为设想的高技术兵器成为现实；三是传统装备的电子化水平将不断提高，从而使保障手段逐步走向多样化和智能化。

2. 计算机技术

计算机是由电子器件及相关设备和系统软件组成的自动计算系统。它具有极强的数据处理能力、较强的记忆能力和一定的思维能力。世界上第一台电子数字计算机于1946年在美国宾夕法尼亚大学莫尔学院研制成功，总共用了1.8万只电子管，总质量达30t，运算速度为5 000次/s。当前，根据数的表示方式和计算原理的不同，电子计算机通常分为数字计算机和模拟计算机两大类，前者是对离散形式表示的数进行操作，而后者是对连续变化的物理量进行处理。

从20世纪90年代初期以来，混合计算机和多媒体计算机的发展也十分迅速。混合计算机是指既能处理数字信息，又能处理连续变化的物理量的计算机，它由混合接口、数字计算机和模拟计算机三个主要部分组成。其主要功能是实时仿真复杂系统，如仿真导弹系统、航天飞行器系统等。多媒体计算机是具有综合处理文本、图形、图像、声音、视像等多种媒体信息能力的计算机。它具有数字化、集成性、交互性等特点。

计算机软件包括计算机程序、程序所使用的数据以及有关的文档资料。衡量软件质量的标准，主要包括可靠性、功能、性能、可移植性、可维护性、界面友好等。软件技术是一个非常庞大的领域，随着软件的规模越来越大，如何测试程序已成为当今软件业面临的最大问题，也是软件生产中成本最高的部分。目前，软件编制工作中的50%是测试和验证，因此测试对软件的发展至关重要。

目前，计算机技术已在军事领域广泛应用，成为现代战争中战斗力的倍增器。比如，计算机辅助制定作战计划，精确引导和定位以及智能化武器系统等，使得现代战争发生了翻天覆地的变化。除此之外，计算机还广泛地应用于军事训练、新型武器研制、军事科研与评估等各个方面，如武器训练模拟器、驾驶模拟器、维修模拟器和作战模拟系统等。随着计算机技术的发展，尤其是超级计算机的发展，计算机在武器系统中的应用还将更加广泛，对现代军事的影响也将会更加强烈。

（二）军用新材料技术

目前，信息技术、材料技术、能源技术已成为现代高技术的三大支柱，而新材料技术又是其他高技术发展的物质基础和重要依托。军用新材料技术，是指用于制造各种先进军事装备的高性能材料或新兴材料的研制与应用技术。

按新材料的用途，可将其分为信息材料、新能源材料以及在特殊条件下使用的结构材料和功能材料。信息材料是指用于信息获取、处理、传输、储存等而开发的新型材料，如半导体材料、敏感材料、光导纤维材料和信息记录材料等。新能源材料是指为开发新能源而研制出的新材料，如光电转换材料、超导材料、高密度储氢材料、高温结构陶瓷材料等。结构材料和功能材料，是指在特殊情况下使用的高负载、超高温、超低温等特殊材料。其中，结构材料主要是利用材料的力学性能（如刚度、强度、塑性、韧性等）发挥作用；功能材料则是主要利用材料的物理性质和化学性质（如光、声、电及化学特性等）发挥作用。

目前，在军事领域应用的新型材料，主要包括高温材料、功能材料和复合材料等。高温材料的应用范围十分广泛，主要是汽车、坦克、军舰、飞机、导弹的发动机，以及航天飞机、宇宙飞船等表面需要的材料。功能材料在研制隐身武器装备方面发挥着巨大作用，例如，反雷达隐身材料可以吸收或衰减大量的雷达波信号，既可以涂敷在飞行器表面上，也可作为飞行器的结构材料，好的吸波材料可以吸收99%以上的雷达波能量。复合材料在提高现代武器平台的整体性能方面正发挥着巨大作用，其应用部位已由次承力部件发展到主承力部件。用高性能纤维及其纺织物增强不同基体所制成的高级复合材料，因其强度大，相对密度小，不仅可以大大降低装备自身的信号特征，而且具备良好的气动性能，在航空、航天武器装备中有着十分广泛的应用前景。

（三）军用生物技术

生物技术是以生命科学为基础，利用生物（或生物组织、细胞及其他组成部分）的特性和功能，设计、构建具有预期性状的新物质或新品系，以及结合先进的工程技术手段和其他基础学科的科学原理，进行加工生产，为社会提供产品和服务的一个综合性技术体系。主要包括基因技术、生物生产技术、生物分子工程技术、纳米生物技术、生物耦合技术及仿生技术等系列技术。随着生物技术的快速发展，在军事领域应用具有巨大的潜力。

生物技术可用于发展高性能的信息探测系统、通信系统、导航定位系统和信息处理系统等。美军已研究出可探测生物战剂的专用抗体传感器、酶传感器及生物战剂探针，并利用大规模集成电路的手段获得了带有135 000个基因探针的DNA芯片，可直接用于基因武器的侦检。同时，利用仿生技术制造的各种信息搜集系统，可以大幅提高探测、监视和导航能力。例如，模仿复眼结构制成了多元相控阵“蝇眼”雷达、高能宇宙射线空气簇射“蝇眼”探测器和复眼照相机。

生物计算机发展的另一个重要方向是DNA计算机。DNA分子中的密码相当于存储的数据，DNA分子间可以在某种酶的作用下迅速完成生物化学反应，从一种基因码变为另一种基因码，反应前的基因码可以作为输入数据，反应后的基因码可以作为运算结果。由于DNA计算机的每个链本身就是一个微处理器，因而它的运算速度快，几天的运算量就相当于目前世界上所有计算机问世以来的总运算量。它的存储容量也非常大，$1m^3$ 的DNA溶液可存储1 000亿GB数据，超过目前所有计算机的存储容量。另外，DNA计算机所消耗的能量只有一台普通电子计算机的十亿分之一。它可以实现现有计算机无法真正实现的模糊推理功能和神经网络运算功能，是发展智能计算机的一个突破口。

采用仿生设计可显著提高作战平台的性能和生存能力。例如，海豚有极佳的流线形体形，依照海豚的体形轮廓和身体各部位比例建造的新式核潜艇，其航速提高了20%～25%。美国海军仿制了“人工海豚皮”，用这种人造海豚皮包在鱼雷表面，阻力减少了50%，速度提高1倍。另外，F-117A的外形像一个由多面体组成的燕子，B-2A战略轰炸机外形像一只大蝙蝠，这都是由于它们采用了隐身外形设计，据称这种设计能散射30%左右的雷达波。

基因武器是运用基因技术对已有的生物战剂（细菌、病毒和毒素等）或良性物质，进行有目的的修饰或改造，制造出新的生物战剂并武器化。日本已通过基因重组的方法把肉毒毒素植入良性原料试剂中，成功地研制出了一种新的大肠杆菌生物战剂，未来目标是要研究一种含有剧毒结构成分且具有一定潜伏期的生物战剂。另一种专门攻击某一类人种的基因武器（也称种族基因武器）也可能正在研究之中。据英国医学家透露，医学上正在发展的“神弹”基因治疗方法可能被用来研制可怕的灭绝种群的基因武器。

生物技术是一项具有革命性的高技术。现阶段，虽然军事生物技术的发展尚处在初期，但21世纪生物学时代的到来，生物技术将在军事领域里大显身手。它的飞速发展将把军队武器装备的高技术化推向更高层次。

四、军事高技术对现代战争的影响

军事高技术的发展及其在军事领域的广泛应用，已经对现代战争行动产生了巨大影响。其可概括为“五化”，即侦察立体化、指控智能化、反应快速化、打击精确化和防护综合化。

（一）侦察立体化

侦察立体化，通俗地讲就是“眼观六路、耳听八方”。在未来战争中，新型信息化装备将使战场更透明，可实现全球感知，实时进行远程指挥控制。从大洋深处到茫茫太空，布满了天罗地网式的侦察监视系统。水下的声呐，能够偷偷寻找军舰和潜艇的踪迹；地面的传感器，能够警惕地注视人员与车辆的动静；空中的侦察飞机，能够同时监视高空、低空、地面、海上的各种活动目标。例如，E-3A 预警机当飞行高度为 9km 时，可以探测到 500 ~ 650km 远的高空目标、300 ~ 400km 远的低空目标和 270km 远的巡航导弹。间谍卫星，“站得高，看得远”，其侦察效果更加显著。例如，同样一架视角为 20°的照相机，装在 3km 高的侦察机上，一幅照片可以拍摄到 1km^2 面积的地面；装在 300km 高的侦察卫星上，一幅照片可囊括 1 万 km^2 的范围。如果把侦察卫星定位到地球同步轨道上，则一颗卫星就能同时看到太平洋两岸，监视地球表面 42% 的面积。

在未来战争中，“侦察—判断—决策—行动”的回路越来越短。信息化装备的广泛使用，使得争夺信息优势成为高技术战争的首要任务。特别是战略信息战，就如核战争一样具有大规模毁灭性作用，将成为新的威慑手段。美国参联会原副主席欧文斯曾对美、伊两军的侦察监视能力做过一番比较，得出的结论是：如果交战的一方“以一天 24h，仅以 30s 的延迟、在各种气象条件下、透过云层、在 10cm 的误差以内非常精确地看到另一方，而他的对手则不能，他一定会赢”。侦察能力的差异性，决定了交战双方的不对称性。

（二）指控智能化

现代军事高技术的发展和应用，使武器装备的射程、威力、精度都几乎达到了各自的极限。交战双方的差别，在很大程度上取决于其对作战力量的指挥控制水平上。在战役和战术级，信息战的表现样式是以电子战为核心的指挥控制战，夺取制信息权的核心是使拥有信息密集型武器的部队取得信息能力的优势。

未来战争，以计算机为核心的网络将把所有的通信系统、探测装置和武器系统连成一体，作战将从“以平台为中心”转向以“网络为中心”。美海军网络中心战的网络结构由三个互相连接的部分组成，即探测装置网络、交战网络和信息传输网络。网络中心战的体系分为三级：第一级战术级，网络用户数量在 24 个之内，信息传输时间为零点几秒，信息精度达到武器控制级；第二级为战区级，网络用户数量在 500 个之内，信息传输时间为秒级，精度达到部队的控制所需的要求；第三级为战略级，网络用户数量在 1 000 个之内，信息传输时间为几分钟，精度达到部队的协同所需的要求。各级指挥官利用网络交换大量信息，感知整个战场的态势，阐述指挥意图，制定作战计划，解决各种问题。网络中心战的特点是提高了部队的指挥速度，建立了对战场空间的持续的完备的态势感知。

（三）反应快速化

“兵贵神速”历来是兵家所追求的情形，但传统武器装备因受技术条件限制，常常“欲速不达”。高技术武器装备在现代战争中应用，才使“兵贵神速”成真，实现了机动快、反应快、打击快、转移快。

高技术武器从发现目标到攻击目标的反应时间也大为缩短。当前，计算机控制的火控系统，能在96s内操纵4门火炮摧毁35个分离的目标，而传统武器，摧毁这些目标需要2h。在信息化战争中，“被发现就意味着被命中”。对于现代防空系统的反应时间，那更是以秒计时。如美国的“爱国者”、俄罗斯的C-300地空导弹系统的反应时间为15s。

在未来战争中，时间因素将变得越来越重要。西方军事家已经把“兵贵神速”赋予了新的含义，即“时间就是一切，时间就是胜利”、“时间是未来战争的第四维战场”。越来越强调战争准备的及时性、战争指挥控制的实时性、战争行动的突然性。战争从旷日持久向速战速决演变，战争的进程将大大缩短。

（四）打击精确化

精确打击武器和精确的信息支援系统有机结合，使得精确打击成为战争的重要样式。作战精度越来越高，攻击距离越来越远。精确打击在现代战争中的地位日益重要。根据推算，就杀伤破坏效果而论，爆炸威力提高1倍，杀伤力只能提高40%，而命中概率提高1倍，杀伤力却能提高400%。当前，1架次F-117A战斗机，投掷1枚或2枚2 000磅激光制导炸弹的作战效果，相当于过去B-17重型轰炸机10架、4 500架次，投掷9 000枚炸弹。统计显示，越南战争中，所用精确制导弹药占总弹药数的比例仅为0.02%，海湾战争达8%，科索沃战争为35%，阿富汗战争为56%，伊拉克战争达68%。目前，一种全新的作战样式——“精确战”，正在登上战争舞台，它要求探测目标精确，攻击目标精确，摧毁目标精确，毁伤评估精确。总之，仗越打越“精”了。

在求“精”的同时，借助军事高技术特别是智能化技术，未来战争也开始在“巧”字上下功夫。例如，对于人，是打死好还是打伤好；对于物，是打碎好还是打废好。随着时代的发展，人们已经开始重新审视这个古老而又崭新的话题。美国人认为，要想最有效地削弱敌人的战斗力，致死不如致伤，致伤不如使其失能。这里讲的“失能”，既可以指武器，也可以指人员。这样的战争，效费比更高。

（五）防护综合化

“保存自己，消灭敌人”是一切战争的共同原则。由于现代侦察、监视和探测手段具有全方、全频谱、全天候、全时域的特点，进攻一方如果不能有效地保护自己，就可能出现“发难者先遭难”的结局。

现在，当一架战斗机在重要地区300m以上高度飞行时，可能受到800～900部雷达的照射，其中可能有300～400部雷达以600～700个不同频率的波束进行搜索，有30～40部雷达跟踪飞机。如果再加上光电探测设备的威胁，战场电磁环境必将更加复杂。这对飞机、导弹等进攻性武器是一个严峻的挑战。在这种情况下，防护的地位显得特别重要。海湾战争中，F-117A飞机大出风头，且无一损伤，其奥妙之处，便是借助于外形设计和表面涂料，有效地实现了隐身要求，其雷达反射面只有$0.1m^2$，和一顶钢盔差不多。

除了隐身技术外，先进伪装、预警告警、致盲致眩、施放诱饵、加固装甲、防电磁脉冲等，也都成了现代武器装备的防护手段。对于武器装备处于相对劣势的一方而言，搞好防护和伪装隐蔽，直接关系到胜败与存亡。科索沃战争中，南斯拉夫人民和军队敢打善藏，在北约进行的78天的空袭轰炸中，巧妙地保存了自己的军事实力。由此可见，那种认为“高技术侦察监视手段发展了，伪装隐蔽没有意义了”的观点是错误的。

军事高技术的发展给现代战争带来的新变化，还远远不止这些。随着新军事革命的兴起及在全球范围内的迅速拓展，未来战争还将出现更多新的变化。

第二节　精确制导技术

一、精确制导技术的概念及分类

（一）精确制导技术的概念

精确制导技术是以高性能光电探测器为基础，用目标识别、成像跟踪、相关跟踪等新方法，制造和引导武器准确地命中目标的技术。

在第二次世界大战末期出现了由纳粹德国制造的V-1、V-2导弹，创造了武器系统采用制导技术的先例。当时采用了惯性制导和辅助程序控制技术，成功地弥补了常规弹头不能远程作战和不能在飞行中自动修正弹道的缺陷。而精确制导技术则是在这种制导技术基础上的延伸和发展，特别注重提高武器末段制导的可靠性和精度。尤其是被动寻的制导技术的应用，使精确制导武器具有远程作战、“发射后不用管”、自动选择目标和攻击目标要害部位的能力。

（二）精确制导技术的分类

精确制导技术是一门正在迅速发展中的技术，迄今为止，在国际上尚无统一的定义，也无统一的分类标准。按照制导方式可将精确制导技术分为以下几类：

1. 寻的制导

寻的制导系统的大部甚至全部装置都装在精确制导武器的头部，故常被称为导引头。当寻的系统正常工作后，就能自动寻找目标，然后瞄准目标，并对精确制导武器的飞行进行控制。寻的制导对目标探测的原理和方法是，利用目标的某些物理特征，如目标反射的阳光和夜光，目标反射或发出的红外线、微波、毫米波和声波等，通过相应的探测器发现和识别目标。因此，自动寻的制导系统的技术途径是多种多样的，可以是微波、毫米波、红外，也可以是电视自动寻的。寻的制导的精度很高，但作用距离比较短，所以多用于末段制导。精确制导武器的高精度主要是靠末段制导保证的，远程精确制导武器都有末段制导，而末段制导大多采用寻的制导。寻的制导根据目标信号的来源，又可分主动、半主动和被动式寻的几种制导方式。

主动寻的制导系统的探测信号发射装置和接收装置全部装在精确制导武器上，发射与接收装置的工作波段可以从微波到毫米波。因为主动寻的制导系统信号能源装在精确制导武器上，故能从任何角度向目标攻击，而且越接近目标分辨率越高，所以可达到很高的命中精度。在主动寻的制导中，微波主动寻的制导技术最为成熟，毫米波主动寻的制导刚开始出现尚处于研究阶段。

半主动寻的制导的信号发射装置设在地面、军舰或飞机上的指挥站，工作波段主要在微波，放在精确制导武器上的制导设备比较简单、成本低，但是在制导系统工作期间指挥站的照射雷达要始终对准目标，指挥站及载体易暴露和遭敌方反辐射导弹的打击。

被动寻的制导系统不需要信号能量辐射装置，也不需要专门的照射源，设在精确制导武器上的制导系统通过接收目标辐射的信号能量来捕获和跟踪目标。在微波波段工作的主要是反辐射导弹。在毫米波波段工作的主要是毫米波对比寻的制导系统，它利用高灵敏度的接收机（又称毫米波辐射计）来探测目标及背景自然辐射的毫米波，通过系统内的计算机完成目标与背景的对比识别，这种系统尺寸小、质量轻、精度高，特别适合装在灵巧弹药的子弹头上。工作于红外波段的被动式制导系统可分为非成像制导和成像制导两大类。非成像制导系统简单、成本低，但只能识别目标的高温部分，且易受干扰。成像制导是正在发展的新型系统，有较强的目标识别能力和更高的精度，可全向进行攻击。工作于可见光的为电视寻的制导，这种制导方式虽然很容易获得清晰的目标图像，但光学系统受气象条件影响大，对能见度要求高，应用中会受到很多限制。

主动寻的和被动寻的都具有“发射后不用管”的能力。寻的制导常用的寻的器有：微波（包括毫米波）雷达寻的器、红外寻的器、电视（可见光）寻的器和激光寻的器等。

2. 遥控制导

遥控制导是通过设在精确制导武器外部的制导站来测定目标和制导武器的相对位置，然后引导精确制导武器飞向目标。它可分指令制导和波束制导（也称驾束制导）两大类。

指令制导系统由制导站和装在精确制导武器上的控制设备组成。制导站根据制导武器在飞行中的误差计算出控制指令，指令通过有线或无线的形式传输到制导武器上。有线指令制导系统主要用于射程为几千米的反坦克导弹。无线指令制导系统的常见形式是微波雷达指令制导，由制导雷达分别测出目标和导弹的位置和速度，并根据这些数据计算出控制指令，然后发送出无线电遥控指令纠正导弹的飞行误差，直至命中目标。这种制导方式的作用距离比较远，弹上设备的成本较低，但是易受干扰，而且制导距离越远，精度越低，因此适用于中段制导。

波束制导系统由指挥站和精确制导武器上的控制装置组成。指挥站发现目标后，对目标自动跟踪并通过雷达波束或激光波束照射目标，当精确制导武器进入波束后，控制装置自动测出其偏离波束中心的角度和方向，控制精确制导武器沿波束中心飞行，直至命中目标。波束制导系统的控制装置比较简单，成本很低，可以同时控制数枚精确制导武器。并且由于控制装置直接接收波束能量，不易受到干扰。该制导方式的缺点是在整个攻击过程中，指挥站必须不间断地以波束照射目标，很容易受到对方攻击。

3. 地形匹配制导

地形匹配制导系统通常用来修正远程惯性制导的误差。发射前要把选定的飞行路线中段和末段下方的若干地区的地面特征图，预先储存在弹上计算机内，当导弹飞行到这些地区时，将探测器现场实测到的地面图像同预先储存的地面图像作相关对照，检查两者的差别，计算出导弹的飞行误差、形成控制指令，就能控制导弹沿预定的航线飞向目标。储存在弹上的地面图像是由侦察卫星或侦察飞机预选测定的，经过处理转换成数字信息后储存在弹上的计算机中。同一地域对于可见光、微波、红外、激光所表现的地面特征并不相同，从而可构成各种地形匹配制导，比如微波雷达图像匹配制导、可见光电视摄像匹配制导、激光雷达图像匹配制导、红外成像匹配制导等。地形匹配制导的制导精度与射程无关，可使射程为几千千米的导弹达到较高的命中精度。

4. 惯性制导

惯性制导是一种只依靠弹上惯性部件提供制导数据，而不依赖外部信息的自主制导方式。惯性制导技术主要用于弹道式导弹，它利用陀螺仪、加速度计等惯性元件来测量和确定导弹的运动参数，然后控制导弹飞行。它的精度会随射程的增大而降低，所以只装有惯性制导系统的武器不可能成为精确制导武器。但是惯性制导最大优点是不受外界的干扰，只要它的精度能保证将制导武器引导至末段制导系统的作用范围，就不失为一种简便可靠的中段制导方式。

5. 卫星定位制导

卫星定位制导也称“GPS”制导，是指制导武器接收全球定位系统（Global Positioning System，GPS）中卫星播发的导航信号，实现三维精确定位和获取速度、时间信息的制导方式。全球定位系统是美国在1993年完成部署并投入使用的卫星导航和定位系统，这个由24颗卫星组成的定位系统，可用于各种军用与民用的定位与导航。如果在精确制导武器上安装全球定位系统的接收机，就可以在飞行过程中精确地测出自己的空间位置和飞行速度，进而用来修正惯性制导的误差。虽然它的作用同地形匹配制导相似，但是攻击前的准备工作却要简便得多，所以用全球定位系统制导来代替地形匹配制导，可改善远程精确制导武器的性能。

6. 复合制导

采用两种或两种以上不同物理特性的探测器组成的制导系统叫复合制导。在制导时，若探测器为串行使用，称为复合制导；若并行使用，通常称为多模制导或并联复合制导。任何一种制导方式都有优点和缺点，如能取长补短则能趋利避害，可以极大地提高制导系统的整体性能。远程的精确制导武器一般都用两种以上的制导方式构成复合制导系统。这样不仅提高了制导精度而且增强了抗干扰的能力。复合制导的形式很多，例如法国的“飞鱼”反舰导弹，发射后先按惯性制导作超低空掠海飞行，在接近目标时才转为雷达主动寻的制导；又如苏联的SA-4防空导弹，发射后先用作用距离比较远的指令制导，飞行末段转用精度比较高的半主动雷达寻的制导；还有美国的“战斧”巡航导弹，在整个飞行过程中除用惯性制导外，中段制导用地形匹配制导，现在改用全球定位系统来修正惯性制导的误差。复合制导系统虽然比较复杂，体积大、成本高，而且因元器件多而降低了系统的可靠性，但是随着科学技术的发展，复合制导系统的小型化、低成本、高可靠性会逐步得到解决。

二、精确制导武器

（一）精确制导导弹

1. 防空导弹

防空导弹的发展始于20世纪50年代，当时主要用于要地防空，攻击对象是高空侦察机和轰炸机。如苏联的SA-1、SA-2、SA-3，美国的“奈基”“波马克”防空导弹。虽然这类防空导弹对当时的中、高空低速目标命中概率都很高，但制导方式单一、大多采用无线电指令制导技术，抗干扰能力差，主发动机是液体火箭发动机或冲压喷气发动机，导弹笨重，地面设备庞大，使用维护不便，机动性很差。20世纪60年代以后，由于美国和苏联的战略核力量逐步形成“三位一体”的打击系统，那种设置在固定发射阵地上，用以打击高空战略轰炸机的防空导弹作用降低了。越南战争和中东战争的实践，使各国军队认识到防低空和抗电子干扰的重要性。于是各国开始研制第二代防空导弹，在提高防空导弹武器系统反电子干扰能力和改进低空作战性能的同时，大力发展了用于野战防空和机动部队防空的中、低空防空导弹。20世纪70年代出现了一批性能较好的防空导弹，如苏联的SA-6、SA-8、SA-9；法国的“响尾蛇”；美国的改进型“霍克”等典型的野战防空导弹。这一代导弹采用的制导技术种类较多，有微波、激光、红外或光电复合制导技术。抗干扰能力强，自动化程度高，并且采用了固体火箭发动机，使用了箱式发射装置，维护使用方便，机动性能好。至20世纪70年代，一些国家的防空导弹武器系统已构成远、中、近程，高、中、低空的火力配系，成为地面防空火力的主要组成部分。这期间，还出现一种便携式防空导弹，如苏联的SA-7、美国的“红眼睛”、英国的“吹管”等。这类低空防空导弹的制造和使用都很简单，可以大量装备部队，使小分队也具有了一定的防空能力。第二代防空导弹及其改进型已成为当前各国防空兵器的主力。20世纪80年代以后防空导弹又有了很大发展，出现了第三代防空导弹。其主要特点是：采用了性能更好的固体发动机和高能量的推进剂，速度快、射程远，特别是微电子技术和计算机技术的发展，大大提高了导弹控制设备的性能，弹上计算机具有高速处理信息的能力，控制系统具有较强的抗干扰能力和对付多目标的能力。其中有代表性的是美国的“爱国者”防空导弹（图5-1）和俄罗斯的C-300防空导弹。目前世界上能自行研制防空导弹的国家和地区有14个，研制成功的各种防空导弹有上百种。

图5-1 “爱国者”防空导弹

2. 反坦克导弹

为抗击坦克集群宽正面、多波次的连续进攻，一些国家从20世纪50年代开始研制反坦克导弹。到目前为止，各国先后研制和装备的型号已有数十种。按发射方式可分为地面发射和空中机载发射两大类。反坦克导弹的命中率可以高达70%~90%。

反坦克导弹的发展大体可分成三代。第一代是人工有线指令制导的反坦克导弹，如法国的SS-10、苏联的AT-3，基本上都是20世纪60年代以前发展和装备的。这类反坦克导弹对操作手的要求高，而且为了使操作手能够发觉导弹的偏离并做出校正，导弹的飞行速度很低（150～160m/s），当射程较远时，操作手对导弹的控制时间长达20s以上，坦克有足够的时间作躲避机动并向射手开火，而且战斗部的最大破甲厚度仅350～500mm，很难适应现代战争的需要，绝大部分已退出现役。第二代反坦克导弹是半自动有线指令制导，大多是20世纪60年代中期至70年代后期发展起来的，如美国的“陶”式和“龙”式、法国的“霍特”、苏联的AT-4和AT-5。第二代反坦克导弹所采用的半自动有线指令制导的特点是采用了红外跟踪技术，操作手只需把光学瞄准具的十字线套在目标上，与瞄准具视线袖平行的红外测角器可自动地接收导弹尾部的红外源发出的信号，根据导弹飞行路线与瞄准视线的角度偏差由计算机算出控制信号，经导线传输后控制导弹的飞行。第二代反坦克导弹的操作比第一代简便，飞行速度比第一代提高一倍，但是从发射到命中目标的过程中射手还要保持对目标的跟踪，同样易遭敌火力杀伤，而且在夜间和能见度不良时仍不能使用。从20世纪70年代末期开始，各国对第三代反坦克导弹进行了反复的论证，得到效费比更高的反坦克武器。第三代反坦克导弹的主要制导方式有激光、毫米波、红外成像和光纤制导等。由于各国技术基础不同，采用的制导方式可能是各式各样的，但命中率比第二代显著提高，而且除光纤制导外都丢掉了导线，其中采用红外成像或毫米波制导的反坦克导弹还实现了“发射后不用管”。战术适应性也大大提高，不仅可以在昼间，而且可以在夜间和不良气象下发射，并不易受烟幕的影响。主要型号有美国的“陶-2B”“海尔法”，俄罗斯的AT-6，英、法、德联合研制的“崔格特”。新的制导方式允许第三代反坦克导弹超高速飞行，如美国目前已大量装备“海尔法”（图5-2），飞行速度达398m/s，约1.17倍音速，使对方坦克难以采取规避动作。为了对付防护力强的新型坦克，有的反坦克导弹如“陶-2B”能以俯冲或掠飞方式攻击坦克最薄弱的顶装甲；还有的导弹改进了战斗部，如采用双组串联或多组串联式的空心装药战斗部，使之能对付带有爆炸式反作用装甲的复合装甲。

图5-2 “海尔法”反坦克导弹

在串联式战斗部的主装药前，安装了一个或多个强力的辅助装药，辅助装药先使坦克的爆炸式反作用装甲爆炸，然后才使主装药起爆，以击穿坦克内层的主装甲。

由于地面使用反坦克导弹发现和跟踪目标的距离有限，机动性也差，为更有效地解决对坦克群的纵深攻击，各国很重视用直升机反坦克。但目前直升机上装备的空地反坦克导弹几乎都是由地面重型反坦克导弹改装而成的，所以发展情况与地面反坦克导弹相似。

3. 反舰导弹

反舰导弹是用以攻击水面舰船的导弹。根据发射平台的不同，可分为空舰导弹、舰舰导弹、潜舰导弹和岸舰导弹，至今已发展了三代。到目前为止，世界上已有十多个国家能研制和生产反舰导弹，前后共研制了 50 余种 80 多个型号，装备反舰导弹的国家和地区有 70 多个。

第一代反舰导弹是二次大战后开始研制，20 世纪 50 年代末生产和装备的，主要型号有苏联的“扫帚”、美国的“潜鸟”。这一代导弹飞行速度低，容易防御，加上导弹采用波束制导或无线电指令制导，制导精度较低、性能不够理想，所以西方国家一度停止发展这类武器。苏联则因为当时美国及一些西方国家在海上占有绝对优势，企图以发展反舰导弹来弥补自己的差距，不仅坚持研究而且率先研制出装有雷达导引头的“冥河”舰舰导弹。在 1967 年的第三次中东战争中，埃及用小型的导弹艇发射“冥河”反舰导弹击沉了以色列的“艾拉特”号驱逐舰之后，引起了西方的警觉，很快也研制出有自动寻的装置的第二代反舰导弹，其中有以色列的“迦伯列”、法国的“飞鱼”、美国的“鱼叉”（图 5-3）等多种反舰导弹。在此期间苏联改进和研制了新的反舰导弹，先后装备近十种反舰导弹。由于苏联和西方国家对发展反舰导弹的观点不同，技术基础也有差别，所以所装备的反舰导弹的特点也不同。苏联的反舰导弹的突出优点是速度快，多为超声速（1. 3 ~ 2. 5 倍声速），但导弹笨重，制导精度比较低，飞行高度比较高，一般要在 100 ~ 700m 的高度飞行。西方的反舰导弹与之相反，突出优点是导弹质量小，体积小，制导精度高，而且可以在 10 ~ 15m 的高度掠海飞行，在飞行末段甚至可以降至 2 ~ 3m 的高度对目标进行攻击，但飞行速度低，一般都以 0. 7 ~ 0. 9 倍的声速飞行。尽管西方的反舰导弹的作战综合性能略好，但有些重要指标不如苏联，导弹的飞行速度和高度都与突防性能有关，速度快，掠海飞行突防性能才好，西方第二代反舰导弹速度慢是明显的缺点。

图 5-3 “鱼叉”反舰导弹

现代舰艇正在迅速改变它的防御系统，配置先进的电子战装备，组成严密的火力防护，对反舰导弹有一定的防御能力，第二代反舰导弹已不能适应现代海战的要求。20 世纪 80 年代初，发达国家开始研制第三代反舰导弹，其中有法国和德国的“安斯”、意大利的“奥托马赫 2”、美国的“先进反舰导弹”、英国的“海鹰”和以色列的“迦伯列”等。第三代反舰导弹的性能将在四个方面进行改进：一是增强突防能力，飞行速度将达到 2 倍音速，使敌方防御系统的拦截时间大大减少；二是加大破坏力，速度的提高使导弹动能增大，同样的战斗部可产生更大的破坏力；三是实现更远射程范围的“发射后不用管”，第二代反舰导弹“发射后不用管”的最大距离为 100km 左右，而第三代反舰导弹可达 200km 以上；四是提高机动能力，导弹可按预编程序进行变向飞行，能够选择不同方向对敌舰进行攻击。正在研制的第三代反舰导弹中，进展较快的是“安斯”导弹，它是由“飞鱼”导弹发展而来的，射程从原来的 70km 提高至 200km，速度由 0.9 倍声速提高至 2 倍声速，中段采用惯性制导，末段为主动雷达或被动红外制导。性能指标最高的是美国的“先进反舰导弹”，它具有隐身功能，目前尚处于样机研制阶段。由于第三代反舰导弹采用了更先进制导技术，因此无论制导精度还是抗干扰能力都将会明显优于第二代，但这类导弹研制周期长，研制费用较高。

4. 空空导弹

空空导弹是从空中平台发射，攻击空中目标的导弹。1944 年德国研制了有线制导的空空导弹，但从未使用过。第二次世界大战后，美、英、法和苏联等国都展开了空空导弹的研究，至今已发展了四代，研制成功的空空导弹有五六十种，正在研制的型号近十种。其中以美国的型号为最多，其次是苏联、法国、英国等。20 世纪 50 年代中期，以红外被动式制导的第一代空空导弹开始装备部队，这种只能从目标尾后进行攻击的导弹，最大射程只有几千米，当目标作大速度机动时，攻击效果很差。20 世纪 60 年代中期研制成功的第二代空空导弹采用了半主动雷达制导，具有了全天候、全向攻击能力，最大射程可达 20 多千米。20 世纪 60 年代末和 70 年代初，出现了第三代空空导弹，至今仍是发达国家军队主要使用的空空导弹。发达国家军队的空空导弹已经实现了系列化。空中作战有两种典型任务，一是拦截，二是格斗，不同作战任务可配备不同的空空导弹，以取得最好的作战效果。近程格斗的空空导弹多采用红外制导，主要用于对付歼击机，特点是体积小、质量小、机动性强、反应快，能从目标各个方向攻击，导弹发射后不需要载机控制，具有“发射后不用管”的自主攻击目标能力。而中程拦截导弹主要用于拦截视距外的轰炸机、歼击轰炸机，这种导弹通常采用半主动雷达制导系统，其特点是射程远（50km）、威力大，能全天候、全高度、全向攻击，抗干扰能力强，但在攻击目标的过程中载机的照射雷达必须始终照射目标，缺乏自主攻击能力。远程拦截导弹主要用于战区防空，截击远程的空中目标，射程更远，通常采用带末段寻的系统的复合制导，具有全向、全天候攻击能力。发达国家从 20 世纪 80 年代初开始研制第四代空空导弹，主要有美国的“先进中距空空导弹”（AIM-120）（图 5-4）、“先进空空导弹”（AAAM），英法合作研制的“先进近距空空导弹”等，这些导弹作战性能有了更大幅度的提高，加强了全天候、全高度、全向作战能力，反应灵敏、机动性强，加强了抗干扰能力，并具有攻击隐身目标的能力。第四代空空导弹是21世纪初的主力空空导弹。

图5-4 AIM-120空空导弹

5. 空地导弹

空地导弹是现代战略轰炸机、歼击轰炸机、强击机、武装直升机的主要进攻武器。空地导弹种类繁多、用途各异，据不完全统计，各国已装备和正在研制的约90种。除前面提到的机载反坦克导弹、反舰导弹外，现着重介绍另外两种类型的战术空地导弹。图5-5所示为“百舌鸟”空对地反辐射导弹。

图5-5 “百舌鸟”空对地反辐射导弹

(1) 通用型空地导弹。

通用型空地导弹是由航空兵在对方防空火力区以外发射，以攻击地面小型坚固目标的进攻性武器。这类导弹从第二次世界大战后开始研制，至今已发展了四代。20世纪50年代研制的为第一代，多数采用波束和有线制导，不仅命中精度比较低，而且导弹发射后载机还要继续向目标飞行才能实现对导弹的控制，载机很容易遭到地面防空火力的攻击。20世纪60年代发展了第二代，大多采用无线电指令制导，虽然精度比第一代高，操作也简便些，但载机在导弹击中目标前仍不能离开。前两代通用型空地导弹现在已基本退出现役。20世纪70年代发展的第三代空地导弹采用了红外、电视、雷达等末制导技术，在弹上的自动寻的制导系统控制下能自主制导至目标，发射导弹后载机可以离开。目前正在发展的第四代是远距离发射的导弹。由于现代防空兵器射程不断增大，重要目标的防御半径很大，所以第四代空地导弹射程一般都达到100km以外。为提高命中精度，第四代空地导弹通常采用了地形匹配、“导航星”精确定位等制导技术作为中段制导，为提高突防能力还采用低空突防的办法。海湾战争中，美军使用的“斯拉姆”远程空地导弹就是第四代空地导弹。这种导弹中段为惯性制导，并通过弹上装的“导航星”全球定位系统接收装置修正惯性制导误差，在导弹飞临目标约15km时，转为末段制导弹上的红外成像自寻的系统开始搜索捕获目标，并将探测到的目标区红外图像信息通过数据传输装置发回到跟踪引导飞机上，由飞行员根据实时红外图像选定目标要害部位，通过遥控将导弹的导引头瞄准在目标要害部位。美军对伊拉克的一座水电站进行攻击时使用了“斯拉姆”空地导弹，第一枚导弹先将水电站外墙炸开一个洞，两分钟后第二枚导弹穿过该洞进入机房内部爆炸，充分显示了第四代空地导弹的高精度。

（2）空地反辐射导弹。

反辐射导弹又称反雷达导弹，它是利用敌方雷达波束进行被动式制导的精确制导武器。

空地反辐射导弹主要用于攻击警戒雷达网、防空导弹的制导雷达，炮瞄雷达和舰载雷达。攻击目标通常是预先选定的，发射前，要对目标进行侦察，测定其坐标和辐射电波的参数，当目标处于导弹有效发射区时即可发射。反辐射导弹飞行速度快（2~3倍声速），射程比较远（20~60km），能在遭敌防空导弹攻击前，抢先摧毁敌方雷达。20世纪60年代以来，反辐射导弹先后在越南、中东以及海湾战争以后的各次局部战争中使用过，主要用于攻击防空导弹制导雷达和高射炮炮瞄雷达，取得了很好的战果。反辐射导弹至今已发展了三代。20世纪60年代中期装备的为第一代，如美国的“百舌鸟”、苏联的“蛙鱼”、英法合作研制的“玛特尔”等，这一代导弹对雷达频率的覆盖范围窄，制导精度差，不能对付突然关机的雷达。20世纪60年代末到70年代初，各国研制成功第二代反辐射导弹，如美国的“标准”，苏联的AS-6、AS-9等，这一代导弹对雷达频率的覆盖范围加宽，并装有记忆电路，可攻击突然关机的雷达，但结构复杂，体积与质量大。20世纪70年代中期以后发展到第三代，主要有美国的“哈姆”、英国的“阿拉姆”、法国的“阿玛特”、苏联的AS-11和AS-12等，这一代反辐射导弹由于采用了新的信号处理技术，对雷达频率的覆盖范围进一步扩大，而且结构紧凑、突防能力和命中精度大大提高。不仅能从雷达的主波瓣实施攻击，而且可以从雷达的副瓣和背瓣进行攻击。随着电子技术的发展，反辐射导弹作为一种电子战武器将越来越受到重视，它将同红外、激光制导相结合，并增大射程和增强抗干扰能力，反辐射导弹的类型也在增加，有些国家已开始研究对付预警机的反辐射导弹。

6. 远程巡航导弹

巡航导弹是指在大气层内以巡航速度飞行的带翼导弹，又称飞航式导弹。第二次世界大战中德国研制的V-1导弹是最早的巡航导弹。“二战”后美国、苏联等国把巡航导弹发展到一个新的水平，出现了远程的巡航导弹。随着高技术的发展与应用，远程巡航导弹的性能不断提高，同其他攻击性武器相比具有三个鲜明的特点：一是射程远，突防能力强。在采用了高效率的涡轮发动机后，射程超过1 000km，虽然这只相当于中程弹道式导弹的射程，但是机载的巡航导弹加上远程轰炸机的航程，就能起到洲际导弹的作用。它造价比洲际弹道导弹低，而且体积小，进入敌方领域还能超低空飞行，突防能力非常强。二是命中精度高、打击效果好。在综合运用各种精确制导技术以后，现代远程巡航导弹精度比弹道式导弹高，能够打击加固的点目标，可用于“外科手术式”的袭击。三是通用性强、综合效益高。现代远程巡航导弹可用不同的平台发射，能在飞机上发射；也能在舰艇上发射，能在水上发射，也能在水下（潜艇）发射。远程巡航导弹既可带常规弹头，也可带核弹头，不仅能作常规武器使用，也可作为一种核威慑手段使用。远程巡航导弹以其突出的性能和高效益引起了各国的重视，不少国家都在研制和发展这种武器。目前美国和俄罗斯装备了大量的远程巡航导弹，典型的型号为美国的战斧巡航导弹（图5-6）和俄罗斯的AS-15。

图5-6　战斧巡航导弹

远程巡航导弹也有其明显的弱点。一是飞行速度比较慢，只能以亚声速飞行，如能解决对巡航导弹的预警、侦察及情报保障问题，用现有的小口径高炮及近程防空导弹也能进行有效的拦截。二是现代远程巡航导弹的使用比较复杂，要积累足够的目标数据，发射前还必须根据选定的飞行路线向导弹的计算机输入大量信息，准备时间比较长。

（二）精确制导炸弹

制导炸弹的出现是航空炸弹的一次飞跃，开始研制的制导炸弹是在航空炸弹上加装制导装置和气动力装置，靠飞机投弹时给予的初速度滑翔飞行，投放距离通常为10km。制导炸弹的制导系统同一般空地导弹的导引头相似，有的甚至就是直接移植过来的，因而结构简单，是一种便宜而精确的空地武器。一枚空地导弹，一般价格为十几万到几十万美元，而一枚制导炸弹只有几万美元，是效费比很高的弹药。

美国从20世纪60年代初开始研制第一代制导炸弹。1967年装备了电视制导和激光制导两种型号，随后就在越南战场上使用，据说共投下25 000颗制导炸弹，摧毁了桥梁、发电站、建筑物等坚固目标约1 800个，取得了突出的战果。

电视制导炸弹的导引头为电视寻的系统。当飞机进入预定目标区后，飞行员使导引头的摄像机对准和“锁住”目标，随即投弹，电视寻的系统便能自动跟踪目标，连续测出炸弹偏离预定弹道的误差，产生控制信号纠正炸弹的飞行误差，直至命中目标。

激光制导炸弹是一种半主动自动寻的制导炸弹。战斗中，装在飞机腹部半球形吊舱里的激光照射器通过可以自由转动的回转装置，始终照射着目标，当机上的激光搜索跟踪器捕捉到目标的反射回波后，即进行投弹，炸弹头部的激光制导装置根据激光回波进行制导。激光炸弹的命中误差可不超过 1m，比电视制导炸弹精度高而造价却更便宜，因而用得更多些。20 世纪 70 年代中期，在第一代制导炸弹的基础上发展了第二代制导炸弹，减少了投弹时对载机飞行的限制，精度也有所提高，但仍有不少缺点，不仅昼夜全天候作战能力差，还要求飞机在较高的高度投放炸弹，这使得载机和协同作战的飞机很容易被对方防空火力杀伤。因此 20 世纪 80 年代以来，国外发展了精度更高并具有低空、远距离、全天候作战能力的第三代制导炸弹，如美国的 GBU-15（图 5-7）、GBU-24 和 GBU-27 等。

图 5-7　GBU-15 制导炸弹

（三）精确制导炮弹

为提高对纵深目标的打击能力，除了用歼击机、直升机做载体发射精确制导武器外，一些国家正在研制利用火炮发射制导炮弹对敌纵深目标特别是装甲目标实施打击。制导炮弹同普通炮弹的区别在于弹头上有小型化的导引头，在弹道末段能自动搜索、捕获目标并进行精确制导，以达到很高的单发命中概率。制导炮弹目前有 4 种主要类型。

1. 激光制导炮弹

虽然激光制导可分主动与半主动两种，但目前实际应用在制导炮弹上的主要是半主动激光制导。美国 20 世纪 70 年代中期开始研制、80 年代开始生产的“铜斑蛇”激光制导炮弹，用 155mm 榴弹炮发射，射程为 3～20km，由直升机机载或地面车载的激光照射器照射目标，在飞行末段由炮弹的激光寻的装置自动捕捉目标反射的激光回波，导引炮弹命中目标。制导炮弹既可用来攻击装甲目标，也可攻击掩蔽部和火力发射点等小型目标，制导精度可达 1m 以内，用 1～2 发炮弹就可以击毁一辆坦克，相当于 250 发改进型常规炮弹的射击效果。俄罗斯的 152mm“红土地”榴弹炮所用的制导炮弹，也是精度很高的半主动激光制导炮弹。

2. 毫米波制导炮弹

装在炮弹上的微型毫米波雷达寻的装置，在弹道末段可自动搜索、跟踪目标，修正炮弹的飞行弹道，以达到很高的命中概率。这种制导炮弹目前还在研制和改进之中，需着重解决毫米波雷达的辐射功率及器件的小型化问题。法国研制的“灰背隼”81mm迫击炮弹是一种毫米波制导炮弹，当炮弹飞行到弹道降弧段时，制导装置开始工作能探测到300m×300m范围内的运动目标，或100m×100m范围内的静止目标。捕捉目标后，能把迫击炮弹导向目标。类似的制导炮弹还有一些，国家正在研制，一旦研制成功，迫击炮不仅能歼敌步兵，还能打敌装甲目标。

3. 红外成像制导炮弹

红外成像制导炮弹是利用红外探测器，通过目标的红外辐射获得目标的红外图像，并进行目标的捕获、跟踪。由于红外焦平面阵列探测技术已日趋成熟，高性能的红外成像制导装置已能运用于炮弹，而且可以达到很高的命中率。

4. 双模式制导炮弹

这是将两种不同类型的制导装置组合在一起的制导炮弹，目前采用较多的是红外加毫米波的制导方式。这种制导方式的抗干扰性很强，要同时干扰红外和毫米波两个系统是很困难的。此外，双模式制导系统还有全天候工作能力，制导精度高，特别是有很强的反隐身能力，因为红外隐身要求目标反射性能高，毫米波隐身要求目标反射性能低，一种材料很难同时解决红外与毫米波隐身的问题。美国研制的飞机上发射的“钻石”自动寻的反装甲子弹药（BAT），先采用了音响加红外成像的双模式制导，1994年试验成功后，又在研制毫米波加红外成像的寻的装置，使之能打击隐藏的装甲目标或发动机关闭后无噪声的装甲目标。

（四）末敏弹药

末敏弹药是一种新型的子弹药技术，已研制成功的有美国的“萨达姆”和“斯基特”末敏弹药。正在研制的有德国的“阿泽德”、瑞典的“博尼斯”等末敏弹药。

末敏弹药的母弹可以是炮弹，也可以是火箭，母弹是按常规方式发射的，飞至目标区上空，母弹开仓抛出子弹药，子弹药出仓后是旋转的，在下落的过程中用减速伞和其他办法来控制其转速和下降速度。比如，“萨达姆”的子弹头是以4r/min的转速旋转，以9m/s的速度下降；“斯基特”的子弹药则是以3r/min的转速旋转，以10～20m/s的速度下降。稳定的转速和下降速度可使探测器对地面进行连续的螺旋形扫描，发现目标后便向该方向发射出爆炸成型的弹丸，使之命中目标的顶部。现有的末敏弹药还不能自动选择与区分目标，所以还不能避免多枚子弹药共同攻击同一目标的现象，有些灵巧地雷也应用了末敏弹药技术。如美国研制的一种攻击地面装甲目标的灵巧地雷，先用声响与地面震动传感器探测目标，发现目标后就向上空发射子弹药，而这些子弹药都是末敏弹药，能取得比传统地雷更好的反坦克效果。

第三节 电子对抗技术

一、电子对抗概述

（一）电子对抗定义

电子对抗是指敌对双方利用电子设备或器材进行的电磁斗争，又称“电子战”。它既不是常规武器间的彼此相击，也不是火箭与导弹现代尖端武器之间的相互交锋，更不是用电子流、电磁能量直接进行的杀伤或破坏，而是现代信息技术与军事斗争相结合，在信息空间敌对双方利用专门电子设备和采用战术技术措施所进行的电磁信息斗争。

电子对抗的目的是削弱敌方电子设备效能直至摧毁，保证己方电子设备正常工作。就是使敌方雷达迷盲、通信中断、协同失调，直至敌方指挥瘫痪、火炮与制导武器失控，为保卫自己和大量杀伤敌有生力量创造条件。因此，电子对抗在现代战争中的地位越来越重要，成为军事电子技术中发展最快的领域之一。

电子对抗的技术手段主要有电子侦察与反电子侦察、电子干扰与反电子干扰、摧毁与反摧毁。从电子对抗作战对象来分，有射频对抗、光电对抗、水声对抗、计算机对抗、通信对抗、雷达对抗、导航对抗、制导对抗、敌我识别系统对抗等。

（二）电子对抗的基本原理

无线电通信、遥测、遥控及雷达探测等，都是依靠向空间辐射和接收无线电波来实现的。在电子对抗中，侦察敌方的电子设备的工作情况和扰乱敌方电子设备正常工作，也是依靠发射和接收无线电波来实现的。无线电波又称电磁波（简称电波）。电磁学理论和实践证明，电流通过导体时，在导体周围会产生磁场，变化的电场在其周围会产生变化的磁场，变化的磁场又在其附近产生变化的电场。这种交替变化的电磁场以波的形式一圈一圈地向外传播，这就是电磁波，简称无线电波。发射无线电波的过程也就是将电流能量转换为电磁场能量的过程，接收电波的过程也就是将磁场能量转换为电流能量的过程。

无线电波在传播过程中有三个特性：一是在均匀的同一种媒质中以恒定速度直线传播，传播速度为在均匀的同一种媒质 M 中，以恒定速度 v 作直线传播：$v=30$ 万 km/s；二是传播中遇到障碍物时将发生反射和绕射；三是传播中遇到导体时将会消耗一部分能量。

此外，由于电波的波长不同，电波的特性有所差异。波长不同，传播方式也不同：①长波主要用于地波传播，即电波沿地表面传播到接收方；②短波主要用于天波传播，电波由发射台向天空发射，并经电离层反射而传到接收一方；③超短波主要用于直射波传播，指收发两方之间没有任何阻隔，电波直接传播到对方；④微波直射波传播。

电子对抗就是利用无线电波在传播中的这些特征来实现的。例如，电子通信设备，它依靠向空间辐射和接收通信电波达到通信的目的，电波在空间传播，敌我双方都能发射和接收，这就有可能被侦察、截获、破译和干扰，无线电通信对抗就是利用无线电通信设备在无线电信领域内进行的获取通信信息和阻止获取信息的斗争，在掌握了敌方通信频率、呼号、联络规律和通信密码的前提下，就可截获敌人的通信内容，并可对敌台实施干扰，以达到破坏敌方通信的目的。

又如，根据电波能定向传播以及遇到障碍物能产生反射这一特征，人们制造出雷达，用来发现各种目标和测定飞机、舰船的位置，同时，人们又利用锡箔条、金属带、气悬体欺骗、干扰敌雷达，使雷达操作员难分真假。

（三）电子对抗在战争中的作用地位

1. 获取敌方军事情报，为作战指挥提供依据

在战略上及时发现对方战略意图和行动企图，搞清敌方军事实力和新式武器的研制；在战役战斗方面，查明敌方兵力部署、武器配置、作战行动企图；在战术技术上，查明敌电子设备技术参数，为电子干扰提供依据。

2. 破坏敌方作战指挥，使其战斗陷入困境

利用电子干扰阻断通信联络，使其指挥失灵，贻误战机；利用电子欺骗迷惑对方，造成指挥混乱，如发假命令、假信号、假情报等。

3. 掩护突防和攻击

在战术上使用无线电静默和无线电佯动，造成敌人的错觉，隐蔽己方作战意图，达到暗度陈仓、出奇制胜的目的。

4. 干扰敌方武器系统

在进攻行动中，主动干扰敌各种火控雷达和通信指挥系统，使对方兵器失控而不能击中目标，从而掩护己方飞机、舰艇、导弹，顺利突防和攻击。

5. 保卫重要军事目标

在重要城镇、桥梁、机场、工厂和军事要地等目标附近，设置有力的雷达干扰设备，这样能有效地干扰敌轰炸机瞄准雷达和导弹制导系统，使飞机投弹不准，导弹失控，减小被击中的概率，达到保卫重要目标的目的。

6. 夺取战场主动权

未来高技术战争中，电子对抗将发挥重大作用，没有制电磁权，就很难有制天权、制空权、制海权、制陆权，就很难掌握战场主动权。国外有人把电子对抗比作高技术武器的保护神和效能倍增器，视为与精确制导武器、C^3I 系统并列的高技术战争三大支柱之一。

二、电子对抗的技术手段

电子对抗宏观上包括电子对抗与电子反对抗两个方面。电子对抗手段不断创新，派生有电子隐身与反隐身、电子制导与反制导等，归结起来主要包括：电子侦察与反侦察、电子干扰与反干扰、电子摧毁与反摧毁。

（一）电子侦察与反电子侦察

电子侦察是利用电子设备获取敌方电子设备电磁辐射信号，从中获取战术技术特征参

数及位置数据等情报活动。反电子侦察是采取措施防止敌方获取己方的电子情报而采取的措施。电子侦察与反电子侦察是实施电子对抗的前提，是电子对抗的重要组成部分，是电子对抗在平时的主要形式。电子侦察无论平时、战时都在不间断地进行着，反电子侦察已成为经常性的电子防御措施。反电子侦察涉及所有作战部队，必须严密组织、统一实施，与其他反侦察手段结合使用。

1. 电子侦察

电子侦察是通过截获、探测、分析、识别威胁辐射源信号特征及有关参数，输出各类辐射源的特征报告，然后，对多类报告的信息进行相关跟踪、滤波、融合、归并、识别、更新、态势评价和威胁估计等数据处理，获得准确可靠和完整的电子情报，为电子对抗及为部队作战行动提供准确的情报。

电子侦察按对象可分为雷达侦察、通信侦察和光电侦察。雷达侦察是指侦测、记录敌方雷达及雷达干扰设备的信号特征参数，并对其定位、识别；通信侦察是指对敌方无线电通信电台和通信干扰设备进行侦察测向、定位，并根据通信电台的技术性能、通信诸元、通联规律，判别通信网的组织、级别和属性；光电侦察是指截获和识别敌方激光雷达、激光制导武器的激光辐射信号和飞机、坦克、导弹等本身的红外辐射信号。

电子侦察是夺取电磁优势的前提条件，没有时空限制，每时每刻都要进行，是电子对抗的主要形式。

2. 反电子侦察

反电子侦察是为了防止敌方截获、利用己方电子设备发射的电磁信号而采取的措施。目的是使敌方难以截获己方的电磁信号，或无法从截获的信号中获得有关情报。

反电子侦察的主要措施：一是电子设备设置隐蔽频率和战时保留方式，平时采用常用频率工作；二是减少发射次数，缩短发射时间，尽可能采用有线电通信、摩托通信、可视信号通信等通信手段；三是使用定向天线，充分利用地形的屏蔽作用，减少朝敌方向的电磁辐射强度；四是将发射功率降低至完成任务的最低限度；五是转移发射阵地，不使敌人掌握发射规律；六是减少发射活动，实施静默。其具体做法还有：设置简易辐射源，实施辐射欺骗或无线电佯动；采取信号保密措施，使用不易被敌截获、识别的跳频电台等新体制电子设备。

（二）电子干扰与电子反干扰

电子干扰与电子反干扰，是现代战争中夺取战场电磁优势极为重要的作战手段。应当灵活掌握，正确决策，实施计划管理。

1. 电子干扰

电子干扰是采用专用的发射信号干扰、破坏敌方电子系统正常工作的专用技术。其目的是削弱或破坏敌方电子系统遂行战场侦察、作战指挥、通信联络和兵器控制能力；为隐蔽己方企图，达成战役、战斗的突然性，提高己方飞机、舰艇、装甲车辆等武器装备的生存能力创造有利条件。

电子干扰按产生的机理，可分类为有源干扰、无源干扰两大类。有源电子干扰是用专门干扰发射机发射或转发某种形式的电磁波，使敌方电子设备或系统的接收部分受到扰乱和破坏。发射的干扰信号是根据被干扰电子设备类型、工作频率和体制等确定的。无源电子干扰是用本身不发射电磁波的器材，散射、反射或吸收敌方电子设备的电磁波，使其效能受到削弱或破坏，主要用于干扰雷达、激光测距装置等接收反射回波的电子设备。

按干扰的作用性质，可分为压制性电子干扰和欺骗性电子干扰。压制性电子干扰是指造成电子设备的接收系统过载、饱和或难以获取有用信号的干扰。欺骗性干扰是发射与有用信号完全相同或相似并含有假信息的干扰信号，使电子设备或操作人员真假难辨，造成错误的识别和判断。按干扰的对象，可分为无线电通信干扰、无线电导航干扰、雷达干扰、无线电遥控遥测干扰、红外干扰、激光干扰等。

2. 电子反干扰

电子反干扰是识别、阻止敌方干扰以保护己方电子系统处于正常状态的技术。其目的是削弱或消除敌方电子干扰对己方电子设备使用效能的影响。电子反干扰按电子设备的种类分为雷达反干扰、通信反干扰、光电设备反干扰、导航设备反干扰、引信反干扰。按作战使用分为技术反干扰和战术反干扰两大类。技术反干扰主要是提高电子设备本身在干扰条件下的工作能力，即在电子设备的发射机、天线、接收机、信号处理系统中采取的反干扰措施。反干扰技术措施的针对性比较强，通常一种反干扰措施只能有效地对抗某一种干扰。在实际作战中，电子设备是军队指挥系统或武器系统的一部分。在单一电子设备反干扰技术措施的基础上，采取一些战术措施来保障作战任务的完成，是反干扰的重要方面。反干扰的战术措施主要是调整电子设备的配置、组网工作和综合运用等，即将不同体制、各种频段的雷达配置成网，以发挥网的整体抗干扰能力；综合应用多种探测和通信手段，如有源探测和无源探测相结合；红外寻的、激光制导和雷达制导相结合；有线通信、运动通信和无线电通信相结合等；设置隐蔽台站（网）并适时启用；利用干扰信号对干扰源进行跟踪寻的、定位，可能时用火力将其摧毁。

（三）摧毁与反摧毁

专用电子对抗设备和作战手段在战场上的广泛应用，不仅使雷达、通信和光电设备难以发挥效能，并且对作战飞机、舰船、装甲车辆和精确制导武器等构成了严重威胁。电子对抗手段不断升级，已由消极防御发展到“软”杀伤，进而发展到“软、硬”结合，对敌方电子设备直接摧毁。

（1）摧毁是指在查明敌方电子对抗装备及其工作情况的基础上，用直接毁伤的方法使其瘫痪并使其在短期内难以恢复正常工作的一种电子对抗手段，主要有常规火力摧毁、派遣人员摧毁和反辐射摧毁等。

反辐射导弹、反辐射无人机等，是这种“硬摧毁”的反辐射武器系统。反辐射导弹和对辐射源实施摧毁攻击有两种方式：一种是接收到目标信号后发射。由于导弹具有“记忆”（锁定）装置，发射后，即使被攻击的雷达关机，它也可“记住”其位置，不偏离航线击中目标。另一种是“先升空后锁定”方式，先盲目发射，让其无定向在空中飞行、盘旋，一旦接收到目标信号，即咬紧目标，将目标摧毁。反辐射导弹的自导引系统是采用无源被动跟踪方式，本身不辐射电磁信号，具有稳定性好、不易受干扰和突防能力强等特点，引导头带很宽，具有较高的制导精度，是当今战场上威慑力较高的一种有效电子战武器。

（2）反摧毁是雷达利用战术或技术保护自己及友邻雷达免遭反辐射导弹攻击的技术。反摧毁技术目前常用的有以下几种：采用诱饵引骗技术，部署假雷达阵地；采用雷达发射控制、关机、间歇交替工作技术；采用反辐射导弹告警系统；采用新体制雷达，如低截获概率雷达、双/多基地雷达、高频雷达、毫米波雷达等；雷达与无源传感器联合组网实施综合对抗技术。

第四节　激光技术

激光是20世纪60年代世界上出现的一项重大科学技术成就。激光的出现，标志着人类对光的掌握和利用进入了一个新阶段。

一、激光概述

所谓激光，即受激辐射光放大的简称，是指利用光能、热能、电能、化学能或核能等外部能量来激励物质，使其发生受激辐射而产生的一种特殊光。

（一）激光的基本概念

一切物质都是由原子组成的，而原子又是由原子核和绕核高速旋转的电子所组成的。原子核带正电荷，电子带负电荷。通常情况下，物质中绝大多数原子处于稳定状态，能态越高，原子数目越少，呈宝塔形分布。原子的这种能量分布状态属于正常分布状态，也称粒子数正常分布。此时即使有外来光子射入，由于大多数原子都处于低能态，高能态原子极少，所以引起的受激辐射十分微弱，受激吸收占主导地位，故不能形成激光。而要大量产生受激辐射，最终形成激光，需要具备一定的条件：

（1）要有一个足够强的激励源，实现粒子数反转。受激辐射是产生激光的必要条件。要形成受激辐射，必须打破原子的正常分布状态，使高能态原子多于低能态原子，即造成一种反常分布状态，这种反常分布状态称为粒子数反转。而要实现粒子数的反转，就要求要有激励源把处于低能态的原子激发到某个高能态上去。只要激励源足够强，使被激发到某高能态的原子数超过自发辐射回到低能态的原子数，就有可能在这个高能态上积累更多的原子，实现粒子数反转。

（2）要有一种特殊的工作物质。在一般的发光物质中，原子被激发到高能态后，会很快地自发迁回低能态，因为高能态是不稳定的。因此，就要选择特殊的发光物质作为激光工作物质。这种发光物质的特殊性在于高能级上的原子能稳定一段较长的时间，从而在这个能级上就能积累大量原子，实现粒子数反转。

（3）要有一个光学谐振腔。要想获得激光，只有设法使受激辐射和光放大的过程持续进行下去，这就需要一个经过精心设计安装的光学谐振腔，以保证激光的连续输出，同时，控制激光的输出方向和激光波长的作用。

世界上第一台激光器是美国于1960年7月首先研制出来的。1961年9月，我国第一台激光器研制成功。

（二）激光的特点

激光和普通光一样，既是电磁波，又是粒子流，都以光速传播。然而，激光又是一种特殊的光，与普通光相比，有以下四个主要特点：

1. 方向性好

方向性即光的指向性。光的方向性好坏，可以用光束在空间传播时的发散角和光斑直径大小来衡量，发散角和光斑越小，光的方向性就越好；反之则差。激光的发散角很小，基本上是一束平行光。例如，用一束激光射到距地球38万km的月球上，其光斑直径还不到2千米。

激光的方向性之所以好，是因为激光在形成过程中，凡是偏离工作物质轴线方向传播的光子都很快地从腔壁逸出。只有沿工作物质轴线方向传播的光子，才能保持在谐振腔中来回振荡，放大后形成激光。因此，输出的激光是一束与工作物质轴线方向一致的平行光，因而方向性好。

2. 亮度高

亮度是指单位面积的光源向某一确定方向的单位立体角内发射的光功率。亮度是衡量光源的重要指标，亮度高低是指光源发光的强弱。

在自然光源中，以太阳的亮度最高，但激光亮度比太阳光的亮度高得多。1MW的氦氖激光器发射的激光，其亮度是我们从地面上看到的太阳亮度的44倍；而大功率激光器输出的激光亮度，可以比太阳表面亮度高几百亿倍。这种高亮度的激光束，经过聚焦之后，可以产生几百万度的高温，能在不到1/1 000s的时间内，使任何金属汽化，故可用作激光武器来直接毁伤目标。

3. 单色性好

光的颜色是由光的波长决定的。不同的颜色，是不同波长的光作用在人眼视网膜上的不同反应的结果。波长范围越窄，即谱线宽度越小，单色性越好，颜色越纯；反之则差。然而，我们平常所说的某一种色光，其波长并不是单一的，如红光就包含了0.63～0.76μm范围内各个波长的光。因此，严格地说，它并不是单色光。而激光的波长范围很窄，所以，激光的单色性极好。

4. 相干性好

光的相干性，是指相干光波在叠加区形成稳定的干涉图形所表现的性质，是光的波动性所表现出的一个特性，是衡量光波与光波在频率、振动方向上是否一致，在相位上是否有恒定关系的一个特性。频率相同、振动方向相同、相位相同或相位保持恒定的两列或两列以上的光波在空间重叠时，重叠区的光强分布会出现稳定的强弱相间的现象。这种现象叫作干涉，相应的光波和光源叫作相干光波，简称“相干光”和“相干光源”。由于激光来源于受激辐射，同一光源发出的激光光波，其频率、偏振、传播方向等都是非常一致的，因此，激光是一种相干光，具有极好的相干性。激光的这一特性被广泛应用于精密计量、全息照相、光学信息处理等方面。

（三）激光器

要获得激光，就要有能产生激光的装置，这种装置就是激光器。

1. 激光器的基本组成

激光器通常由工作物质、激励能源、光学谐振腔三部分组成。

（1）工作物质。激光工作物质简称“激光物质”，是发射激光的材料。这种材料在吸收外界能量后，能使原子由基态跃迁到激发态。也就是说，高能态的原子数多于低能态的原子数，即产生了粒子数的反转。因此，并不是所有的物质都能成为激光工作物质。只有能够实现粒子数反转，且原子又能在高能级上停留较长时间的物质，才能作为激光工作物质。到目前为止，世界上只有上千种物质具有亚稳态能级，可以作为激光物质。

（2）激励能源。激励能源是指向激光物质输入能量，把原子不断从基态激发到高能态的能源，它是实现粒子数反转产生激光的基本条件。常用的激励能源有光源、电源、热源、化学源、电子束等。

（3）光学谐振腔。要想获得强激光，就要设法使受激辐射和光放大过程持续进行下去，为此就需要有一个光学谐振腔。它是由两块互相平行而又与工作物质轴线垂直的反射镜组成的。其中一块是全反射，另一块是部分反射。其重要作用是保证激光的连续稳定输出。同时，还具有控制激光的输出方向和激光波长的作用。

2. 激光器的分类

按照激光器工作物质的不同，可将激光器分为固体激光器、气体激光器、液体激光器和半导体激光器四种。也可以按照激光器运转方式的不同，将激光器分为脉冲式激光器和连续波式激光器。

（1）固体激光器。即用固体材料作为激光器的工作物质，一般采用光激励源的激光器。目前，比较成熟的固体激光器有红宝石激光器、铁玻璃激光器、掺钕钇铝石榴石激光器。其特点是：小而坚固，功率较高。世界上第一台激光器就是红宝石激光器，它输出的激光相干性、频率稳定性和保密性较差，因此，在军事上的应用已逐渐被其他激光器替代。

（2）气体激光器。即用气体作为激光器的工作物质，一般采用电激励源的激光器。它是目前品种最多、应用最广的一类激光器。例如，氦氖激光器和二氧化碳激光器。其特点是：单色性、相干性和频率稳定性都比较好，能以脉冲式和连续波式两种方式工作，且能长时间稳定、连续地工作。气体激光器结构简单、造价低廉、操作方便。因此在民用和科学研究中应用很广。

（3）液体激光器。即用液体（如有机染料或无机溶液等）作为激光器的工作物质，采用光激励源的激光器。其特点是：输出激光的波长连续可调，常见的液体激光器有若丹明液体激光器等。这类激光器在科研方面用得较多。

（4）半导体激光器。即用半导体作为激光器的工作物质，多采用电注入方式提供能量的激光器。其特点是：体积小、种类多、效率高、使用方便。其缺点是：激光性质受温度影响大。目前已广泛应用于激光测距、雷达、通信、模拟和自动控制等方面，最成熟、最常用的半导体激光器是砷化镓激光器。

二、激光技术在军事上的应用

激光技术在军事上的应用主要包括激光测距、激光雷达、激光制导、激光通信、激光侦察和激光武器等。

（一）激光测距

激光测距是发展最早、最成熟的一种军用激光技术。1962 年，美国生产出了世界上第一台激光测距仪（机）的样机。与一般光学测距相比，激光测距具有以下优点：

1. 测量距离远，精度高

一般光学测距机的测距误差的大小不仅与操作人员的经验和观察条件有关，而且随被测距离的增大而增大，误差范围往往达到 30 ~ 50m，甚至更大。而激光测距则不同，它的精度与操作人员的经验及被测距离无关，误差一般在 10m 以下，性能好的激光测距机，测距精度可达 0. 15m；高精度的激光测距机测量距离可达几十万千米，而且误差很小。例如：

①脉冲激光测距机能发出很强的激光，测距能力较强，即使对非合作目标，最大测距也能达到 30 000m 以上。其测距精度一般为 5m，最高的可达 0. 15m。脉冲激光测距机既可在军事上用于对各种非合作目标的测距，也可在气象上用于测定能见度和云层高度，还可用于人造卫星精密距离测量等领域。

②连续波激光测距机的发射（平均）功率较低，因而测距能力相对较差。例如，对非合作目标，相位法测距的最大测程只有 1 ~ 3km；但连续波激光测距机的测距精度很高，可达到 2mm。因此，连续波激光测距机大多用来对合作目标进行较为精确的测量，如用作自动目标跟踪系统中的精密距离跟踪（像对导弹飞行初始段的测距和跟踪）、大地测量等。

目前，军用激光测距机主要有步兵、地炮激光测距机、高炮激光测距机、坦克激光测距机、飞机载激光测距机和舰艇载激光测距机等几种类型。

2. 操作简便、速度快

只要瞄准了目标，几秒钟就可测得一个数据，而一般光学测距机测一个数据需要几分钟。

3. 体积小、重量轻

由于激光的频率高，所以不用巨大的天线就能发射极窄的光束。例如，发射发散角为 1/20°的红宝石激光，只需直径 7. 6cm 的天线。而对微波来说，要想得到同样的发散角，天线直径则要在 305m 以上。因此，激光装置小而轻。已经装备的激光测距机，重量一般为 10kg 左右，最小的只有 0. 36kg，体积只有香烟盒那么大。

激光测距机的主要缺点是：不能全天候使用，其作用距离受天气和战场条件（硝烟、尘埃等）影响较大。

（二）激光雷达

激光雷达是用激光器作为辐射源的雷达。在激光测距机的基础上加装测角、测速和自动跟踪装置就构成激光雷达。激光雷达不仅可以精确测量目标的距离，而且可以精确测速、跟踪、警戒防撞、控制飞船会合等。

由于激光雷达比微波雷达的频率高，激光束比微波束窄，因而，激光雷达与微波雷达相比，具有以下独特的优点：

（1）测量精度高。目前二氧化碳激光雷达测速精度比微波雷达高 1 万倍，测角精度比微波雷达高 5 倍。

（2）分辨力高。实践表明：波的频率越高，分辨率就越高，识别能力就越强。这是由于频率越高，波长越短，波的衍射（绕射）能力越弱，反射能力则越强。激光的频率比微波高得多，因而具有很高的分辨力，能识别电线杆、空中电线、烟囱等小障碍物。例如，二氧化碳激光雷达可分辨远在 450m 处、直径为 3. 2mm 的金属线。而微波雷达一般只能发现高大的建筑物和山丘。

（3）隐蔽性好、抗有源干扰能力强。激光分辨率高，加上它的单色性好，脉冲宽度比微波小得多，因此利于抗干扰。例如，探测地面或低空目标时，微波回波信号常被地面反射波淹没，由于干扰的存在就出现无法探测的区域（即雷达盲区）。而使用激光雷达则可以排除背景或地面杂散回波的干扰和噪声的影响，因而它能对超低空目标进行探测。

（4）体积小、重量轻、机动性好。实践表明：波长越短，所需的发射天线直径越小。从地球照射到月球上 $1km^2$ 的区域，激光雷达的发射天线直径 30cm 就足够，而微波天线的直径约需几千米。

激光雷达的缺点是：由于激光方向性强、波束发散角小，大面积搜索和监视时就容易丢失目标，不适于用作搜索雷达；再由于波长短，大气成分对激光的散射和吸收微波严重，因而激光雷达受大气条件的影响较大，尤其在雨、云、雾天，其作用距离更短，甚至难以正常工作，因而不能全天候工作。

正是由于激光雷达具有的特殊优点，因而被广泛地应用于军事领域，其应用主要包括以下几个方面：

（1）武器鉴定试验。在靶场进行武器鉴定试验，可以选择好天气进行使用合作测量。为此目的而发展的靶场测量激光雷达主要用于：导弹发射初始段和低飞目标跟踪测量；飞机等目标的姿态测定；对卫星、导弹等再入目标的测量、识别与跟踪等。

（2）用于武器火控。激光雷达能弥补微波雷达低空盲区、受电子干扰、测量精度有限等不足，而被广泛应用于各种武器的火控系统中，如地对空监视和目标探测（点防御）、地对地监视和目标探测（坦克战）、空对地目标探测（近距空中支援）等场合。目前已研制出能在几千米内对目标进行精密跟踪测量的激光雷达，如舰载炮瞄激光雷达能跟踪掠海飞行的反舰导弹，使火炮可在安全距离以外拦截目标。

（3）跟踪识别。20 世纪 70 年代以来，我军着手研制与武器配套的激光雷达，用于导弹制导、空中侦察、航天器与再入飞行器的跟踪识别等。

（4）指挥引导。这种激光雷达可用于航天器对接、会合的精确制导，卫星对卫星的跟踪、测距和高分辨力测速，地形和障碍物的回避等。

（5）测量大气。可利用大气对激光的吸收和散射作用来测量大气。例如，对化学、生物毒剂、目标废气等的侦测和监视，环球风监测和其他参数测量，局部风速测量（以利导弹等武器校准），大气湍流探测（以利飞行安全）等。

（三）激光制导

激光制导是利用激光控制飞行器的飞行方向或引导兵器击中目标的一种技术。激光制导与其他制导种类相比具有结构简单、作战实效成本低、抗干扰性能好、命中精度高等优点。不足的是受大气及战场条件影响较大，不能全天候工作等。

1. 激光制导方式

激光制导按工作原理可分为波束制导（又称“驾束制导”）和半主动式的制导两类。

（1）激光波束制导。这种制导方式是利用激光照射器发射激光束对准并跟踪目标，导弹在飞向目标的过程中始终保持在激光束中心。如果导弹偏离了激光束中心，安装在弹体尾部的激光接收器便会发出偏差信号，然后通过控制系统纠正弹道偏差。

（2）半主动式激光制导。这种制导是利用装在地面、舰艇或飞机上的激光照射器向目标发射激光束，目标反射的激光信号由安装在弹体头部的目标寻的器（即四象限探测器）接收，然后通过控制系统将导弹或弹丸引向目标。半主动激光制导多用于对付地面目标的制导系统，如激光制导炸弹、空地导弹和激光制导炮弹等。它是目前技术上较成熟的一种激光制导方式。

2. 激光制导的优缺点

激光制导主要具有以下优点：

（1）精度高。由于激光的方向性好，因此，激光制导武器具有很高的命中率。例如，激光制导炸弹的圆概率误差为1m左右，激光制导炮弹的圆概率误差仅为0.3～0.9m。

（2）抗干扰能力强。由于激光具有单色性、方向性好、能量集中的优点，激光制导的抗背景干扰能力比红外和电视制导强，更不怕无线电干扰。此外，目前对激光的人工干扰技术尚不成熟。因此，激光制导具有抗干扰能力强的突出优点。

（3）结构简单、成本低。与电视制导、热成像制导系统相比，激光制导系统的结构简单、成本低。与非制导武器相比，虽然激光制导武器价格昂贵，但从总的效能来看，还是大大地降低了作战费用。激光制导炮弹的价格为普通炸弹的3倍，但其毁伤效能却相当于100枚同重量的普通炸弹。

尽管激光制导具有以上诸多的优点，但也存在一定的缺点，具体表现在：

①受天气和战场条件的影响大，不能全天候工作。

②在弹体飞向目标的过程中，仍需要激光照射器持续不断地照射目标。这就使地面的观察人员或空中的指示飞机较长时间暴露于敌火力之下，从而降低了生存能力。

③激光光束狭窄，搜索能力差，因此，激光制导还只能补充或部分取代其他制导系统。

（四）激光通信

利用激光作载波传送信息的通信叫激光通信。把需要传递的信息变成电信号寄载在激光光波上传送给对方，就实现了激光通信。

1. 激光通信的特点

激光通信与电波通信相比具有如下优点：

（1）抗干扰能力强，保密性好。由于激光光束发散角很小，能量集中在狭小的范围内，所以抗干扰能力强。由于激光光束狭窄，对方只有在光斑范围内才能接收到信号，故不易被截获。加之还可采用不可见光，因而保密性好。

（2）设备轻便、费用经济。激光通信系统的天线是光学望远镜，直径只有几十厘米，重量几千克。而微波天线直径达几十米，重达几十吨，甚至上百吨。

（3）信息容量大，传输路数多。

（4）方向性好，能量集中。

2. 激光通信的种类

按照激光传播途径的不同，激光通信可分为大气激光通信、空间激光通信、水下通信和光导纤维通信四种形式。

（1）大气激光通信。就是以大气为传输介质的激光通信，也就是让载有信息的激光光波通过大气传输至对方。其工作原理及通信过程均与无线电波通信类似，不同的是以激光作为传递信息的载波。这种通信方式受天气等因素影响较大，激光在大气中传输时衰减严重，因而目前只在中、短程距离内应用。小容量、可移动的便携式半导体大气激光通信机已开始使用，它在边防和野战条件下用于定点保密通信十分适宜。

（2）空间激光通信。就是利用激光作为载波在外层空间进行的通信，如卫星之间、卫星与飞船之间的通信等。由于激光在接近真空的空间环境中传播，几乎不衰减，采用小功率激光器就能进行远距离通信。所以，空间激光通信系统可以做到体积更小，重量更轻，通信容量更大，还不受电磁信号干扰，这对发展空间通信十分重要。目前，空间激光通信正处于发展阶段，已对卫星之间的激光通信系统进行了一些试验研究。

（3）水下通信。主要是与潜艇之间的通信，一般采用蓝绿激光，因为这种颜色对水的穿透率最高。

（4）光导纤维通信。是指以光导纤维为传输介质的光通信。其原理及通信过程类似于电缆通信，所不同的是在光纤中传播的是光信号，在金属导线中传播的是电信号。

光纤通信，不仅可以作为国家通信干线，而且可以用于高级军事指挥机关、边防前线以及大型舰艇和飞机内部通信。此外，还可以实现把电视、电话、电子计算机连接成网，不但能保证实时通话，传输现场实况，而且能及时提供大量图像、数据、情报资料等，这些在现代战争中都是特别有价值的。

（五）激光侦察

在军事侦察技术中，激光侦察技术是一支“新军”，具有反应灵敏、分辨率高等特点。

1. 战略激光侦察

战略激光侦察分为高空激光侦察和空间激光监视。激光测视雷达、激光行扫描摄影机（也称“行扫描传感器”）、激光帧扫描摄影机主要用于高空机载激光侦察。一般以预警卫星和侦察卫星为观察平台的设备多用于空间激光监视。

2. 战术激光侦察

激光夜视仪是常用的战术侦察设备，技术上比较成熟。该观察系统包括激光照射器、激光测距机和红外探测器等。

（1）水下激光侦察是常用的战略战术侦察手段。由于蓝绿激光能穿透海水，因此，可以用作水下照明、摄影、电视的光源，也可以用来探测水下障碍物和敌海军基地、海港的水下地形，探测水雷和敌方潜艇。这种水下侦察任务通常由飞机或卫星来完成。

（2）激光窃听。这是间谍人员最新的侦察手段之一。例如，用不可见的激光照射敌方一办公室的玻璃窗。如果室内开会或打电话等，就有声波使玻璃随之振动。这样，从玻璃上反射回来的激光就包含了室内声波振动信息。然后，再利用外差技术分离出语音信号，就能在较远的距离上达到窃听的目的。

（六）激光武器

利用激光的能量直接杀伤或破坏目标的武器，称为激光武器。

1. 激光武器的特点

（1）不需要计算弹道。用火炮攻击目标时，除了考虑弹丸在飞行过程中受地心引力的作用而使弹道发生弯曲外，还要考虑弹丸自旋及横风影响引起的偏差，因此，射击时要根据距离、高度、风速、风向及弹丸初速等因素进行弹道计算。激光武器发射的是高能激光束，其弹道是一条笔直的直线，用不着计算弹道，指哪打哪，命中率极高。

（2）不需要提前量。激光武器发射的是以光速飞行的“光子弹”。战场上任何高速运动的目标相对于光速来说都可以被看成是静止目标。因此，激光武器射击时不需要提前量，只要对准目标便可命中。

（3）不产生后坐力。激光武器发射的是高能激光束，其静止质量为零，所以不会产生后坐力，是一种无惯性武器。

（4）效费比高。百万瓦级氟化氘激光武器，每发射一次费用为 1 000 ~ 2 000 美元。与之相比，“爱国者”防空导弹每枚 30 万 ~ 50 万美元；“毒刺”短程防空导弹每枚 2 万美元。由此比较，激光武器比其他武器具有更高的效费比。

（5）不受电磁干扰。激光在传输时不受外界电磁波的干扰，因此，目标难以利用电磁干扰手段避开激光武器的攻击。

2. 激光武器的杀伤破坏效应

激光武器的杀伤破坏效应主要有三种：

（1）烧蚀效应。激光照射目标，部分能量被目标吸收，转化为热能，使目标表面汽化，产生的蒸汽高速向外膨胀，同时将一部分液体甚至固态颗粒带出，从而使目标表面形成凹坑或穿孔。这是对目标的基本破坏形式。如果激光参数选择得合适，还有可能使目标深层温度高于表面温度，这时内部的过热材料由于高温产生高压，从而发生热爆炸。

（2）激波效应。当目标蒸汽向外喷射时，在极短的时间内给目标以反作用力，相当于一个脉冲载荷作用到目标表面，于是在固态材料中形成激波。激波传播到目标表面产生反射后，可能将目标拉断而发生层裂破坏。

(3) 辐射效应。目标表面因汽化而形成等离子体云，它能辐射出大量紫外线和X射线，使内部电子元件损伤。实验发现，这种紫外线或X射线对电子元件的破坏比激光直接照射更为有效。

3. 激光武器的应用

激光武器分为高能激光武器和低能激光武器两类。

(1) 高能激光武器，又称强激光武器，是一种大型的激光装置，能在很短的时间内发出高能激光束。击中目标时，光能量被目标吸收，转变为热能，可以产生几百万度的高温和几百万个大气压的高压，使目标被烧蚀、击穿，甚至引起爆炸。高能激光武器可用于摧毁敌导弹、卫星、飞机等大型目标，主要包括防空激光武器、反卫星激光武器和反洲际弹道导弹激光武器等。目前这些武器中的多数还在研制过程中。

(2) 低能激光武器，是指发射功率较小的激光轻武器，也称战术激光武器，如激光枪、激光致盲器等。该武器主要用于射击单个敌人，使之失明、死亡或衣服着火而丧失战斗力，也可使各种光学瞄准观察器材失灵。

第一支激光枪于1978年3月研制成功。美国陆军研制的一种激光枪重6kg，射程800～1 500m，形似轻机枪。它以脉冲式工作，射速每秒1次以上，可以像轻机枪、冲锋枪一样进行单发或连发射击。在射程内能致人死亡、击穿钢盔等防护装备；在1 500m以外，能使人致盲、皮肉灼伤、衣服着火，使炸药起爆，使光电设备或电子仪器失效等。

目前，已经研制成功的激光手枪有多种形式：有一种袖珍激光手枪，外形似一支自来水笔，连电源一起仅重0.5kg，输出功率1W，有效射30～50m。英军在英阿马岛战争中曾使用了激光致盲器。阿根廷空军的飞机先后被英军舰艇上的激光致盲器照射后，一架飞机坠入大海，一架偏离航线被己方防空部队击落，多架飞机被迫改变作战计划。

第五节　航天技术

1957年10月4日，苏联将人类第一个航天器“地球”卫星1号送入太空，从此人类进入了新的时代——航天时代。航天技术在军事领域的广泛应用极大地拓展了军事斗争的空间领域，给现代战争带来了深刻的变化。

一、航天技术概述

航天技术，是指将航天器送入太空，以探索、开发和利用太空及地球以外天体的综合性工程技术，又称空间技术。它是20世纪人类认识和改造自然进程中最有影响的科学技术之一。

(一) 航天技术的组成

航天技术主要由航天运载器技术、航天器技术和航天测控技术组成。

1. 航天运载器技术

航天运载器技术是航天技术的基础，常用的运载器是运载火箭。运载火箭主要由动力系统、控制系统、箭体和仪器、仪表系统组成，通常分为单级运载火箭和多级运载火箭。

2. 航天器技术

航天器是在太空沿一定轨道运行并执行一定任务的飞行器，也称空间飞行器。通常分无人航天器和载人航天器两大类。

无人航天器，按是否环绕地球运行又分为人造地球卫星和空间探测器等。人造地球卫星，接用途分为科学卫星、应用卫星和技术试验卫星等。空间探测器，按探测目标分为月球探测器、行星（金星、火星等）探测器和星际探测器。

载人航天器，按飞行和工作方式分为载人飞船、空间站和航天飞机等。载人飞船可分为卫星式载人飞船、登月式载人飞船和行星际载人飞船等。空间站可分为单一式空间站和组合式空间站。

3. 航天测控技术

航天测控技术，是对飞行中的运载火箭及航天器进行跟踪测量、监视和控制的技术。为了保证火箭正常飞行和航天器在轨道上正常工作，除了火箭和航天器上载有测控设备外，还必须在地面建立测控（包括通信）系统。地面测控系统由分布在全球各地的测控台、站及测量船组成。航天测控系统主要包括光学跟踪测量系统、无线电跟踪测量系统、遥测系统、实时数据处理系统、遥控系统、通信系统等。

（二）航天器飞行的基本条件

目前，将航天器送入外层空间的手段和运载工具有两种：一种是多级火箭发射；另一种是航天飞机向近地轨道运载和布放。不论采用哪种手段和运载工具，要使航天器在太空飞行，必须具备一定的速度和一定的高度这两个条件。

1. 航天器飞行的速度

从地球上将航天器发射上天，使其沿一定轨道运行而不落回地面来，必须借助运载火箭的推力产生足够大的飞行速度，航天器才能冲破地球引力和空气的阻力，飞向太空。根据对航天器的不同运行要求，通常将航天器运行速度分为第一、第二、第三宇宙速度。

（1）第一宇宙速度：又叫作环绕速度，指航天器（地球上的物体）绕地球做圆轨道运行而不掉回地面所必须具有的速度，为7.9km/s。

（2）第二宇宙速度：又叫作脱离速度。航天器运行速度大于环绕速度时，将沿椭圆轨道运行。当发射速度增加到11.2km/s时，航天器将挣脱地球引力，成为一颗绕太阳运行的人造行星。

（3）第三宇宙速度：又叫作逃逸速度。当运行速度大于16.7km/s时，航天器将脱离太阳系进入茫茫宇宙深处。

2. 航天器飞行的高度

地球周围有稠密的大气层，空气密度与距地面的垂直高度成反比。在距地面100km的高度上，空气密度约为海平面的百万分之一，在200km高空，空气密度只有海平面的五亿分之一。航天器运行轨道太低时，与空气摩擦产生高温，会将航天器烧毁，空气的阻力也会使航天器运行速度下降而陨落。因此，要使航天器在空间轨道上安全运行，除必要速度外，运行高度通常在 120km 以上。图 5-11 所示为美国“哥伦比亚”航天飞机。

图 5-11 美国“哥伦比亚”航天飞机

（三）航天器的运行轨道

航天器的运行轨道是其运行时质心运动的轨迹，由其入轨点位置、入轨速度和入轨方向决定。

1. 轨道参数

人们为了说明航天器运行轨道的形状、在空间的方位及其在特定时刻所在的位置，常用以下轨道参数来描述。

（1）轨道形状和高度：绕地球运行的航天器轨道形状有圆轨道和椭圆轨道两种。航天器到地球表面的垂直距离，称为航天器的轨道高度。沿圆轨道运行的航天器只有一个高度参数；沿椭圆轨道运行的航天器在轨道上离地面最近的位置叫作近地点，离地面最远的位置叫作远地点，这两个点到地面的垂直距离分别称为近地点高度和远地点高度。根据执行任务不同，航天器可以选用不同形状、不同高度的轨道。

（2）轨道周期：航天器在轨道上绕地球运行一周所用的时间。航天器高度越高，速度越慢，周期也就越长。

（3）轨道倾角：航天器绕地球运行的轨道平面与地球赤道平面之间的夹角。它用地心至北极的方向与轨道平面正法向之间的夹角度量。倾角小于 90°的轨道，航天器自西向东顺着地球自转方向运行，称为顺行轨道；倾角大于 90°的轨道，航天器自东向西逆着地球自转方向运行，称为逆行轨道；倾角为 0°的轨道，航天器始终在赤道上空飞行，称为赤道轨道；倾角为 90°的轨道，航天器飞越地球两极上空，称为极轨道。

2. 常用轨道

常用轨道主要有地球同步轨道、地球静止轨道、太阳同步轨道和极轨道。

（1）地球同步轨道：轨道周期与地球自转周期相同的航天器轨道。此时航天器每天在相同时刻经过地球相同地方的上空。

（2）地球静止轨道：轨道周期与地球自转周期相同、倾角为0°的航天器轨道。在这种轨道上的卫星，高度为35 786km，星下点（卫星和地心连线与地面的交点）轨迹为赤道上的一个点，从地面上看好像静止不动，故称为静止卫星。通信、气象、广播电视等卫星，通常采用地球静止轨道。

（3）太阳同步轨道：轨道平面绕地轴的旋转方向和周期，与地球绕太阳的公转方向和周期相同的航天器轨道。在这种轨道上运行的卫星，每次从同一纬度地面目标上空经过，都保持同一地方、同一运行方向，具有相同的光照条件，因此可在同样条件下重复观测地球。气象、地球资源等卫星，通常采用这种轨道。

（4）极轨道：倾角为90°的航天器轨道。在极轨道上运行的卫星，每圈都经过地球两极上空，其星下点轨迹可覆盖整个地球。气象、地球资源、侦察等卫星，通常采用这种轨道。

二、航天技术现状与发展

（一）世界航天技术发展概况

半个世纪以来，世界航天技术取得了划时代的巨大成就。迄今为止，人类共成功发射5 000多个航天器。目前，世界上已有60多个国家投资发展航天技术，有170多个国家和地区应用航天技术的成果，总投资在数千亿美元以上。

1. 航天运载器

自1926年美国研制成功世界上第一枚液体火箭后，由于发展洲际导弹和航天的需要，运载火箭技术得到了迅速发展。随着航天事业的发展，液体火箭已逐渐由武器和运载两用，转向主要为航天运载服务。固体火箭则主要用作运载火箭的助推器以及空间发动机。自1957年以来，苏联/俄罗斯、美国、法国、日本、中国、英国、印度等国以及欧洲空间局先后研制出80多种运载火箭，修建了18个航天发射场，进行了5 000多次轨道发射。目前，世界上主要国家和地区研制成功的运载火箭主要有：苏联/俄罗斯的“东方”号、“上升”号、“联盟”号、“质子”号、“天顶”号、“能源”号；美国的“雷神”系列、“宇宙神”系列、“大力神”系列、“土星”系列；欧洲空间局的“阿里安”系列；日本的H和M系列；中国的“长征”系列等。其中推力最大的是美国的“土星”-V和苏联的“能源”号，它们均可将100多吨的载荷送入近地轨道，把数十吨的载荷送入地球静止轨道、月球或火星逃逸轨道。2007年2月17日，美国运用“德尔塔”H型火箭成功地进行了“一箭五星”的发射，并在其历史上写下了创纪录的一笔。

2. 航天器

各类人造卫星纷纷上天。自1957年10月4日苏联成功发射第一颗人造地球卫星后，各种人造卫星纷纷上天，除科学卫星和技术试验卫星外，最多的是应用卫星。

各类载人航天器太空竞游。1961年4月12日，苏联宇航员乘坐“东方”号载人飞船进入太空，第一次将人类遨游太空的梦想变为现实。1969年7月20日，美国宇航员乘坐

“阿波罗”11号飞船首次登月成功，开辟了人类登月活动的新篇章。1971年4月19日，苏联发射了第一个载人空间站“礼炮”1号，随后又发射了6个“礼炮”号，并于1986年2月20日发射了“和平”号空间站。1973年5月14日，美国也把“天空实验室”空间站送入近地轨道。美国从1972年开始研制可重复使用的航天飞机，1981年4月12日“哥伦比亚”号航天飞机成功地进行了首次轨道飞行。美国已研制成功的航天飞机有“企业”号（试验型）、“挑战者”号（1986年失事炸毁）、“亚特兰蒂斯”号、“发现”号、“哥伦比亚”号（2003年失事炸毁）和“奋进”号；1988年11月15日，苏联也研制成功了航天飞机——“暴风雪”号航天飞机。

3. 航天测控

航天测控技术的发展，现足以确保运载器和航天器所需的飞行轨道和姿态。同步轨道通信卫星对地指向精度已达0.05°，天线指向精度达0.01°。对地观测卫星的指向精度可达0.03°，指向稳定度高于0.000 1°/s。

三、军事航天技术及应用

军事航天技术是将航天技术应用于军事领域，为军事目的而进行的一门综合性工程技术，是现代军事技术的重要组成部分。航天技术的军事应用成果是军事航天系统。据不完全统计，世界发射的众多航天器，大约70%是为军事服务的。军事航天系统大致可分为4类：军事航天运输系统、军事载人航天系统、军事卫星系统和航天作战系统。

（一）军事航天运输系统

军事航天运输系统，是能把军用航天器、宇航员或物资等有效载荷从地面运送到太空预定轨道或能将有效载荷带回地面的运输系统。目前，可利用的军事航天运输系统主要是一次性运载火箭，还有可重复使用的航天飞机。

（二）军事载人航天系统

1. 载人飞船

载人飞船包括卫星式载人飞船、登月载人飞船和行星际载人飞船。载人飞船主要用于发展新的军事航天技术和试验新型的军用设备，对地面进行观察和侦察，以及作为航天运输工具及武器平台。早期的载人飞船是由卫星改装的，后来的飞船是专门研制的。苏联是世界上发展航天飞船最早的国家。1961年开始载人飞船发射试验，先后实施了“东方”号、“上升”号和“联盟”号飞船发射计划。美国紧随其后，先后实施了“水星”“双子星座”和“阿波罗”飞船发射计划。

2. 航天飞机

航天飞机是一种载人航天运输工具。它既能像火箭一样垂直起飞，像航天器一样在轨道上运行，又能像普通飞机一样着陆。航天飞机主要由轨道器、固体助推器、外挂式燃料贮箱组成。其主要特点是：可重复使用，能将有效载荷送入空间轨道，发射和再入时的加速度比火箭要小，在空间可从事各种研究和实践活动。特别是在军事应用方面，不仅可以发射和回收卫星，还可遂行侦察、反导和袭击任务。它不仅是一种空间运输工具，也是一种载人航天兵器。

3. 空间站

空间站是在载人飞船的基础上发展起来的永久性航天器，又称载人航天站、轨道站。它标志着载人航天活动已由空间探索向开发利用空间发展。空间站是可供多名宇航员巡访、长期工作和居住的大型人造卫星，具有很高的军事价值。

研制空间站的设想，最早是由俄国科学家齐奥尔科夫斯基于20世纪初提出的。1923年德国火箭专家奥伯特预示了航天站的军事应用。

1971年，苏联“礼炮”号空间站发射成功后，先后发射7个“礼炮”号和1个“和平”号空间站。其中“和平”号空间站，有6个对接口，可与6艘飞船对接成7个舱体的大型轨道复合体，总质量达106t，工作舱总容积达510m^3，可容纳5人或6人同时工作。

美国于1975年开始实施“天空实验室”计划，接待3批宇航员后停止使用，于1979年7月12日陨落在印度洋。目前，由美国牵头的国际空间站正在建立之中。

（三）军事卫星系统

军事卫星是专门用于各种军事目的的人造地球卫星的统称。按用途可分为侦察卫星、通信卫星、导航卫星、测地卫星、气象卫星等。

1. 侦察卫星

（1）侦察卫星的特点和用途。侦察卫星是获取军事情报的人造地球卫星。它发展最早、应用最广，具有侦察效率高，收集、传递情报速度快，效果好，生存力强和不受国界与自然地理条件限制等特点。其主要任务是，侦察对方战略目标；对领土进行测图；监测对方战略武器系统；侦察对方地面部队的部署；侦察战场变化情报。

（2）侦察卫星的分类。侦察卫星按不同的侦察设备和任务，可分为照相侦察卫星、电子侦察卫星、导弹预警卫星和核爆探测卫星等。

①照相侦察卫星：利用光电遥感设备摄取地球表面图像的卫星。照相侦察卫星具有居高临下、分辨力高的优点。其地面分辨力可达0.1～0.3m，照片清晰度可与航空侦察照片媲美。世界上第一颗照相侦察卫星是美国于1959年2月28日发射的“发现者”1号。目前，美国第六代照相卫星KH-12采用热成像和自适光学技术，分辨力达0.1m。

②电子侦察卫星：用以侦测敌方电子设备的电磁辐射信号以获取情报的侦察卫星。它装有电子接收机、磁带记录器、快速通信设备等。其主要任务是，侦察敌方雷达的位置和性能参数；为空中攻击武器的突防和实施电子干扰提供数据；探测敌方电台和发信设施的位置，以便于窃听和破坏。

③导弹预警卫星：用以监视、发现和跟踪敌方战略弹道导弹的发射及其主动段的飞行，并提供早期预警信息的侦察卫星。它装有红外探测器和电视摄像机等设备，通常由多颗卫星组成预警网。卫星上一般还装有X射线、γ射线和中子探测器等，以兼顾探测核爆炸的任务。目前，美国在地球同步轨道上部署有5颗导弹预警卫星，海湾战争中用其监视了伊拉克发射的“飞毛腿”导弹，为“爱国者”导弹实施拦截提供了预警信息。苏联的预警卫星由9颗“宇宙”号卫星组网，采用大椭圆轨道，可昼夜监视北半球。

④核爆探测卫星：通过卫星上的各种探测器，探测核爆炸时间、高度、方位和当量，

从而获取别国发展核技术的情报。目前，此种任务现已由预警卫星承担。

2. 通信卫星

通信卫星是用作无线电通信中继站的人造地球卫星。按星上有无通信转发器，可分为无源通信卫星和有源通信卫星；按卫星运行轨道可分为静止通信卫星和非静止通信卫星、区域通信卫星和国内通信卫星；按用途可分为军用通信卫星、海事通信卫星和电视广播卫星。

军事通信卫星，可分为战略通信卫星和战术通信卫星。战略通信卫星通常在地球同步轨道上运行，为远程乃至全球范围的战略通信服务。战术通信卫星一般在12h周期某轨道上运行，提供地区性战术通信或军用飞机、舰船、装甲车辆及单兵移动通信。

卫星通信的主要特点是：具有覆盖面积大、通信距离远、通信容量大、传输质量高、机动性能好、生存力强和费用低等特点。在地球同步轨道上，等距离部署3颗通信卫星，就可实现除地球两极外的全球通信。

3. 导航卫星

利用卫星导航具有精度高、全天候、能覆盖全球和用户设备简单等优点，在军事领域有着极为重要的意义。

导航卫星是为航天、航空、航海、各类导弹、地面部队以及民用等方面提供导航信号和数据的航天器。导航卫星通常装有指令接收机、多普勒发射机、相位控制编码器和原子钟等，与地面控制站和接收导航设备共同组成卫星导航系统。根据用户是否向卫星发射信号，导航卫星可分为主动式和被动式。军用导航卫星均为被动式，按规定时间、以固定频率、全天候向地面发送精确导航数据，地面接收信息并处理后，确定准确的地理位置。

目前，世界上只有少数几个国家能够自主研制生产卫星导航系统。目前，美国全球定位系统（GPS）是第二代导航卫星系统，由24颗卫星（包括3颗备用星）组成，采用双频时间测距导航体制，能向全球任何地点和近地空间的用户提供24h不间断的三维导航定位服务。GPS导航卫星发布军用和民用两种导航信息，军用信息又称P码或精码，理论定位精度为0.29～2.9m，垂直定位精度为27.7m。民用信息也称C/A码或粗码，理论定位精度为2.9～29.3m，当前的实际定位精度为12m；测速精度达0.1m/s。苏联从20世纪80年代初开始建设的卫星导航系统（Glonass），由卫星星座、地面监测控制站和用户设备3部分组成。2002年3月26日欧盟决定正式启动伽利略（Galileo）卫星导航定位系统计划。“伽利略”系统由分布在3个轨道上的30颗中等高度轨道卫星（MEO）构成，每个轨道面上有10颗卫星，9颗正常工作，1颗运行备用，不仅卫星数量比GPS多，而且可以分发实时的米级定位精度信息，误差范围要远远小于GPS，其性能更安全、更准确、更可靠。我国分别于2000年10月31日、12月21日和2003年5月25日、2007年2月3日成功发射4颗北斗导航试验卫星，加快建设北斗卫星导航系统。北斗卫星导航系统不仅具备在任何时间、任何地点为用户确定其所在的地理经纬度和海拔高度的能力，而且在定位性能上有所创新。

4. 测地卫星

测地卫星装有光学观测系统、无线电测距系统、雷达测高仪等设备。可用于测制地图、建立精密坐标系统、提供地球引力场分布有关数据。

5. 气象卫星

气象卫星是从外层空间对地球及其大气层进行气象观测的卫星。大多数气象卫星为军民合用，按运行轨道可分为太阳同步轨道气象卫星（也称极地轨道气象卫星）和地球静止轨道气象卫星（简称静止气象卫星）。美国是世界上第一个将气象卫星用于战场气象保障的国家，也是第一个研制并发射军用气象卫星的国家。20 世纪 50 年代末期美国开始研制第一代军民合用气象卫星“泰罗斯”号，并在20 世纪60 年代将其用于侵越战争的气象保障。

（四）航天作战系统

1. 航天作战任务

随着航天技术的发展，航天大国为了开发和控制太空，有的已经建立了天军，研究航天作战理论，完善航天作战体系。航天作战任务主要包括：

（1）防空防天预警。预防敌人从大气层内和大气外进行攻击，主要是预防各种导弹和轰炸机攻击。

（2）航天监视和全球定位。监视空间是指能连续地了解和掌握空间的状况，提供轨道目标的位置和特性。全球定位，是对敌我双方目标的定位，对我导航和对敌实施攻击。

（3）保护本国航天系统。采取各种措施，以减小自然或人为因素对航天系统的威胁。

（4）防止敌人使用本国航天系统。

（5）阻止敌人使用航天系统。即扰乱、欺骗、破坏敌方的航天系统，或降低敌方航天系统的应用效能。

（6）从太空对地基目标实施攻击。

2. 航天作战武器系统

航天作战武器系统，是部署在太空或陆地、海洋和空中，用以打击、破坏与干扰太空目标的武器，以及从太空攻击陆地、海洋和空中目标的武器的统称。航天作战武器系统主要包括反卫星武器、反导武器、轨道轰炸武器、军用空天飞机等。

（1）反卫星武器：专门用于攻击航天器的武器。按设置场所的不同，反卫星武器可分为地基（包括陆基、舰载和机载）和天基两种；按杀伤手段不同，反卫星武器又可分为核能、动能和定向能（激光、微波、粒子束）3 种。

（2）反导武器：包括地基反导武器和天基反导武器，主要用于拦截弹道导弹和巡航导弹。包括动能拦截弹和电磁轨道炮在内的动能反导武器和强激光武器、高功率微波武器、粒子束武器在内的定向能反导武器。与地基反导武器相比，天基反导武器可实现全球范围的拦截，并大大提高拦截概率。

（3）轨道轰炸武器：平时在轨道上运行，接到作战命令后，借助于反推火箭脱离轨道再入大气层攻击地面目标。运行轨道不足一圈的轨道轰炸武器称为部分轨道轰炸武器。由于轨道轰炸武器和部分轨道轰炸武器从轨道再入发起攻击，敌方的预警时间短，难以防御。

（4）军用空天飞机：一种既能跨大气层飞行，又能进入绕地球轨道运行，并可执行专门军事任务的可重复使用航天器。它将给空间作战乃至整个军事活动带来重大影响。目前在研的空间武器主要有反卫星武器和反弹道导弹武器。

下篇

军事技能训练

第六章　条令教育与训练

第一节　三大条令简介

共同条令，是《中国人民解放军内务条令》（以下简称《内务条令》）、《中国人民解放军纪律条令》（以下简称《纪律条令》）、《中国人民解放军队列条令》（以下简称《队列条令》）的统称，是中央军委主席签署颁布全军的命令，是中国人民解放军现役军人和单位以及参训的预备役人员共同的行动准则。共同条令规定了军队基本的日常生活和工作制度。它为我军维护良好的内部关系和对外关系，建立正规的战备、训练、工作、生活秩序，加强日常管理，提供了基本的依据。共同条令规定了军队基本的激励措施。它明确了奖励与处分的原则、项目、条件、实施程序和权限，是鼓励先进、鞭策后进，调动官兵积极性和保证各项任务完成的重要手段。

普通高等学校在学生军训中进行共同条令教育，对于增强学生的国防和集体主义观念、增强其国家安全意识、提升其综合素质和促进校风、校纪建设，将起到积极的作用。

一、《内务条令》简介

《内务条令》是以法规的形式规定军人职责、军队内部关系、日常制度、管理和勤务规则的条令，是全军行政管理工作和军事生活的基本准则。它为军队建设正规的生活、工作、训练和战备秩序提供了重要依据，为军人的行为规定了准则，是我军正规化建设的一项重要法规，在我军建设中具有极为重要的地位和作用。现行的《内务条令》是中央军委主席江泽民于2002年3月23日签署命令，将1997年9月25日由中华人民共和国中央军委常务会议通过的《内务条令》重新修改后发布施行的。

第一章　总则。主要内容是集中阐述了我军的性质、宗旨和任务，以及我军在新的历史时期建军的总方针，强调要进行马克思列宁主义、毛泽东思想和邓小平理论教育，并保证党对军队的绝对领导和政治工作的生命线地位，保证全军上下政治上、思想上、行动上与党中央保持高度一致，加强社会主义精神文明建设，培养有理想、有道德、有文化、有纪律的革命军人，塑造我军文明之师、威武之师的良好形象。

第二章　军人宣誓。是军人对自己肩负的神圣职责和光荣使命的承诺和保证。军人誓词涵盖了我军的根本职能。即巩固国防，抵抗侵略，捍卫国家，建设国家，保卫人民。阐明了军人的崇高责任，明确了军人应具备的品质、应遵守的行为准则。为了保卫社会主义祖国，保卫人民的和平劳动，在任何情况下，军人都要忠于党、忠于国家、忠于社会主义、忠于人民、无私奉献、勇于牺牲、报效祖国、决不背叛。同时，规定了宣誓的基本要求和宣誓的程序。还规定军人退出现役前士兵、军官应举行向军旗告别仪式。

第三章　军人职责。规定了士兵职责、军官职责、首长职责、主管人员职责等。

第四章　内部关系。规定了军人的相互关系、官兵关系、机关相互关系、部队之间的相互关系。

第五章　礼节。规定了军队内部的礼节，军人和部队对军外人员的礼节等。

第六章　军容风纪。规定了军人的着装、仪容、称呼和举止的具体要求，还规定了进行军容风纪检查制度。

第七章　对外交往。规定了军人在对外交往中必须遵纪守法。

第八章　作息。规定了一日时间的分配，一日生活的具体项目、内容和要求。

第九章　日常制度，包括行政会议、请示报告、请假、登记统计、查铺查哨、军官留营住宿、点验、证件、印章管理和保密制度等。

第十章　值班。规定了各级值班制度、值班人员的一般职责和换班交接等内容。

第十一章　警卫。为保卫首长、机关、部队和重要设施的安全，防止遭受袭击和破坏，规定了警卫注意事项和守则。

第十二章　零散人员管理。规定首长、机关要加强对公勤人员、单独外出人员的管理教育，使他们保持良好的军人形象和严格的作风纪律，维护军队荣誉。

第十三章　日常战备和紧急集合。包括日常战备和紧急集合的相关规定。

第十四章　装备日常管理。包括装备的日常保养等的相关规定。

第十五章　财务和伙食、农副业生产管理。包括财务管理、伙食管理和农副业生产管理的相关规定。

第十六章　卫生。包括个人卫生和保健、室内和室外环境卫生的相关规定。

第十七章　营区及房地产管理。包括营区管理和房地产管理的相关规定。

第十八章　野营管理。包括部队野营时的相关规定。

第十九章　安全工作。包括安全工作的基本要求及常见事故预防的相关规定。

第二十章　国旗、军旗、军徽的使用和国歌、军歌的奏唱。包括国旗的使用和国歌的奏唱、军旗的使用、军徽的使用、军歌的奏唱等内容。

第二十一章　附则。

二、《纪律条令》简介

《纪律条令》是中国人民解放军关于全军纪律的军事法规，也是全体军人的行为准则和维护纪律、实施奖惩的基本依据。制定和实施《纪律条令》，对于维护和巩固军队的纪律，正确地实施奖励和惩处，保证军队的高度集中统一，提高部队战斗力，促进军队革命化、现代化、正规化建设，具有十分重要的作用。

第一章　总则。

总则主要规定了 6 个方面的内容：

(1) 制定纪律条令的目的和依据。

(2) 纪律条令在我军建设中的法律地位和适用范围。

(3) 纪律的基本内容，即“五项纪律”和“十个必须”。

(4) 我军纪律的性质、作用和维护纪律必须遵循的原则。

(5) 奖惩与维护纪律的关系。

(6) 全体军人维护纪律的责任和义务。

第二章　奖励和处分。

奖励和处分的主要内容有 4 个方面：

(1) 奖励和处分的目的和原则。

(2) 奖惩项目。

(3) 奖惩条件。

(4) 奖惩的权限和实施。

第三章　其他纪律的有关措施。

根据新形势下军队维护纪律的需要，条令规定了其他几种措施：

(1) 行政看管。

(2) 控告和申诉。

(3) 规定了各级首长维护纪律的责任和纪律监察。

第四章　控告和申诉。

第五章　首长责任和纪律监察。

第六章　附则。

三、《队列条令》简介

《队列条令》分为总则，队列指挥，队列队形，队列动作，分队乘坐汽车，敬礼，国旗的掌持、升降和军旗的掌持、授予与迎送，阅兵，附则，共 9 章 65 条和 5 个附录。

第一章　总则。着重指出制定本条令和加强队列训练的目的是培养良好的军姿、严整的军容、过硬的作风、严格的纪律性和协调一致的动作，促进军队正规化建设，巩固和提高战斗力。要求军人在队列生活中做到：坚决执行命令，令行禁止；姿态端正、军容严整、精神振作、严肃认真；按照规定的位置列队，集中精力听指挥，动作迅速、准确、协调一致；保持队列整齐，出、入列应当报告并经允许。

第二章　队列指挥。对队列指挥位置、指挥方法和指挥要求等方面作了明确规定：队列指挥要做到位置正确，姿态端正，精神振奋，动作准确；口令准确、清楚、洪亮；清点人数，检查着装，认真验枪；严格要求，维护队列纪律。

第三章　队列队形。对队列的基本队形、队列间距和班、排、连、营、团、军兵种部(分)队的队形作了明确规定。

第四章　队列动作。从单个军人的队列动作，到班、排、连、营、团和军兵种部(分)队的队列动作以及团以下分队集合、离散、整齐、报数、出列、入列、行进、停止、队形、方向变换、指挥员位置的变换等作了明确规定。

第五章　分队乘坐汽车。规定了组织实施方法和要求，明确了行车和停止的注意事项。

第六章　敬礼。明确了敬礼种类，规定了单个军人和分队在不同场合的敬礼动作。

第七章　国旗的掌持、升降和军旗的掌持、授予与迎送。规定了掌持国旗、升降国旗以及掌、授军旗和迎送军旗的队形与队列动作。

第八章　阅兵。明确了阅兵的时机和形式，规定了阅兵和分列式的组织、程序和分队的动作要领。

第九章　附则。

第二节　单个军人队列动作

一、立正、稍息

立正是军人的基本姿势，是队列动作的基础。稍息是队列中站立时间较长时采用的一种动作。

（一）口令

“立正”“稍息”。

（二）动作要领

立正时两脚跟靠拢并齐，两脚尖向外分开约60°；两腿挺直；小腹微收，自然挺胸；上体正直，微向前倾；两肩要平，稍向后张；两臂下垂自然伸直，手指并拢自然微曲，拇指尖贴于食指第二节，中指贴于裤缝；头要正，颈要直，口要闭，下颌微收，两眼向前平视（图6-1）。

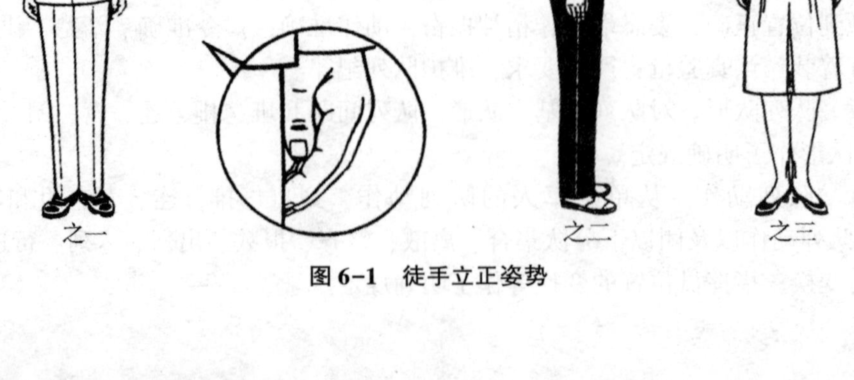

图6-1　徒手立正姿势

稍息时左脚顺脚尖方向伸出约全脚三分之二，两腿自然伸直，上体保持立正姿势，身体重心大部分落于右脚。稍息过久，可自行换脚。

（三）动作标准与要求

立正时，要着装整齐，精神振奋，姿态端正，表情自然，要求做到：

正：两脚站正，上体正直，头要正。

挺：两腿挺直，胸部自然挺出，颈挺直。

收：收小腹，收下颌。

平：两肩要平，两眼向前平视。

贴：两臂自然下垂，中指贴于裤缝。

顶：身体稳固，头有向上顶的感觉。

稍息时要求：快，即出脚快，立正收脚快。

（四）训练重点

立正、稍息训练时，重点练好军姿，着重把握三点：一是身体重心大部分落于两脚前脚掌上，保持立正时身体的稳固和持久站立；二是掌握正确的呼吸方式，保证吸气时胸部自然挺出，呼气时胸部不下塌，小腹不鼓胀；三是掌握好两膝后压与并拢相协调，收小腹、收臀部与自然挺胸相协调，收下颌与挺颈、头上顶相协调。

（五）训练步骤

1. 手型练习

口令："手型练习，一""二"。

要领：听到"手型练习，一"的口令，两手手型不变平行前举，约与肩同宽，听到"二"的口令，两手放下成立正姿势，尔后按"一、二"的口令反复练习。

主要解决的问题：手型的准确和定位。

立正时，四指自然微曲，不要绷成三角形，拇指尖内侧贴于食指第二节，两臂自然下垂，中指贴于裤缝。

2. 静站练习

口令："立正"。

要领：（同立正）。

主要解决的问题：准确掌握立正要领，并使军姿定型。

站立时，注意到挺腿、挺胸、挺颈，保持立正姿势不变，达到半小时不动，一小时不倒，30s 内不眨眼。

3. 综合练习

主要解决的问题：出收脚的方向、距离和上体姿势。

强调出、收脚时，脚跟稍抬起，脚腕稍用力，脚掌迅速伸出和收回。做到上体稳、两腿直、方向正、距离准、速度快。

（六）常犯毛病和纠正方法

（1）两脚跟未靠拢并齐，两脚尖向外分开大于或小于60°。

纠正方法：通常由教练员以口令、限制法进行纠正。

（2）腿挺不直、夹不紧。

纠正方法：强调两膝后压的同时内合，臀部上提使裆部夹紧，并保持力量。可结合夹石子等方法进行纠正。

（3）小腹不能自然微收，上体后仰。

纠正方法：强调小腹向后上微收，腰杆正直上顶，同时重心落在两脚形成的三角形中心。

（4）蹶臀部。

纠正方法：强调小腹向后上收与臀部向前上提，两者的用力要协调，形成向上的合力。

（5）胸部不能自然挺出。

纠正方法：强调两肩自然下沉并稍向后张，呼吸时保留一部分气使胸部鼓胀，在此基础上使胸部自然挺出。

（6）两肘外张，手腕不直。

纠正方法：强调两臂自然下垂，肘部稍用力向里合，使之轻贴两肋，手腕自然伸直。

（7）稍息出脚时，速度慢，方向、距离不准。

纠正方法：出脚时，脚跟稍提起，脚腕稍用力，向脚尖方向出脚。

二、跨立

跨立（即跨步站立），主要用于军体操、值勤和舰艇上分区列队等场合。可与立正互换。

（一）口令

“跨立”。

（二）动作要领

左脚向左跨出约一脚之长，两腿挺直，上体保持立正姿势，身体重心落于两脚之间。两手背后，左手握右手腕，拇指跟部与外腰带下沿（内腰带上沿）同高；右手手指并拢自然弯曲，手心向后（图6-2）。

之一　　之二

图6-2　跨立姿势

（三）动作标准与要求

跨立时，要军姿端正，精神振作，左脚跨出与两手后背协调一致，定位准确。

（四）训练重点

上体保持立正姿势，左脚跨出迅速，同时两手在背后交叉定位准确。

（五）常犯毛病和纠正方法

（1）跨立时，两脚跟不在一条直线上，距离过大或过小。

纠正方法：在地上画直线，反复练习。

（2）两手后背的位置不准确。

纠正方法：注意左手握右手手腕时，左手中指位于右手腕关节上，左手上沿约与腰带下沿同高。

三、停止间转法

停止间转法是停止间变换方向的方法。它分为向右转，向左转，向后转，需要时也可以半面向右（左）转。

（一）口令

“向右——转”“半面向右——转”“向后——转”。

“向左——转”“半面向左——转”。

（二）动作要领

听到“向右（左）——转”的口令，以右（左）脚跟为轴，右（左）脚跟和左（右）脚掌前部同时用力，使身体和脚协调一致向右（左）转90°，体重落在右（左）脚，左（右）脚取捷径迅速靠拢右（左）脚，成立正姿势。转动和靠脚时，两腿挺直，上体保持立正姿势。

半面向右（左）转，按向右（左）转的要领转45°。

听到“向后——转”的口令，按向右转的要领向后转180°。

（三）动作标准与要求

上体正直，动作迅速、准确、协调、节奏明显。要求做到“快、稳、准”。“快”即：转体快，靠脚快；“稳”即：身体要稳，转动时腰杆挺直，身体重心落在支撑脚上；“准”即：转体角度要准，靠脚位置要准。

特别注意：转体时，两腿挺直，裆部夹紧，上体保持立正姿势，两臂不得外张。

（四）训练重点

重点掌握转动时身体协调、转体的速度及靠脚的力度。

（五）训练步骤

1. 分解动作练习

（1）口令：“分解动作，向右（左、后）——转”“二”。

（2）要领：听到“分解动作，向右（左、后）——转”的口令，按要领转向新方向，不靠脚；听到“二”的口令，迅速靠脚成立正姿势。

（3）主要解决的问题：转动时用力的部位和靠脚的力量。

（4）练习时应做到：转体迅速，上体稳固，两手不得外张，眼睛平视，直腿靠脚。

2. 连贯动作练习

（1）主要解决的问题：转体和靠脚的速度及节奏。

（2）练习时应做到：“快、稳、准”，在转体和靠脚之间稍停顿。

（六）常犯毛病和纠正方法

（1）转体时，上体和腿转动不一致。

纠正方法：强调头向上顶，两腿挺直，腰杆当家，使上体和腿一致转动。

（2）转体和靠脚时，身体晃动，站不稳。

纠正方法：要注意掌握好重心的移动，向左（右）转动时重心落于左（右）脚跟上，向后转动时，重心大部分落在右脚跟上。在转正身体后脚掌迅速着地，后腿蹬直，裆部夹紧。

（3）靠脚时外扫、跺脚。

纠正方法：由慢到快地反复体会取捷径靠脚的要领，靠脚时注意膝盖用力向后挺压，以防止弯腿、跺脚。

（4）靠脚时速度慢，无力。

纠正方法：注意脚跟、脚腕发力，使脚内侧加速加力前靠。

四、齐步行进与立定

齐步是军人行进的常用步法。

（一）口令

“齐步——走”“立——定”。

（二）动作要领

听到“齐步——走”的口令，左脚向正前方迈出约 75cm 着地，身体重心前移，右脚照此法动作；上体正直，微向前倾；手指轻轻握拢，拇指贴于食指第二节；两臂前后自然摆动，向前摆臂时，肘部弯曲，小臂自然向里合，手心向内稍向下，拇指根部对正衣扣线，并与最下方衣扣同高（着夏季作训服时，与第四衣扣线同高；着冬季作训服时，与第五衣扣线同高；着水兵服时，与腰带同高），离身体约 25cm；向后摆臂时，手臂自然伸直，手腕前侧距裤缝线约 30cm（图 6-3）。行进速度每分钟 116 ~ 122 步。

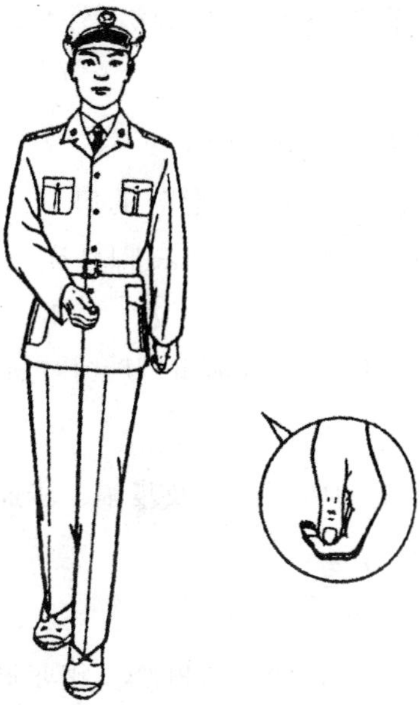

图 6–3　齐步

听到“立——定”的口令，左脚再向前大半步着地，两腿挺直，右脚取捷径迅速靠拢左脚，成立正姿势。

（三）动作标准与要求

齐步行进时，要精神振奋，姿态端正，两腿协调，节奏分明，摆臂自然大方，定型定位，步幅、步速准确，两眼注视前方，要有勇往直前的精神。要求做到“脚跟先着地，脚腕稍用力，膝盖向后压，身体向前移”。

立定时，两腿挺直，做到不弯膝，不外扫，不跺脚，靠脚要迅速有力，腿臂靠放一致。

（四）训练重点和难点

重点：摆臂的定位和臂腿动作的协调自然。臂腿协调是动作的关键，强调出脚的同时摆臂，脚跟着地，手摆到位。

难点：步幅、步速的准确。

（五）训练步骤：

1. 摆臂练习

（1）口令：“摆臂练习，一”“二”“停”。

（2）要领：听到“摆臂练习，一”的口令，按齐步摆臂的要领，右臂向前，左臂向后同时摆动；听到“二”的口令，两臂交替摆动。尔后按“一、二”的口令依次反复练习，听到“停”的口令，两手迅速放下（通常右臂在前时下“停”的口令），恢复立正姿势。

（3）主要解决的问题：摆臂的路线、定位及用力的部位。

（4）摆臂时要求做到：两臂轻擦身体两侧，自然摆动，路线正确，前后定位，上体保持正直，肩关节放松，不耸肩，前摆不夹臂，后摆不外张，摆动时不使拗劲。

2. 三步一靠练习

（1）口令：“三步一靠，齐步——走”“停”。

（2）要领：听到“三步一靠，齐步——走”的口令，按齐步要领向前走三步，第三步为大半步，不靠脚，听到“停”的口令，在右脚靠拢左脚的同时两手放下，恢复立正姿势。

（3）主要解决的问题：臂腿的协调、靠腿的力量和直腿靠脚。

3. 连贯动作练习

主要解决的问题：行进时臂腿的协调自然及步幅、步速的准确。

（六）常犯的毛病和纠正方法

（1）上体松，左右晃动。

纠正方法：行进时上体要正直，自然收腹挺胸，腰要挺直，头有上顶的感觉，肩关节放松，两臂自然摆动，两膝用力要适当。

（2）摆臂路线不正确。

纠正方法：强调以小臂带动大臂轻擦身体两侧前后摆动。

（3）脚尖着地方向不正。

纠正方法：行进时，要按选定的目标照直前进，脚掌着地时脚尖向里合，两脚内侧走直线。

（4）步幅、步速不准确。

纠正方法：采用走步幅线、踏乐和卡秒表等方法反复练习。

（5）立定时身体后仰、弯膝。

纠正方法：向前大半步应准确，左脚全部着地的同时身体前移到位；右脚抬起，右膝适当用力向后挺压，保持力量取捷径迅速向左脚靠拢。

（6）行进中两眼看地。

纠正方法：行进中强调挺胸，两眼注视远方水平线略高的物体。

（7）立定时，臂腿不协调。

纠正方法：强调靠脚的同时手腕稍用力，手放下要迅速，做到靠放一致。

五、正步行进与立定

正步主要用于分列式和其他礼节性场合。

（一）口令

“正步——走”“立——定”。

（二）要领

听到“正步——走”的口令，左脚向正前方踢出（腿要绷直，脚尖下压，脚掌与地面平行，离地面约25cm）约75cm。适当用力使全脚掌着地，同时身体重心前移，右脚照此法动作；上体正直微向前倾；手指轻轻握拢，拇指贴于食指第二节；向前摆臂时，肘部弯曲，小臂略成水平，手心向内稍向下，手腕下沿摆到高于最下方衣扣约 10cm 处（着夏季作训服时，约与第三衣扣同高；着冬季作训服时，约与第四衣扣同高；着水兵服时，手腕上沿距领口角约 15cm）。离身体约 10cm；向后摆臂时（左手心向右，右手心向左），手腕前侧距裤缝线约 30cm（图 6-4）。行进速度每分钟 110 ~ 116 步。

听到“立——定”的口令，左脚向前大半步着地，两腿挺直，右脚取捷径迅速靠拢左脚，成立正姿势。

图 6-4　正步

（三）动作标准与要求

正步行进时，要军姿端正，动作自然大方，节奏分明，摆臂定型、定位，步幅、步速准确。要求做到“三快两稳一协调”。“三快”即：踢腿摆臂快、着地快、跟体快；“两稳”即：踢腿到位稳，脚着地上体要稳；“一协调”即：腿臂结合要协调。

（四）训练重点和难点

重点：踢腿的速度、定位及臂腿的协调。踢腿时，应将力量集中到脚上，以脚带动小腿，以小腿带动大腿猛力向前踢出，同时迅速绷压脚面，做到“踢、压、绷”相结合。行进中，做到踢腿的同时迅速摆臂，脚着地时臂不动。

难点：摆臂的定位定型及步幅、步速的准确。

（五）训练步骤

1. 摆臂练习

（1）口令：“摆臂练习，一”“二”“停”。

（2）要领：听到“摆臂练习，一”的口令，按要领右臂向前摆，左臂向后摆；听到“二”的口令，两臂交替摆动；听到“停”的口令，两手迅速放下（通常右臂在前时下达“停”的口令），恢复立正姿势。

（3）主要解决的问题：摆臂的路线，弯臂加速的时机及定位的准确。摆臂时，两臂要轻擦身体前后摆动；前摆当肘部超过裤缝线时屈肘，将小臂摆至略平，使小臂与大臂略成直角。

（4）摆臂的要领可归纳为：“摆、平、直、松”。

摆：即以小臂带动大臂，按正确要领前后自然摆动；向后摆臂时，注意先下手，后下肘。

平：即前摆定位后，小臂要平。

直：即前摆定位后，小臂与大臂略成直角，后摆时臂要伸直。

松：即摆臂时肩关节和大臂要放松。

2. 原地踢腿练习

（1）口令：“原地踢腿练习，准备”“左（右）脚练习”“一”“二”“停”。

（2）要领：听到“原地踢腿练习，准备”的口令，两手背后（左手在上握右臂，右手在下托左肘），同时两脚尖并拢；听到“左脚练习”，左胯上提，左脚跟离地，脚尖上翘，靠在右脚跟内侧；听到“一”的口令，左脚按要领迅速踢出；听到“二”的口令，左脚迅速收回，使脚内侧弯曲部位靠在右脚跟内侧；尔后按“一、二”的口令依次进行。听到“右脚练习”的口令后，进行交换，依照上述方法进行练习。听到“停”的口令，两手放下，恢复立正姿势。

（3）主要解决的问题：踢腿的力量、速度、定位以及上体的稳固。

（4）踢腿的要领归纳为：踢、压、绷、挺、端。

踢：在踢腿时，将力量集中到脚上，按脚带小腿、小腿带动大腿的顺序向前猛力踢出。

压：向前踢腿时，边踢边压脚尖，使脚掌与地面平行。

绷：在踢压的同时迅速绷脚面，脚将达到定位时脚腕用力向前顶送，控制定位，此时，膝关节绷紧下压，大腿肌肉紧张。

挺：支撑腿和腰杆挺直，收小腹，头上顶，上体稍前倾，以控制身体的平衡。

端：腿踢出后，大腿稍向上端（提臀），以控制踢腿的高度，使其定位。

3. 一步两动练习

（1）口令：“一步两动，正步——走”“二”“停”。

（2）要领：听到“一步两动，正步——走”的口令，左脚迅速踢出后停住，同时右臂前摆，左臂后摆；听到“二”的口令，左脚着地，右脚迅速前跟（此时右脚跟离地并下蹬，腿伸直，脚尖上翘，右脚大拇指根部靠在左脚跟内侧），两臂不摆动；尔后按“一、二”的口令反复练习。听到“停”的口令，左脚向前大半步着地（通常左脚在前时下口令），右脚迅速靠拢左脚，同时两手放下，成立正姿势（图6-5）。

图 6-5　正步一步两动

（3）主要解决的问题；臂腿结合的时机及动作协调。

（4）臂腿结合要领归纳为：踢腿摆臂要同时，脚踢到位手到位，着地用力臂不动，跟体跟腿要迅速。

练习时可结合步幅线等，做到“三快一稳”即：踢腿快、着地快、跟体跟腿快、上体稳。

4. 一步一动练习

（1）口令：“一步一动，正步——走”“二”“停”。

（2）要领：听到“一步一动，正步——走”口令，左脚踢出停住，同时两臂摆动；听到“二”的口令，左脚着地，同时右脚踢出，同时两臂摆动；听到“停”的口令，动作同“一步两动”（图 6-6）。

图 6-6　正步一步一动

（3）主要解决的问题：臂腿动作的协调及节奏。

（4）练习时应做到：收腹挺腰，臂腿定型定位，着地有力，臂腿结合紧密，动作协调。

5. 快慢步练习

（1）口令："快慢步，正步——走""二""停"。

（2）要领：听到"快慢步，正步——走"的口令，左脚迅速踢出后着地，右脚靠左脚内侧，踢腿的同时两臂摆动；听到"二"时，右脚照此法，交替进行（图6-7）；"停"同一步两动。

图6-7 快慢步

（3）主要解决的问题：行进间臂腿结合时机及动作的协调。

（4）练习时应做到：踢腿迅速，稍稳再着地，并同时摆臂。

6. 连贯动作练习

练习时应做到：上体挺直，头上顶，面部表情自然，踢腿迅速，着地有力，臂腿结合紧密，步幅步速准确，节奏分明。

（六）常犯毛病和纠正方法

（1）摆臂耸肩。

纠正方法：强调肩关节下沉放松，用手腕和小臂内侧的力量带动大臂摆动。不使皱劲。

（2）摆臂时外扫。

纠正方法：强调向前摆臂肘部过裤缝时，小臂内侧上扬，迅速弯臂，向后摆臂时，肘部稍向里合，手腕向后摆至定位。

（3）踢腿时掏腿。

纠正方法：摆动时向前运动，过垂直线时，膝盖向后压，压脚尖加速踢出；踢腿时，以小腿带动大腿，绷直腿猛力踢出，脚尖对正前方。

（4）踢腿时弓腿，弹腿。

纠正方法：强调踢腿时摆动腿过直线时，膝关节后压，使腿拉直，踢出时要压脚尖、绷脚面，踝关节用力使小腿带动大腿。

（5）脚着地无力，上体不稳。

纠正方法：强调上体正直上顶，脚着地时上体要跟上，脚要正直向下落地；着地时，以脚腕的力量使全脚掌适当用力着地。

（6）上体后仰，步幅过小。

纠正方法：腰杆挺直，脚着地不回拖，重心前移，支撑脚挺直。

六、跑步行进与立定

跑步主要用于快速行进。

（一）口令

“跑步——走”“立——定”。

（二）要领

听到预令，两手迅速握拳（四指蜷握，拇指贴于食指第一关节和中指第二节），提到腰际，约与腰带同高，拳心向内，肘部稍向里合。听到动令，上体微向前倾，两腿微弯，同时左脚利用右脚掌的蹬力跃出约 85cm，前脚掌先着地，身体重心前移，右脚照此法动作；两臂前后自然摆动，向前摆臂时，大臂略直，肘部贴于腰际，小臂略平，稍向里合，两拳内侧各距衣扣线约 5cm；向后摆臂时，拳贴于腰际。行进速度每分钟 170 ~ 180 步（图 6-8）。听到“立——定”的口令，再跑两步，然后左脚向前大半步（两拳收于腰际，停止摆动）着地，右脚靠拢左脚，同时手放下。

图 6-8　跑步

（三）动作标准与要求

跑步行进时，上体正直，两眼注视前方，利用前脚掌的弹力前进，臂腿协调自然；摆臂时，两拳不要上下打鼓，不左右围绕腹部摆动，肘部不得外张，做到前摆不露肘，后摆不露手；立定时不垫步，不跨步，不弯膝，腿臂靠放要一致。

（四）训练重点与难点

重点：摆臂的定型定位和臂腿的协调自然。摆臂时，两臂要轻贴身体，前后自然摆动，脚着地时，前脚掌先着地，不要全脚掌着地或脚跟先着地。行进中身体重心前移，利用前脚掌的弹力前进。

难点：步幅、步速的准确。

（五）训练步骤

1. 摆臂练习

（1）口令：“摆臂练习，准备”“一”“二”“停”。

（2）要领：听到“摆臂练习，准备”的口令，两手迅速握拳提到腰际，听到“一”的口令，右臂前摆，左臂不动；听到“二”的口令，两臂交替摆动；尔后按“一、二”的口令反复练习；听到“停”时两拳收于腰际，迅速放下（通常左拳在前时下“停”的口令），恢复立正姿势。

（3）主要解决的问题：摆臂的路线和定位的准确。

（4）练习时，握拳要迅速、准确，两臂摆动要自然，小臂内侧轻擦身体，前后摆动，肘部适当内合，做到前不露肘，后不露手。

2. 第一步跃出练习

（1）口令：“第一步跃出练习，跑步——走”“停”。

（2）要领：听到“第一步跃出练习，跑步——走”的口令，左脚按要求跃出，“停”时右拳收至腰际，右脚靠拢左脚，同时两手放下，恢复立正姿势。

（3）主要解决的问题：第一步跃出的距离、方向和用力的部位。

（4）练习时，应做到听到预令不弯膝、听到动令上体不后仰，前脚掌先着地。

3. 五步一靠练习

（1）口令：“五步一靠练习，跑步——走”“停”。

（2）要领：听到“五步一靠练习，跑步——走”的口令，按要领向前跑四步，第五步左脚向前大半步，收回左拳，右拳不摆动，听到“停”的口令，两手放下，同时右脚迅速靠拢左脚，恢复立正姿势。

（3）主要解决的问题：臂腿的协调和动作的准确。

（4）练习时，要做到听到预令抱拳快，听到动令，跃出迅速，利用前脚掌的蹬力前进，立定时，腿臂靠放一致，训练中首先进行以走代跑的五步一靠练习，而后进行跑步的练习。

（六）常犯毛病和纠正方法

（1）听到预令弯膝，上体前倾过大。

纠正方法：强调听到预令腿部不动，听到动令两腿微弯，身体重心前移。

（2）摆臂时上下打鼓或围绕腹部摆动。

纠正方法：强调肩关节放松，肘部适当用力稍向里合，摆臂时小臂内侧轻擦身体，前后运动。

（3）摆臂时，前后不到位。

纠正方法：强调前摆不露肘、后摆不露手，都贴于腰际。

（4）行进时，全脚掌着地或脚跟先着地。

纠正方法：强调行进时身体重心前移，脚腕适当放松，脚尖自然下垂，使前脚掌先着地。

（5）行进时，上体后仰或臀部下坐。

纠正方法：强调收小腹，收臀部，腰杆挺直，上体前倾。

（6）立定时，臂腿不协调。

纠正方法：强调听到“立——定”的口令后，继续向前跑两步时要减速，控制向前的惯性，左脚向前大半步时，两拳要收于腰际，靠腿时和放手时动作要一致。

七、便步

便步用于行军、操练后恢复体力及其他场合。

（一）口令

“便步——走”。

（二）要领

听到“便步——走”的口令，用适当的步速、步幅行进，两臂自然摆动，上体保持良好姿态。用小于、慢于齐步的步速、步幅练习。

八、踏步与立定

用于调整步伐和队列的整齐。

（一）口令

“踏步——走”“前进”“立——定”。

（二）要领

听到“踏步——走”的口令，按齐步、跑步行进的规定，两脚在原地上下起落（抬起时脚尖自然下垂，离地面约15cm；落地时，前脚掌先着地），上体保持正直，两臂按齐步或跑步摆臂的要领摆动。

踏步时：听到“前进”的口令，继续踏两步，再换齐步或跑步行进。

听到“立——定”的口令，左脚踏一步，右脚靠拢左脚，原地成立定姿势（跑步的踏步，听到口令，继续踏两步，再按上述要领进行）。

（三）易犯的毛病及纠正方法

（1）脚尖不能下垂，脚尖离地面高度不够。

纠正方法：练习时脚尖向前下压，脚跟上提，大腿尽量抬起，保持脚尖离地面约 15cm。

（2）踏步时两脚移位。

纠正方法：两脚原地起落，不得左右移动，落地时应做到按脚尖、脚掌、脚跟的顺序，防止满脚掌着地。立定时，最后一步不得跨步，应就地落下右脚靠拢左脚。

九、移步

用于调整队列的位置（5 步以内）。

（一）左右移步口令

“右（左）跨×步——走”。

（二）要领

上体保持正直，每跨一步并脚一次，其步幅约与肩同宽，跨到指定步数停止。

（三）前后移步口令

“向前×步——走”“后退×步——走”。

（四）要领

向前移步时，应当按照单数步要领进行（双数步变为单数步）。向前 1 步时用正步，不摆臂；向前 3 步或 5 步时，按照齐步走的要领进行。向后退时，从左脚开始，每退一步靠脚一次，不摆臂，退到指定步数。

（五）常犯毛病和纠正方法

（1）移步时身体不稳。

纠正方法：掌握好身体重心的移动，右（左）跨步和退步时，上体保持立正姿势，向前移步时，按齐步的要领进行。

（2）移步动作慢，靠脚无力。

纠正方法：强调移步时出脚快，靠脚时要迅速、有力。

十、步法变换

步法变换的作用是，为了适应不同情况的需要。变换行进的步法，均从左脚开始。

（一）口令

“齐步——走”“正步——走”“跑步——走”。

（二）步法交换

齐步换正步：听到口令，右脚继续走一步，即换正步或齐步行进。

齐步换跑步：听到预令，两手迅速握拳提到腰际，两臂前后自然摆动；听到动令，即换跑步行进。

跑步换齐步：听到口令，继续跑两步，然后换齐步行进。

齐步换踏步：听到口令即换踏步。

跑步换踏步：听到口令继续跑两步，换踏步。

踏步换齐步或跑步：听到“前进”的口令，继续踏两步，再换齐步或跑步。

（三）动作标准与要求

步法变换时，要求做到：军姿不变形，时机准确，动作规范、协调。

（四）训练重点和难点

掌握变换的时机和变换时腿臂动作的协调。

（五）训练步骤

1. 分解动作练习

（1）齐步、正步互换。

①口令：“正步——走”“二”；“齐步——走”“二”。

②要领：齐步换正步时，听到“正步——走”口令，右脚按齐步的要领继续走一步后停止，听到“二”的口令，从左脚开始正步行进。

正步换齐步时，听到“齐步——走”的口令，右脚按正步的要领再走一步后停止，听到“二”的口令，从左脚开始换齐步行进。

（2）跑步、齐步互换。

①口令：“跑步——走”“二”；“齐步——走”“二”。

②要领：齐步换跑步，听到预令，两手迅速握拳提到腰际，两臂前后自然摆动，听到动令，即刻停止，听到“二”的口令，从左脚开始即换齐步行进。

2. 连贯动作练习

常犯毛病和纠正方法：

（1）齐步、正步互换时，时机掌握不好。

纠正方法：强调听到动令后，右脚按原地步法再走一步，左脚迅速变换步法，同时自然摆臂。

（2）齐步换跑步时，听到预令握拳提到腰际，动作慢。

纠正方法：强调听到预令即握拳提到腰际，并且两臂自然摆动，听到动令即从左脚换成跑步行进。

十一、行进间转法

行进间转法是行进间变换方向的方法，分为向左转走、向右转走、向后转走。

（一）齐步、跑步向右（左）转

（1）口令：“向右（左）转——走”。

（2）要领：左（右）脚向前半步（跑步时，继续跑两步，再向前半步），脚尖向右（左）约45°，身体向右（左）转90°时，左（右）脚不转动，同时出右（左）脚按原步法向新方向前进。

（二）齐步、跑步向后转

（1）口令：“向后转——走”。

(2) 要领：左脚向右脚前迈出约半步（跑步时，继续跑两步，再向前半步），脚尖向右约 45°，以两脚的前脚掌为轴，向后转 180°，出左脚按原步法向新方向行进。

(三) 半面向右（左）转

(1) 口令：“半面向右（左）转——走”。

(2) 要领：半面向右（左）转——走，按向右（左）转——走的要领转 45°。

(3) 动作标准及要求：

转动时，保持行进时的节奏，两臂自然摆动，不得外张；两腿自然挺直，上体保持正直。做到：上步、转体、出脚、摆臂协调一致。

(四) 训练步骤

1. 分解动作练习

(1) 口令：“分解动作，向右（左）转——走”“二”。

(2) 要领：听到“分解动作，向右（左）转——走”的口令时，右（左）脚向前半步（跑步时继续跑两步，右或左脚再向前半步），脚尖向右（左）45°，听到“二”的口令，身体向右（左）转 90°，同时出右（左）脚向新方向行进。

(3) 主要解决的问题：上步的距离、方向及转动时臂腿的协调。

2. 连贯动作练习

主要解决的问题：掌握好身体重心，齐步时体重大部分落在后脚，跑步时，体重落于两脚掌之间。

(五) 常犯毛病和纠正方法

(1) 向前半步时，重心不稳。

纠正方法：掌握身体重心，齐步向右（左）转——走，向前半步时，体重大部分落于右（左）脚；跑步向右（左）转——走，向前半步时，体重落于两脚掌上。

(2) 齐步行进间转动时，两臂外张。

纠正方法：强调两臂轻贴身体摆动。

(3) 转动时前脚掌随身体转动。

纠正方法：强调转体同时出脚，两脚掌不转动。

十二、脱帽、戴帽

脱帽、戴帽通常用于集会或军容检查等场合。

(一) 口令

“脱帽”“戴帽”。

(二) 要领

听到“脱帽”的口令，双手捏帽檐或帽前端两侧，将帽取下，取捷径置于左小臂，帽徽向前，掌心向上，四指握帽檐前端中央处，小臂略成水平，右手放下（图 6-9）。

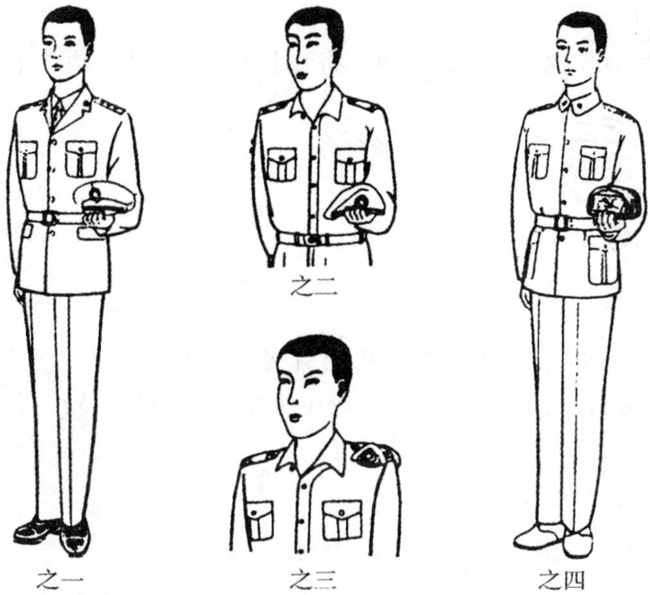

图 6-9　徒手脱帽姿势

听到“戴帽”的口令，双手捏帽檐或帽前端两侧，取捷径将帽迅速戴正。

需夹帽时，将帽夹于左腋下，左手握帽墙，帽徽向前，帽顶向左。

动作标准及要求：要做到姿态端正，动作准确，定型定位，节奏明显。

（三）训练步骤

1. 分解动作练习

（1）口令：“分解动作，脱帽”“二”“三”；“分解动作，戴帽”“二”“三”。

（2）要领：听到“分解动作，脱帽”的口令，双手迅速捏帽檐的两侧；听到“二”的口令，将帽取下，置于左小臂上；听到“三”的口令，右手放下。听到“分解动作，戴帽”的口令，右手捏帽檐右角；听到“二”的口令，两手将帽迅速戴正；听到“三”的口令，两手迅速放下。

（3）主要解决的问题：动作的准确和定位。

2. 连贯动作练习

注意：每个动作之间稍有停顿，但不要过久；解决歪头、勾头、耸肩、后仰等问题。

（四）常犯毛病和纠正方法

（1）脱帽时两手捏帽檐不迅速。

纠正方法：强调要用手腕、小臂力量加速上提。

（2）脱帽时歪头，上体晃动。

纠正方法：上体保持正直，两眼注视前方，两手正直向上用力取帽。

（3）脱帽时左小臂定位不准。

纠正方法：肩关节放松，左小臂一次到位，使肘部贴于腰际，小臂略平。

（4）脱帽后左手腕不平，四指位置不准。

纠正方法：强调脱帽时手腕自然放松，四指转至帽檐中央处。

(5) 戴帽时勾头。

纠正方法：戴帽时强调上体正直，两手将帽上举到略高于头再往下戴。

十三、坐下、起立

(一) 口令

“坐下”“起立”。

(二) 要领

听到“坐下”口令时，左小腿在右小腿后交叉，迅速坐下（坐凳子时，听到口令，左脚向左分开约一脚之长），手指自然并拢放在两膝上，上体保持正直。

起立时，全身协力迅速起立，成立正姿势。

(三) 动作标准与要求

要做到：姿态端正，动作迅速、准确、协调。

(四) 训练重点

重点掌握身体平衡和重心移动，以及坐下时右脚向左滑动的动作。

(五) 训练步骤

1. 分解动作练习

(1) 口令：“分解动作，坐下”“二”；“分解动作，起立”“二”。

(2) 要领：听到“分解动作，坐下”的口令，左小腿在右小腿后交叉；听到“二”的口令迅速坐下。听到“分解动作，起立”的口令，全身协力迅速起立，不靠脚；听到“二”的口令，左脚靠拢右脚成立正姿势。

(3) 主要解决的问题：身体重心平衡及右脚向左滑动的要领。

(4) 练习坐下时，右脚向左滑动的同时，臀部正直向下，重心稍向前移，使臀部尽量靠近两脚跟坐下，保持上体的正直；起立时，重心稍向前移，落于两脚的交叉点上，利用两脚外侧下压的力量，全身协力迅速起立，同时右脚向右滑动至原位。

2. 连贯动作练习

连贯动作练习时，要注意身体重心。

(六) 常犯毛病和纠正方法

(1) 坐下时身体后倒。

纠正方法：坐下时，强调上体稍向前倾，同时右脚向左滑动使两脚分开，臀部尽量靠近脚跟坐下。

(2) 坐下后弯腰低头。

纠正方法：腰杆挺直，挺胸，抬头，两眼平视前方。

(3) 起立时手扶地。

纠正方法：起立时，两脚跟靠近臀部，上体稍向前倾使重心前移，利用两脚外侧的力量，全身协力迅速起立。

十四、蹲下、起立

（一）口令

“蹲下”“起立”。

（二）要领

蹲下时，右脚后退半步，前脚掌着地，臀部坐在右脚跟上（膝盖不着地），两腿分开约 60°，手指自然并拢放在两膝上，上体保持正直（图 6-10）。蹲下过久可自行换脚。

之一　　之二

图 6-10　蹲下时的姿势

起立时，全身协力迅速起立，成立正姿势。

（三）动作标准及要求

蹲下、起立要做到：姿态端正，动作迅速、准确、协调。

（四）训练步骤

1. 分解动作练习

（1）口令：“分解动作，蹲下”“二”；“分解动作——起立”“二”。

（2）要领：听到：“分解动作，蹲下”的口令，右脚后退半步，前脚掌着地；听到“二”的口令，迅速蹲下。听到“分解动作，起立”的口令，全身协力迅速起立，不靠脚，听到“二”的口令，右脚靠拢左脚成立正姿势。

（3）主要解决的问题：右脚后退的方向、距离及蹲下时上体的姿势。

2. 连贯动作练习

注意身体重心大部分落在右脚跟上。

（五）常犯毛病和纠正方法

（1）蹲下时弯腰、低头。

纠正方法：腰杆挺直，抬头，挺胸，挺颈，两眼向前平视。

（2）蹲下时，身体重心后移过快，造成身体不稳。

纠正方法：强调在右脚后退半步时，身体的重心在两脚之间。

十五、整理着装

整理着装通常在立正的基础上进行。

（一）口令

“整理着装”。

（二）要领

双手从帽子开始，自上而下，将着装整理好。必要时，也可以相互整理。整理完毕，自行稍息。听到“停”的口令，恢复立正姿势。

（三）动作标准及要求

整理着装时，要做到姿态端正、动作迅速、整理切实。

（四）训练重点

重点掌握整理着装时抬手的速度。

（五）常犯毛病和纠正方法

（1）姿态不端正。

纠正方法：强调腰杆挺直，除两手动作外，其余均保持立正姿势。

（2）抬手不迅速。

纠正方法：强调两手取捷径迅速抬起，可反复练习抬手放下的动作。

（3）整理不切实。

纠正方法：可两人一队进行整理，互相纠正，反复练习。有条件时，也可以面对镜子，自己对照纠正，反复练习。整理着装通常在立正的基础上进行。

十六、敬礼与礼毕

敬礼，是表示军人相互之间的团结友爱，表示部属与首长、下级与上级的相互尊重。军人必须有礼节，部属或下级应当首先向首长或上级敬礼，首长或上级必须还礼。敬礼分为举手礼、注目礼、举枪礼和行进间敬礼。

（一）举手礼

（1）口令：“敬礼”。

（2）要领：上体正直，右手取捷径迅速抬起，五指并拢自然伸直，中指微接帽檐右角约 2cm 处（戴无檐帽或者不戴帽时微接太阳穴，与眉同高），手心向下，微向外张（约 20°），手腕不得弯曲，右大臂略平，与两肩略成一线，同时注视受礼者（图 6-11）。

图 6-11　停止间徒手敬礼

（二）注目礼

（1）口令："敬礼"。

（2）要领：面向受礼者成立正姿势，同时注视受礼者，并目迎目送（左右转头不超过 45°）

（三）举枪礼（用于阅兵或者执行仪仗任务）

（1）口令："向右看——敬礼"。

（2）要领：右手将枪提到胸前，枪身垂直并对正衣扣线，枪面向后，离身体约 10cm，枪口（半自动步枪准星护圈）与眼同高，大臂轻贴左肋，同时转头向右注视受礼者，并目迎目送（右转头角度不超过 45°）。

（四）礼毕

（1）口令："礼毕"。

（2）要领：行举手礼者，将手放下；行注目礼者，将头转正；行举枪礼者，将头转正，右手将枪放下，使托前踵（半自动步枪托底钣）轻轻着地，同时左手放下，成持枪立正姿势。

（五）动作标准及要求

敬礼时，姿态端正，精神振奋，表情自然，时机恰当，动作迅速、准确、协调。要做到不歪头、不耸肩，上体不晃动。行举枪礼时，枪定位要准，转头角度好。

（六）训练重点和难点

训练的重点和难点在于举手礼的手形、举枪礼枪的定位、注目礼的眼神。行举手礼时，要五指并拢自然伸直，手腕不得弯曲；行举枪礼时，枪身要垂直，准星护圈与眼同高，离身体约 10cm；行注目礼时，两眼的黑眼珠应保持在眼睛中央，注视受礼者。

（七）训练步骤

1. 分解动作练习

（1）举手礼：

①口令："分解动作，敬礼""二""礼毕"。

②要领：听到"分解动作，敬礼"的口令，右手取捷径迅速抬起，五指并拢自然伸直，小臂略平，手心向内，拇指与右上衣口袋上沿平齐；听到"二"的口令，小臂抬起，中指微接帽檐右角前约2cm处（不戴帽子时微接太阳穴，与眉同高）；听到"礼毕"的口令，右手放下。

（2）注目礼、举枪礼：

①口令："分解动作，敬礼""二""礼毕"；"分解动作，向右看——敬礼""二""礼毕"。

②要领：听到"分解动作，敬礼"（"向右看——敬礼"）的口令，迅速转头（同时提枪）；听到"二"的口令，由右向左转头；听到"礼毕"的口令，迅速将头转正（同时枪放下）。

③主要解决的问题：敬礼时的手形、路线及定位的准确，转头时的角度，提枪的速度和枪的定位。

④练习时，肩、臂自然放松，注意大臂和手同时到位，五指自然并拢，保持正确的手形。

2. 连贯动作练习

连贯动作练习时要注意身体重心。

（八）常犯的毛病和纠正方法

（1）右手抬起画弧。

纠正方法：强调右手抬起时以小臂带动大臂，沿胸部右侧取捷径抬起。

（2）手腕下塌或上凸。

纠正方法：手腕适当放松，五指适当用力，使手腕自然伸直。

（3）手心外张过大。

纠正方法：手心向下稍向外张约20°，右眼的余光能看到无名指和小指，反复练习。

（4）右臂不到位，大臂与两肩未成一线。

纠正方法：右大臂抬起时肘部稍向后张，使大臂与两肩略成一线。

（5）中指未能一次到位。

纠正方法：可在帽檐右角前2cm处做一标记（或面对镜子），反复练习。

（6）敬礼时歪头、耸肩。

纠正方法：强调上体保持正直，肩部适当放松。

第三节 班队列动作

班队列动作，是在单个军人队列动作的基础上进行的，是单个动作的组合和整齐配合。内容包括：队形；集合、离（解）散；整齐、报数；出列、入列；行进、停止；队形变换；方向变换。通过对以上内容的训练，来培养部队优良的作风、整齐划一的整体观念和令行禁止的战斗作风，达到提高部队战斗力的目的。

班的队列动作包括：班的队形；集合、解散；整齐、报数；出列、入列；行进、停止；队形变换；方向变换等。

一、班的队形

班的基本队形，分为横队和纵队。需要时，可以成二列横队或者二路纵队。横队时，队列人员之间的间隔（两肘之间）通常约 10cm；二列横队时，后列人员脚尖距前列人员脚跟约 75cm。纵队时，队列人员之间的距离（前一名脚跟至后一名脚尖）约 75cm；二路纵队时，右路人员与左路人员的间隔约 10cm。需要时，可以调整队列人员之间的间隔和距离。

步兵班通常按照班长、机枪射手、机枪副射手、步枪手或者冲锋枪手、火箭筒手、火箭筒副射手、副班长的顺序列队，必要时可以按照身高列队（图 6-12）。

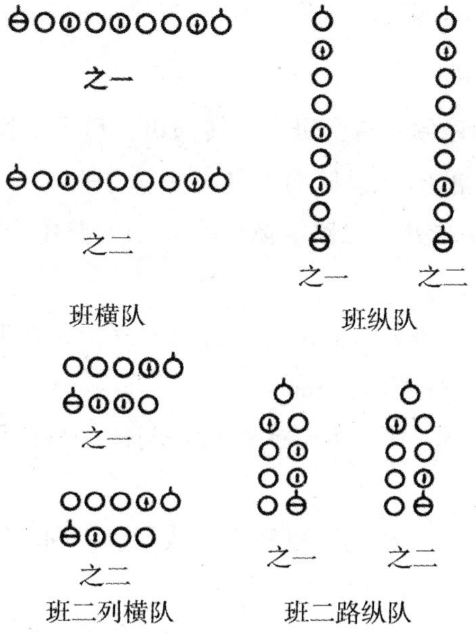

图 6-12 班的队形

二、集合、解散

集合，是使单个军人、分队、部队按照规范队形聚集起来的一种队列动作。

集合时，指挥员应当先发出预告或者信号，如“全班注意”，然后，站在预定队形的中央前，面向预定队形成立正姿势，下达“成××队——集合”的口令。所属人员听到预告或者信号，原地面向指挥员成立正姿势；听到口令，跑步到指定位置面向指挥员集合（在指挥员后侧的人员，应当从指挥员右侧绕过），自行对正、看齐，成立正姿势。

（一）口令及要领

1. 班横队（二列横队）集合

（1）口令：“成班横队——集合”“成班二列横队——集合”。

（2）要领：集合时，基准兵迅速到班长左前方适当位置，成立正姿势；其他士兵以基准兵为准，依次向左排列，自行看齐。成班二列横队时，单数士兵在前，双数士兵在后。

2. 班纵队（二路纵队）集合

（1）口令：“成班纵队——集合”“成班二路纵队——集合”。

（2）要领：基准兵迅速到班长前方适当位置，成立正姿势；其他士兵以基准兵为准，依次向后排列，自行对正。成班二路纵队时，单数士兵在左，双数士兵在右。

3. 解散

（1）口令：“解散”。

（2）要领：队列人员迅速离开原列队位置。

（二）指挥与动作要点

（1）班长发出预告后稍停顿，待全班士兵转向班长后再交换指挥位置。

（2）基准兵站位迅速、准确（横队时，使班长位于队列中央前 5 ~ 7 步处；纵队时，使班长位于队列正前方 3 ~ 5 步处；二路纵队时，位于两路中央前 3 ~ 5 步处），站立方向要正。

（3）在班长后侧的人员从班长右侧绕过，自行标齐，成立正姿势，并保持好规定的间隔、距离（后一名脚尖距前一名脚跟 75cm）。

（4）成班二列横队集合时，第二列排头把握好与前一列的距离，其他人员自行对正、标齐，成立正姿势。

（5）听到“解散”的口令，要迅速离开原列队位置，向不同的方向散开。

（三）标准要求

集合时，班长要姿态端正、精神振作、动作规范、指挥位置正确；口令准确、吐字清楚、声音洪亮，预令、动令分明。

基准兵站位准确，其他士兵动作迅速，精神饱满，间隔、距离准确，保持肃静。

（四）组织训练的步骤及方法

练习时，可参照以下程序——班横队解散、班二列横队集合；班二列横队解散、班纵队集合；班纵队解散、班二路纵队集合；班二路纵队解散、班横队集合的顺序进行。

（五）易出现的错误动作及纠正方法

（1）集合动作不迅速、不肃静。

纠正方法：强调动作紧张迅速，肃静，不讲话。

（2）基准兵的站位不准确、站立方向不正。

纠正方法：用口令调整基准兵的动作；先在训练场地标出班长和基准兵的站立点，进行站点练习，熟练后再离线练习。

（3）间隔、距离不准。

纠正方法：用米尺检查，或者在训练场地画出间隔、距离线进行站线练习。

（4）解散时，离开原位不迅速或者做其他动作。

纠正方法：强调听到口令不要做其他动作，并保持肃静，迅速向不同的方向散开。

三、整齐、报数

（一）口令及要领

1. 整齐

整齐，是使列队人员按照规定的间隔、距离，保持行、列齐整的一种队列动作。整齐分为向右（左）看齐和向中看齐。

（1）向右（左）看齐。

口令："向右看——齐""向左看——齐""向前——看"。

要领：基准兵不动，其他士兵向右（左）转头（持枪、炮时，听到预令，迅速将枪、炮提起），眼睛看右（左）邻士兵腮部，前四名能通视基准兵，自第五名起，以能通视到本人以右（左）第三人为度。后列人员，先向前对正，后向右（左）看齐。听到"向前——看"的口令，迅速将头转正（枪、炮着地），恢复立正姿势。

（2）向中看齐。

口令："以×××为准，向中看——齐""向前——看""向前——对正"。

要领：当指挥员指定"以×××为准（或者以第×名为准）"时，基准兵答"到"，同时左手握拳高举，大臂前伸与肩略平，小臂垂直举起，拳心向右（图6-13）。听到"向中看——齐"的口令后，其他士兵按照向右（左）看齐的要领实施。听到"向前——看"的口令后，基准兵迅速将手放下，其他士兵迅速将头转正，恢复立正姿势。一路纵队看齐时，可以下达"向前——对正"的口令。

图 6-13　向中看齐时基准兵的举手姿势

2. 报数

报数，是使队列人员依次报出在队列中序数的一种队列动作。它通常用于清点列队人数。

口令："报数"。

要领：横队从右至左（纵队由前至后）依次以短促洪亮的声音转头（纵队时向左转头）报数，最后一名不转头。

（二）指挥与动作要点

（1）士兵转头的角度以看到右（左）邻士兵腮部为度；转头迅速、整齐一致。

（2）向中看齐时，基准兵答"到"，左手握拳高举，动作规范。

（3）听到"向前——看"的口令，基准兵放手和其他士兵将头转正的动作协调一致。

（4）转头和报数要同时。

（三）标准要求

班长指挥位置准确，下达口令吐字清楚、声音洪亮、姿态端正，基准兵站立方向正，答"到"声音洪亮，左手握拳高举迅速、规范；士兵看齐时动作迅速，转头的角度和间隔准确，整齐一致，精神饱满，排面整齐；"报数"时，声音清楚洪亮、短促有力、连接紧凑，报数和转头要同时，将头转正的速度要快。

（四）组织训练的步骤及方法

（1）先练横队的整齐、报数，再练纵队的整齐、报数。

（2）轮流充当班长，练习口令的下达、动作程序及纠正错误的方法。

（3）练整齐时，先进行站线练习，尔后再离线练习，或者令基准兵"向前（后退）1步——走"，练整齐。

（五）易出现的错误动作及纠正方法

（1）看齐时转头不一致，勾头、含胸。

纠正方法：强调听到口令后再转头；用口令提示收腹挺胸、正直转头。

（2）报数转头时扭动身体。

纠正方法：用手扶其上体，反复练习转头。

（3）排面方向不正，脚线、胸线、帽檐线不齐。

纠正方法：先进到基准兵正前方纠正其立正姿势和站立方向，尔后再回到队列中央前下达“向右看——齐”的口令，其他士兵迅速转头，用碎步看齐，看齐后班长下达“向前——看”的口令。尔后，班长进到第二名前方3~5步处，逐个对士兵进行正面检查，主要检查身体是否正直、间隔是否适当等。检查完毕，班长再送到基准兵右侧（纵队时在基准兵正前方）3~5步处面向队列，检查脚尖线、胸线、帽檐线。须纠正时，班长可令“第×名或者××同志，稍向前（后）、挺胸、收下颌”等；被纠正的同志听到呼点自己的姓名或者序号时答“到”，并将头转向右（纵队时头不动），按照班长的口令“前进（稍左）”或者“后退（稍右）”；班长下达“好”的口令后，被纠正士兵将头转正；检查完毕，班长回到原指挥位置。

（4）当报数出现错误时，班长要先下达“停”的口令，尔后再下达“报数”的口令，不能下达“重报”。

（5）二路纵队整齐时，应下“向左看——齐”的口令，不能下“向前——对正”的口令。

四、出列、入列

单个军人出列、入列通常用跑步（5步以内用齐步，1步用正步），或者按照指挥员指定的步法执行；然后进到指挥员右前侧适当位置或者指定位置，面向指挥员成立正姿势。

（一）口令及要领

1. 出列

口令：“×××（或者第×名），出列”“入列”。

要领：出列军人听到呼点自己姓名或者序号后应当答“到”，听到“出列”的口令后，应当答“是”。听到“入列”口令后，应当答“是”，然后按照出列的相反程序入列。

（二）指挥与动作要领

（1）出列之前，先转向新方向，尔后进到班长右侧前5~7步处，面向班长成立正姿势。

（2）入列到位后，应主动向右翼邻兵（听到入列士兵答“是”后，自行立正）标齐，稍息后，右邻士兵再稍息。

（3）基准兵入列时，应主动向其左翼邻兵（听到基准兵答“是”后，自行立正）标齐，稍息后，左邻士兵再稍息。

（三）标准要求

班长下达口令时，要姿态端正、吐字清楚、洪亮有力；士兵出列、入列答“到”和“是”时，要声音洪亮、短促有力、动作迅速、路线正确。

（四）组织训练的步骤及方法

轮流充当班长练习指挥和出列、入列动作。

（五）易出现的错误动作及纠正方法

（1）出列、入列动作不规范，层次不清楚，出列后位置不准确。

纠正方法：要求每个细小动作做到位，在地上标出出列后的位置，反复练习。

（2）入列后看齐动作不迅速、排面不齐。

纠正方法：严格要求，对动作不迅速和标不齐的人员进行纠正。

五、行进、停止

（一）口令及要领

口令：“齐步——走”“正步——走”“跑步——走”“立——定”。

要领：横队行进以右翼为基准，纵队行进以先头为基准（二路纵队行进以左翼为基准）。

（1）行进，班长应当下达“×步——走”的口令。听到口令，基准兵向正前方前进，其他士兵向基准翼标齐，保持规定的间隔、距离行进。行进中，需要时，用“一二一”（调整步伐的口令）、“一二三四”（呼号）或者唱队列歌曲，以保持步伐的整齐和振奋士气。

（2）停止，班长应当下达“立——定”的口令。听到口令，按照立定的要领实施，动作要整齐一致。停止后，听到“稍息”的口令，先自行对正、看齐，再稍息。

（二）指挥与动作要点

（1）横队行进时，班长由班横队的中央前跑步进到队列的左侧前，面向队列下达“×步——走”的口令，并随着队列的行进而不断变换方向（始终面向队列），基准兵向正前方行进，其他士兵向基准翼（右翼）靠拢、标齐。

（2）反排行进时，班长的指挥位置不变（在队列的右前方），基准兵向正前方行进，其他士兵向左翼靠拢、标齐。

（3）纵队行进时，班长在队列的左侧中央前下达口令（不变换指挥位置，使队列围绕指挥员转）。基准兵向正前方行进，其他士兵向前对正，并保持好与前一名75cm的距离。

（4）立定后，听到“稍息”的口令，先标齐（对正），再按先后顺后稍息；行进停止后，班长的指挥位置不在队列中央前时，不能下达“向右（左）看——齐”的口令。

（5）班长位于队列中央前，下达“稍息”口令时，队列人员只能做“稍息”动作，而不能做“看齐”的动作。

（三）标准要求

下达口令时要姿态端正、吐字清楚、声音洪亮，预令、动令分明。队列中的人员要精神振作，做到“三等”（等步速、等步幅、等间隔）、“四齐”（脚线齐、臂线齐、胸线齐、头线齐）。

（四）组织训练的步骤及方法

轮流充当班长练指挥。练习时，可在训练场地画出方向线和步幅线，按照齐步、正步、跑步的顺序进行，以横队行进为重点。

1. 横队行进

班长由纵队的中央前跑步进到队列的左侧前适当位置下达“×步——走”的口令，队列往返行进，进行三种步法的练习。

2. 纵队行进

纵队行进时，班长由纵队的正前方进到队列的左侧适当位置，面向队列下达口令，进行三种步法的练习。

（五）易出现的错误动作及纠正方法

（1）横队行进时，排面不齐、方向不正。

纠正方法：踩方向线和步幅线行进，用眼睛的余光标齐排面。

（2）纵队行进时，向前对不正。

纠正方法：脚的内侧行进在方向线上，眼睛看前一名后帽墙。

（3）行进时精神不振奋。

纠正方法：收腹部，胸部向前上方挺出，头向上顶，眼睛向前看。

（4）步速不一致。

纠正方法：用调整步伐的口令和“呼号”进行调整，或者播放队列进行曲踩乐练习。

六、队形变换

队形变换，是由一种队形变为另一种队形的列队形式。分为班横队和班纵队互换、班横队和班二列横队互换、班纵队和班二路纵队互换。

（一）口令及要领

1. 班横队和班纵队互换

（1）班横队变班纵队。

停止间口令：“向右——转”。

行进间口令：“向右转——走”。

（2）班纵队变班横队。

停止间口令：“向左——转”。

行进间口令：“向左转——走”。

要领：停止间，按照单个军人向右（左）转的要领实施。行进间，按照单个军人向右（左）转——走的要领实施。全班动作要整齐一致。

2. 停止间班横队和班二列横队互换

（1）班横队变班二列横队。

口令："成班二列横队——走"。

要领：变换前，先报数。听到口令，双数士兵左脚后退1步，右脚（不靠拢左脚）右跨1步，左脚向右脚靠拢，站到单数士兵之后，自行对正、看齐。

（2）班二列横队变班横队。

口令："间隔1步，向左离开""成班横队——走"。

要领：听到"间隔1步，向左离开"的口令，取好间隔；听到"成班横队——走"的口令，双数士兵左脚左跨1步，右脚（不靠拢左脚）向前1步，左脚向右脚靠拢，站到单数士兵左侧，自行看齐。

3. 班纵队变班二路纵队

口令："成班二路纵队——走"。

要领：变换前，先报数。听到口令，双数士兵右脚右跨1步，脚（不靠拢右脚）向前1步，右脚向左脚靠拢，站到单数士兵右侧，自行对正、看齐。

4. 班二路纵队变班纵队

口令："距离2步，向后离开""成班纵队——走"。

要领：听到"距离2步，向后离开"的口令，取好距离；听到"成班纵队——走"的口令，双数士兵右脚后退1步，左脚（不靠拢脚）站到单数士兵之后，右脚靠拢左脚，自行对正。

（二）指挥与动作要点

（1）横队变纵队时，变换前，班长从班横队的中央前进到基准兵右侧3～5步处，面向队列下达"向右——转"的口令，横队变为纵队后，班长下达"向前——对正"的口令，听到口令，队列中的士兵迅速向前对正，取好距离（图6-14）。

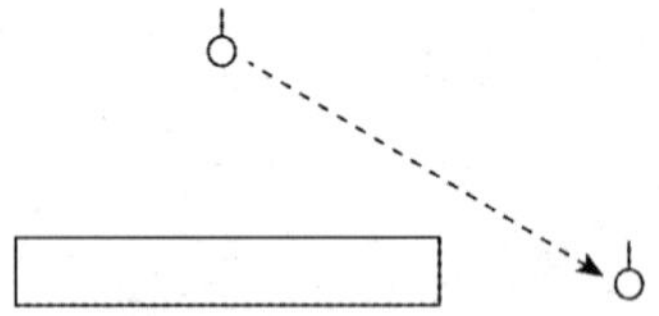

图6-14　班横队变班纵队

（2）班横队变班二列横队时，班长在班横队的中央前左跨1步，下达"成班二列横队——走"的口令。

（3）班纵队变为班二路纵队时，班长在班纵队的中央前左跨半步，下达"成班二路纵队——走"的口令。

（4）班二路纵队变为班纵队时，班长右跨半步，下达"距离2步，向后离开"的口令，距离调整后，下达"成班纵队——走"的口令。

（5）班纵队变为班横队时，班长由纵队的中央前跑步进到队列的左侧中央前，下达

“向左——转”的口令，队形变换后，再下达“向右看——齐”“向前——看”的口令（图6-15）。

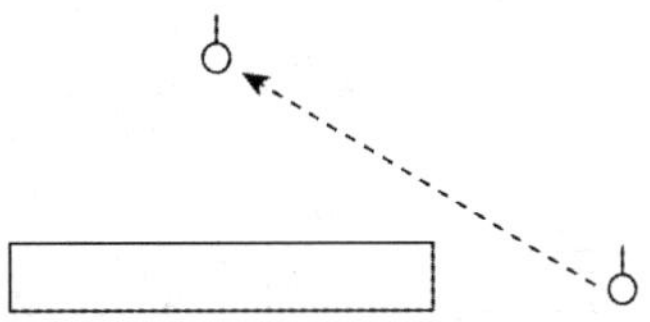

图6-15　班纵队变班横队

（6）队形变换训练时不得变为反排。

即：横队变纵队时，不能下达“向左——转”和“向左转——走”的口令；纵队变横队时，不能下达“向右——转”和“向右转——走”的口令。

（1）在日常队列生活中，如果是过渡性的（变换后开始行进），班长可以在班横队的中央前下达“向右——转”“×步——走”的口令，此时不必调整人员之间的距离，可以边行进边调整。

（2）在队列训练时，如果是过渡性的（为了调整队列的位置，带开（集合）的距离不远时）可以调整为反排。即：可以下达“向后（左、右）——转”“×步——走”的口令。

（3）停止间调整间隔、距离和队形变换后，用小碎步迅速调整、自行标齐，横队看齐后，由右至左自行将头转正，成立正姿势。

（4）班横队与班二列横队互换时，双数士兵左脚靠拢右脚的同时向右转头（排头兵不转头）、靠拢标齐，标齐后，自行将头转正，成立正姿势。

（5）班纵队与班二路纵队互换时，双数士兵右脚靠拢左脚的同时向左转头（二路纵队变班纵队时不转头），标齐，向前对正，标齐，对正后将头转正，成立正姿势。

（6）行进间的横队换纵队训练时，班长由班横队的中央前进到队列的右侧前下达“齐步——走”“向右转——走”的口令，队列在班长正前方适当位置下达“立——定”的口令（图6-16）。

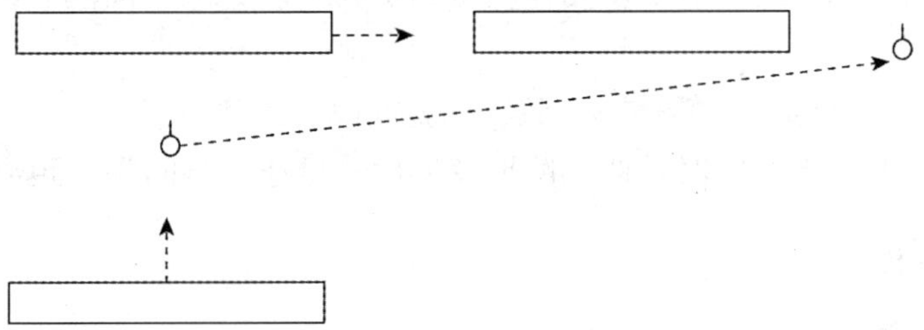

图6-16　班横队变班纵队

（7）行进间的纵队换横队训练时，班长由班纵队的中央前进到队列的左侧前适当位置，下达“齐步——走”“向左转——走”口令，队列在班长正前方适当位置下达“立——定”的口令，停止后，对队列进行整齐（图6-17）。

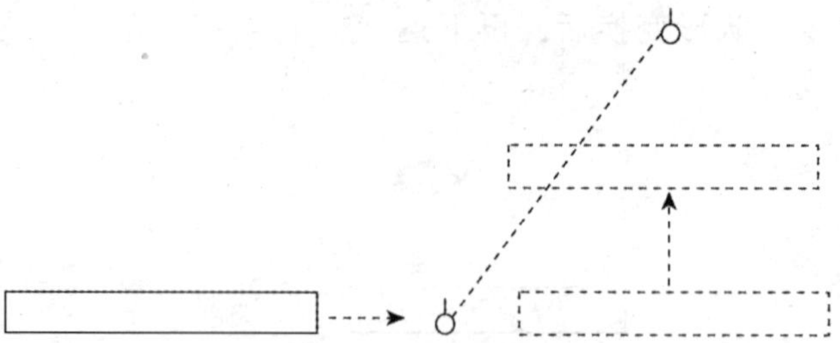

图 6-17　班纵队变班横队

（8）进行行进间横队与纵队互换训练时，可以把动作连起来做。班长由班横队的中央前进到队列的右侧前适当位置，面向队列下达“齐步——走”“向右转——走”“向左转——走”“立——定”的口令，队列在班长正前方停止。

（三）标准要求

班长指挥位置、变换指挥位置的路线正确，指挥口令准确、及时、清楚、洪亮。士兵动作迅速、整齐一致，间隔、距离准确。

（四）组织训练的步骤及方法

（1）轮流充当班长练指挥、练动作，先停止间，后行进间。可参照以下程序进行：班横队与班二列横队互换、班纵队与班二路纵队互换、班横队与班纵队互换、行进间班横队与班纵队互换。

（2）训练时，在单项练习的基础上为了锻炼班长的指挥能力和士兵的反应能力，行进间的队形变换可以将动作串起来做。此时，班长由班横队的中央前跑步进到队列的右侧前实施指挥，操练完毕后，队列在班长正前方停止，尔后，班长对队列进行整齐。

（五）易出现的错误动作及纠正方法

（1）班长指挥程序不清楚，指挥位置不准确。

纠正方法：熟悉程序，再分段练习，后进行综合练习。

（2）停止间变换队形时，步幅不准，上体晃动大。

纠正方法：画线练习退步、上步动作，做到步幅准确，调整间隔、距离时用碎步，上体正直、不晃动。

（3）行进间变换队形时，转体不一致，调整间隔、距离不迅速。

纠正方法：强调出脚的同时转体，队形变换后，迅速调整间隔、距离。

七、方向变换

方向变换，是改变队列面对的方向的一种队列动作。

（一）口令及要领

1. 横队方向交换

停止间，通常是左（右）转弯或者左（右）后转弯，必要时可以向后转。

停止间口令：“左（右）转弯，齐（跑）步——走”“左（右）后转弯，齐（跑）步——走”“向后——转，齐（跑）步——走”（当需要向后转走时，应当先下“向后——转”的口令，当方向变换后，再下“齐（跑）步——走”的口令）。

行进间口令：“左（右）转弯——走”“左（右）后转弯——走”。

要领：班横队方向变换时，轴翼士兵踏步，并逐渐向左（右）转动；外翼第一名士兵用大步行进并同相邻士兵动作协调，逐步变换方向（愈接近轴翼者，其步幅愈小），其他士兵用眼睛的余光向外翼取齐，并保持规定的间隔和排面整齐，转到90°或者180°时踏步并取齐，听口令前进或者停止。

2. 纵队方向变换

纵队方向变换，通常是左（右）转弯，或者左（右）后转弯，必要时可以向后转（纵队的反排行进）。

停止间口令：“左（右）转弯，齐（跑）步——走”“左（右）后转弯，齐（跑）步——走”“向后——转，齐（跑）步——走”。（按照横队和纵队向后转走的方法实施）

行进间口令：“左（右）转弯——走”“左（右）后转弯——走”。

要领：一路纵队方向变换，基准兵在左（右）转弯时按照单个军人行进间转法（停止间，左转弯走时，左脚先向前1步）的要领实施，在左（右）后转弯时，用小步边行进边变换方向，转到90°或者180°照直前进；其他士兵逐次进到基准兵的转弯处，转向新方向跟进。

（二）指挥与动作要点

（1）停止间，横队左（右）转弯时，班长由横队的中央前进到队列的左（右）侧前适当位置，面向队列下达“左（右）转弯，齐步——走”的口令，队列向左（右）转90°后自行踏步，标齐后下达“立——定”的口令，队列停止后，班长位于队列中央前5～7步处（图6-18、图6-19）。

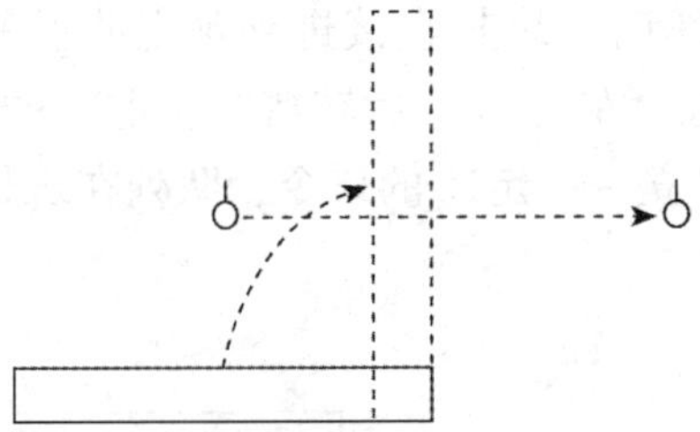

图6-18　班横队停止间向左变换方向

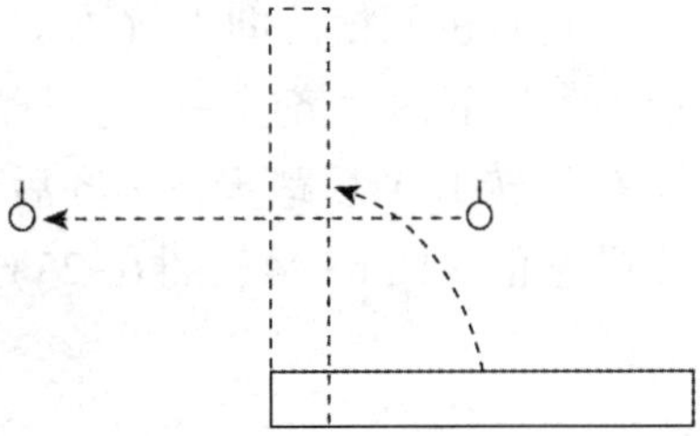

图6-19　班横队停止间向右变换方向

（2）停止间横队左（右）后转弯时，班长由横队的中央前进到队列的左（右）后侧适当位置实施指挥，面向队列下达“左（右）后转弯，齐步——走”的口令，队列人员按照左（右）转弯走的要领转180°后踏步，标齐后下达“立——定”的口令，队列停止后，班长位于队列中央前5～7步处（图6-20、图6-21）。

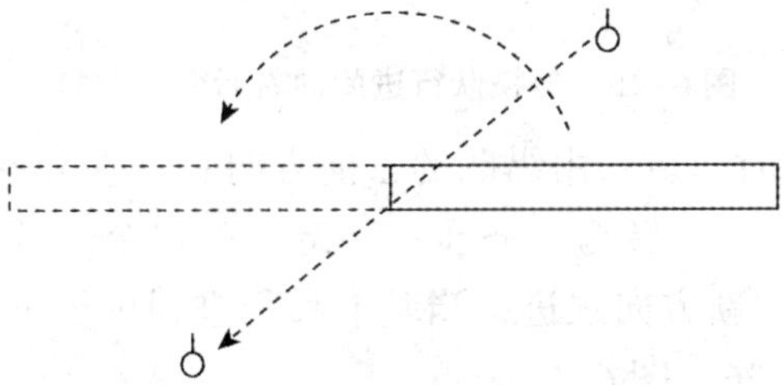

图6-20　班横队停止间向左后变换方向

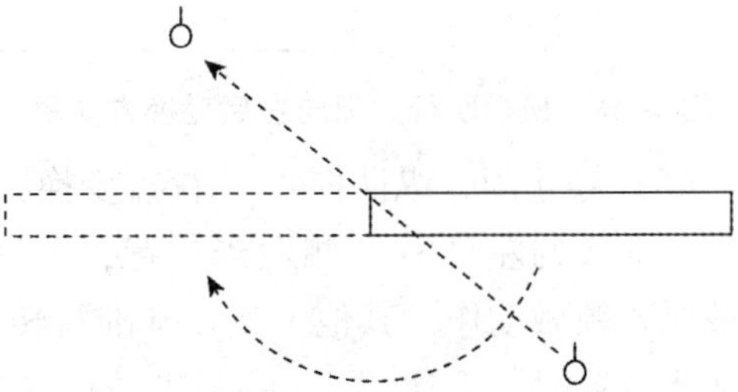

图6-21　班横队停止间向右后变换方向

（3）在日常队列生活中，行进间，班长在班横队的左侧前适当位置实施指挥，当队列需要左（右）转弯时，班长要在队列的行进过程中进到预定的指挥位置，下达“左（右）转弯——走”的口令，队列转到90°后踏步，标齐后下达“前进”“立——定”的口令，队列停止后位于班长的右侧前适当位置，尔后，班长由队列的左侧前进到队列中央前进行整齐。

（4）进行行进间横队向左（右）变换方向训练时，为了避免频繁地变换指挥位置和观察队列人员的动作，班长由班横队的中央前直接进到队列的左（右）侧前适当位置，先下达“齐步——走”的口令，再下达“左（右）转弯——走”的口令，队列向左（右）转90°后自行踏步，标齐后下达“前进”的口令，当队列行进到班长正前方适当位置时，下达“立——定”的口令，停止后，队列位于班长前5～7步处（图6-22、图6-23）。

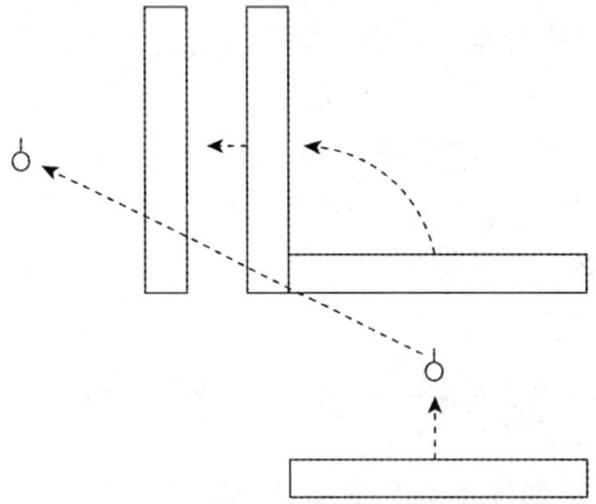

图6-22　班横队行进间向左变换方向

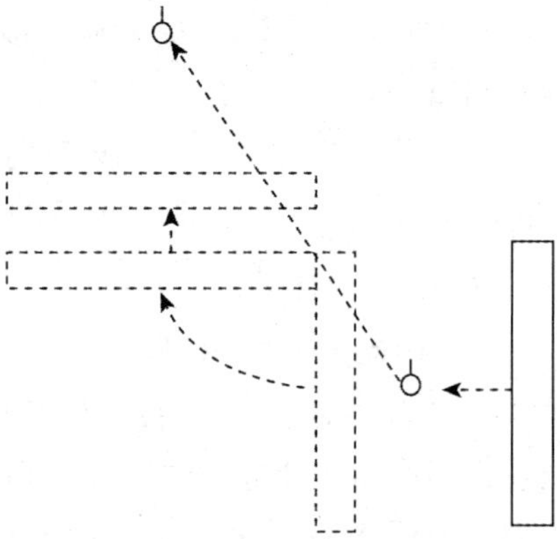

图6-23　班横队行进间向右变换方向

（5）进行行进间横队向左（右）后变换方向训练时，班长直接进到预定队形的中央前实施指挥，先下达“齐步——走”的口令，再下达“左（右）后转弯——走”的口令，队列左（右）转180°后踏步，标齐后下达“前进”“立——定”的口令，队列在班长正前方适当位置停止（图6-24、图6-25）。

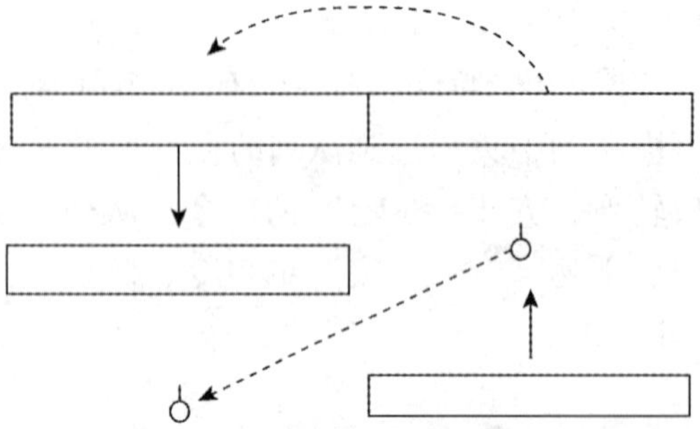

图6-24　班横队行进间向左后变换方向图

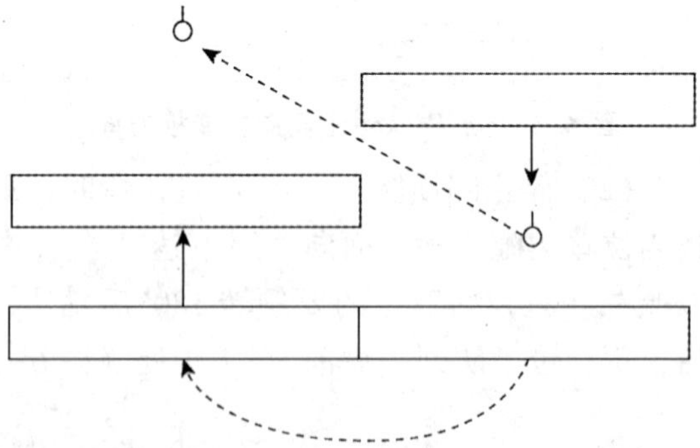

图6-25　班横队行进间向右后变换方向

（6）停止间，纵队向左（右）变换方向训练时，班长由纵队的正前方向右（左）转，进到基准兵的左（右）侧适当位置，下达“左（右）转弯，齐步——走”的口令，基准兵按照要领做动作，其他士兵在基准兵转弯处转向新方向跟进，当基准兵行进到班长正前方适当位置时，下达“立——定”的口令（图6-26、图6-27）。

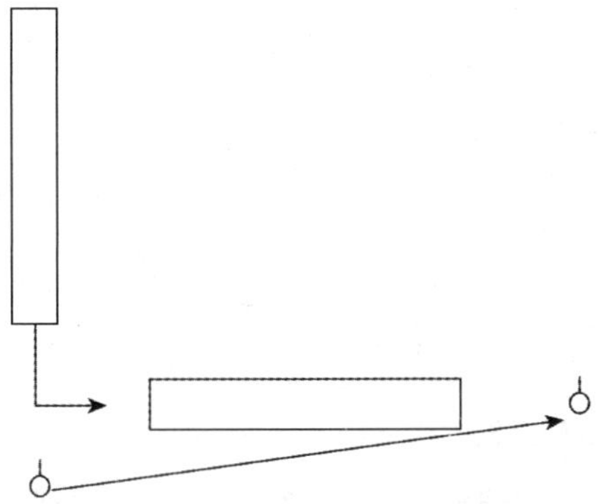

图 6-26　班纵队停止间向左变换方向

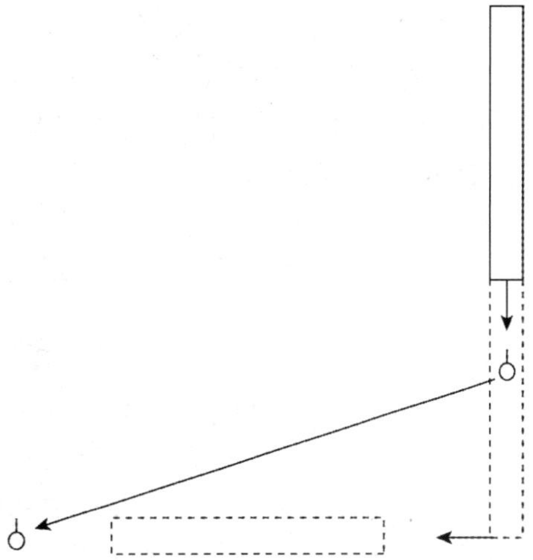

图 6-27　班纵队停止间　向右变换方向

（7）停止间，纵队向左（右）后交换方向时，班长由纵队的正前方从队列的左（右）侧，跑步进到队列的左（右）后侧，面向队列下达“左（右）后转弯，齐步——走”的口令，基准兵用小步边行进边变换方向，转到 180°后，照直前进，其他士兵逐次进到基准兵转弯处转向新方向跟进，当基准兵行进到班长正前方适当位置时，下达“立——定”的口令（图 6-28、图 6-29）。

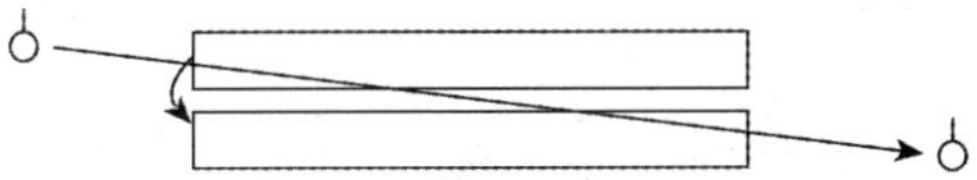

图 6-28　班纵队停止间向左后变换方向

图 6-29　班纵队停止间向右后变换方向

（8）行进间，纵队向左（右）变换方向训练时，班长由纵队的中央前进到班纵队的左（右）侧前，先下达“齐步——走”的口令；再下达“左（右）转弯——走”的口令，队列行进到班长正前方适当位置时，班长下达“立——定”的口令（图 6-30、图 6-31）。

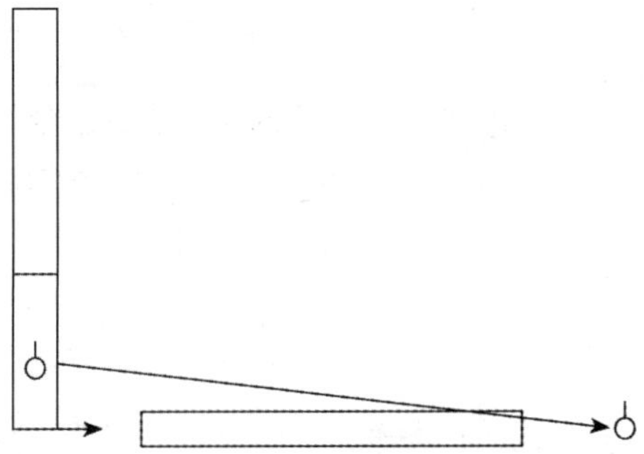

图 6-30　班纵队行进间向左变换方向

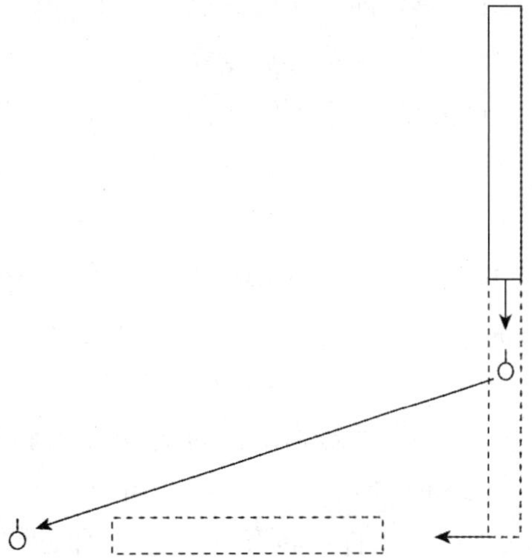

图 6-31　班纵队行进间向右变换方向

（9）行进间，纵队向左（右）后变换方向训练时，班长由纵队的中央前从队列的左（右）侧进到班纵队的左（右）后侧，先下达“齐步——走”的口令，再下达“左（右）后转弯——走”的口令，队列行进到班长正前方适当位置时，班长下达“立——定”的口令（图6-32、图6-33）。

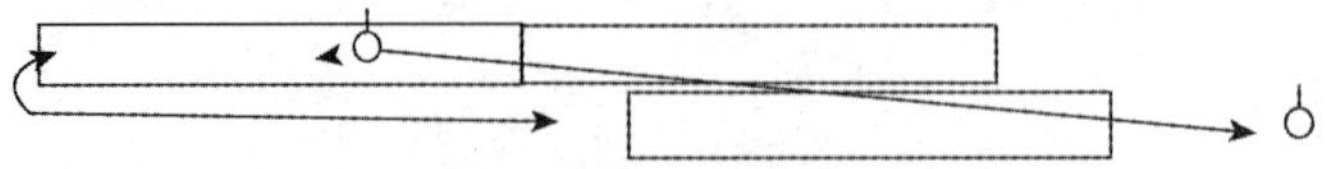

图6-32　班纵队行进间向左后变换方向

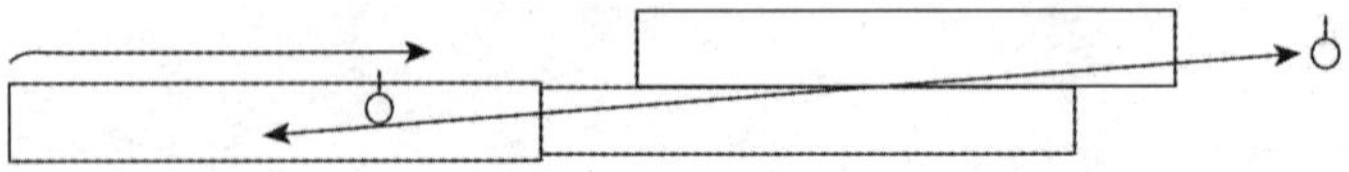

图6-33　班纵队行进间向右后变换方向

（10）行进间，班纵队向左变换方向时，动令落于右脚，听到口令，基准兵左脚继续走1步，尔后按照单个军人向左转走的要领实施。

（三）标准要求

班长指挥位置、变换指挥位置的路线正确，指挥动作规范，指挥口令准确、及时、清楚、洪亮。排面整齐一致，做到“三等”（等步速、等步幅、等间隔）、“四齐”（脚线齐、臂线齐、胸线齐、头线齐）。

（四）组织训练的步骤及方法

1. 单项内容练习

（1）停止间，班横队向左（右）变换方向、向右（左）变换方向、向左（右）后变换方向、向右（左）后变换方向；

（2）行进间，班横队向左（右）变换方向、向右（左）变换方向、向左（右）后变换方向、向右（左）后变换方向；

（3）停止间，班纵队向左（右）变换方向、向右（左）变换方向、向左（右）后变换方向、向右（左）后变换方向；

（4）行进间，班纵队向左（右）变换方向、向左（右）后变换方向、向右（左）变换方向、向右（左）后变换方向。

2. 综合动作练习

为了锻炼班长的指挥能力，可以在单项练习的基础上再进行综合项目练习。综合练习时，先练停止间动作，后练行进间动作。行进间动作练习时，班长可以在一个位置实施指挥，操练完毕，班长再进到班横队的中央前整齐队列。

（1）行进间班横队方向变换综合练习。

班长在班横队的左侧前适当位置下达口令，“齐步——走”“右（左）转弯——走”“前进”“左（右）转弯——走”“前进”“左（右）后转弯——走”“前进”“右（左）后转弯——走”“前进”，队列行进到班长右侧前适当位置时下达“立——定”的口令，队列停止后，班长跑步进到班横队的中央前5～7步处，对队列进行整齐（图6-34）。

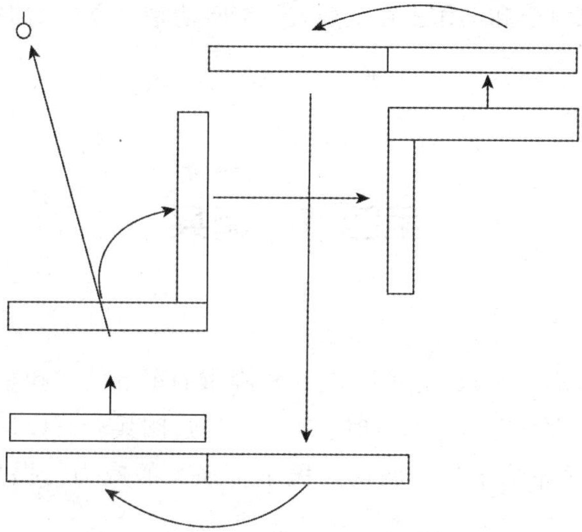

图 6-34　班横队行进间综合动作练习

（2）行进间班纵队方向变换综合练习。

班长由班纵队的中央前进到班纵队的左侧实施指挥，下达“齐步——走”“左（右）转弯——走”“左（右）后转弯——走”“右（左）转弯——走”“右（左）后转弯——走”“立——定”的口令，队列在班长正前方停止后，下达“向左——转”的口令，尔后进行整齐（图 6-35）。

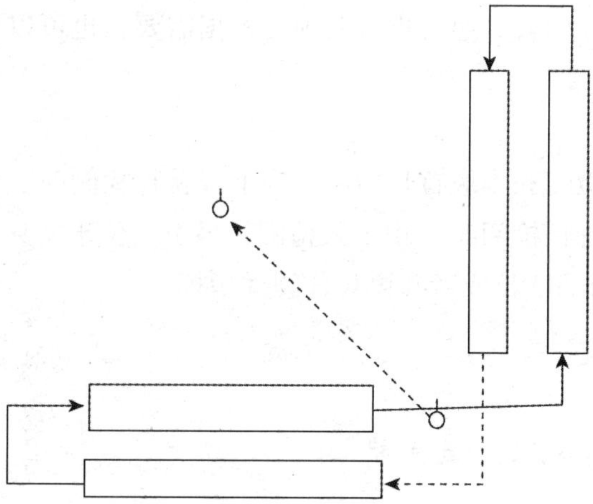

图 6-35　班纵队行进间综合动作练习

（五）易出现的错误动作及纠正方法

（1）指挥员变换指挥位置的路线、指挥位置不准。

纠正方法：在训练场地画出变换指挥位置的路线和指挥位置，反复练习。

（2）横队方向变换时排面不整齐。

纠正方法：在训练场地画出行进线，先踩线练习，熟练后再离线练习。

（3）纵队方向变换时走捷径或转弯过大。

纠正方法：在转弯处做出标记，以规范转弯的具体位置。

（4）操场训练时，指挥员频繁地变换指挥位置。

纠正方法：先熟悉口令和动作，在队列人员能听清楚口令的前提下，尽量少变换指挥位置。

第四节　阅兵

阅兵是军政首长对部队实施的检阅，是一种隆重的军事仪式和军事制度。通常在国家重大节日、军队出征、大型军事演习等时机举行。通过阅兵，可以显示国威、军威，展示部队的军事素质，鼓舞部队士气，展现人民军队强大的威力，提高人民群众对军队的观瞻。

一、阅兵权限

阅兵是由党和国家领导人，中央军事委员会主席、副主席、委员及团以上部队军政主要首长或者被上述人员授权的其他领导和首长实施。通常由 1 人检阅。

二、阅兵形式

阅兵分为阅兵式和分列式。通常进行两项，根据需要，也可以只进行一项。

三、阅兵程序

阅兵分为上级首长检阅和本级首长检阅。当上级首长检阅时，由本级军事首长任阅兵指挥；当本级军政主要首长检阅时（由 1 人检阅，另 1 人位于阅兵台或者队列中央前方适当位置面向部队），由副部队长或者参谋长任阅兵指挥。

四、步兵团阅兵

（一）军旗的掌持及迎、送军旗

1. 国旗的掌持

国旗由一名掌旗员掌持，两名护旗兵护旗，护旗兵位于掌旗员两侧。掌旗员和护旗兵应当具备良好的军政素质和魁梧匀称的体形。

掌旗员通常由连、排职军官或者军士充任，护旗兵通常由军士或者士兵充任。掌旗员和护旗兵应当具备良好的军政素质和魁梧匀称的体形。

掌持军旗的姿势分为持旗、扛旗和端旗。

（1）持旗。

持旗要领：立正时，右臂自然下垂，右手持旗杆，使旗杆垂直立于右脚外侧。稍息时，持旗姿势不变。图 6-36 所示为立正持旗姿势。

2. 扛旗

扛旗要领：听到“齐步——走”的预令后，左手握旗杆套下方约 10cm 处，两处协力将旗上提，扛于右肩，旗杆套稍高于肩，右臂伸直，右手掌心向下握旗杆，左手放下。听到动令，开始行进。图 6-37 所示为准备进行时的扛旗姿势。

图 6-36　立正持旗姿势

图 6-37　准备进行时的扛旗姿势

3. 端旗

端旗要领：右手握旗杆套下约 10cm 处，右臂向前伸直，右手约与肩同高，左手握旗杆下部，左小臂斜贴于腹部。图 6-38 所示为端旗姿势。

图 6-38　端旗姿势

4. 扛旗、端旗互换

（1）扛旗换端旗。

口令："正步——走"。

要领：听到"正步——走"的口令后，在左脚落地时左手在右手腕处握旗杆；在右脚落地时右手移握距旗杆套约 10cm 处；在出左脚的同时右臂向前伸直，左手向后压，两手协力转换成端旗姿势，继续行进。

（2）端旗换扛旗。

口令："齐步——走"。

要领：听到"齐步——走"的口令后，在左脚落地的同时收右臂，左手前推，将旗扛于右肩；在右脚落地时右手移握旗杆下部，右臂伸直；在出左脚的同时，左手放下，换齐步行进。

掌旗员、护旗兵行进中变换方向时，以掌旗员为轴。迎送军旗时，其行进、转弯、步法变换和停止的口令由掌旗员下达。

5. 迎军旗、送军旗

将展开的军旗持入队列时，部队应当整队行迎军旗仪式。步兵团迎军旗时，通常成营横队的团横队。特殊情况下，可以由机关和指定的分队参加，按照部队首长临时规定队形列队。

步兵团迎军旗时，主持迎军旗的指挥员下达"立正""迎军旗"的口令，听到口令后，掌旗员（扛旗）、护旗兵齐步行进，当由正前方或左前方向本团右翼进至距队列 40～50 步时，主持迎军旗的指挥员下达"向军旗——敬礼——"的口令，听到口令后，位于指挥位置的军官行举手礼，其余人员行注目礼，掌旗员（由扛旗换端旗）、护旗兵换正步，取捷径向本团和右翼排头行进。当超过团机关队形时，主持迎军旗的指挥员下达"礼毕"口令，部队礼毕，掌旗员（由端旗换扛旗）、护旗兵换齐步，持"军旗"行进至团指挥员右侧 3 步处时，左后转弯立定，成立正姿势。

步兵团送军旗时，参加人员和队形与迎军旗同。步兵团送军旗时，主持送军旗的指挥员下达"立正""送军旗"的口令，听到口令后，掌旗员（成扛旗姿势）、护旗兵按照迎军旗路线相反方向齐步行进。持军旗出列后行至团机关队形右侧前时，主持送军旗的指挥员下达"向军旗——敬礼——"的口令，听到口令后，掌旗员（由扛旗换端旗）、护旗兵换正步，全团按照迎军旗的规定敬礼。当军旗离开距队列正面 40～50 步时，主持送军旗的指挥员下达"礼毕"的口令，部队礼毕，掌旗员（由端旗换扛旗）、护旗兵换齐步，返回原出发位置。

军兵种团以上部队和院校迎送军旗，参照步兵团迎送军旗的规定组织实施。

（二）阅兵式

团阅兵式的队形通常为营横队的团横队，或者由团首长临时规定。列队时，各枪手持枪（冲锋枪手挂枪）。

阅兵式程序如下：

1. 阅兵首长接受阅兵指挥报告

当阅兵首长行至本团队列右翼适当距离时或者在阅兵台就位后（当上级首长检阅时，

通常由团政治委员陪同入场并陪阅)，阅兵指挥在队列中央前下达“立正”的口令，随后跑到距阅兵首长5～7步处敬礼，待阅兵首陈还礼后礼毕并报告。例如：“师长同志，步兵第×团列队完毕，请您检阅。”报告后，左跨1步，向右转，让首长先走，尔后在其右后侧(当上级首长检阅时，团政治委员在团长右侧)跟随陪同。

2. 阅兵首长向军旗敬礼

阅兵首长行至距军旗适当位置时，应当立正向军旗行举手礼（陪同人员面向军旗，行注目礼)。

3. 阅兵首长检阅部队

当阅兵首长行至团机关、各营部、各连及后勤分队队列右前方时，团机关由副团长或者参谋长、各营部由营长、各连由连长、后勤分队由团指定的指挥员下达“敬礼”的口令。听到口令后，位于指挥位置的军官行举手礼，其余人员行注目礼，目迎目送首长（左右转头不超过45°)。当首长问候“同志们好”或者“同志们辛苦了”，队列人员应当齐声洪亮地回答“首——长——好”“为——人民——服务”，当首长通过后，指挥员下达“礼毕”口令，队列人员礼毕。

4. 阅兵首长上阅兵台

阅兵首长检阅完毕后上阅兵台，阅兵指挥跑步到队列中央前，下达“稍息”口令，队列人员稍息。当上级首长检阅时，团政治委员陪同首长上阅兵台，然后跑步到自己的列队位置。

（三）分列式

团分列式应当设4个标兵。一二标兵之间和三四标兵之间的间隔各为15m，二三标兵之间的间隔为40m。标兵应当携带81式自动步枪或者半自动步枪，并在枪上插标兵旗。冲锋枪手挂枪，步枪手提枪。图6-39所示为步兵团阅兵标兵设置位置和标兵就位行进路线。

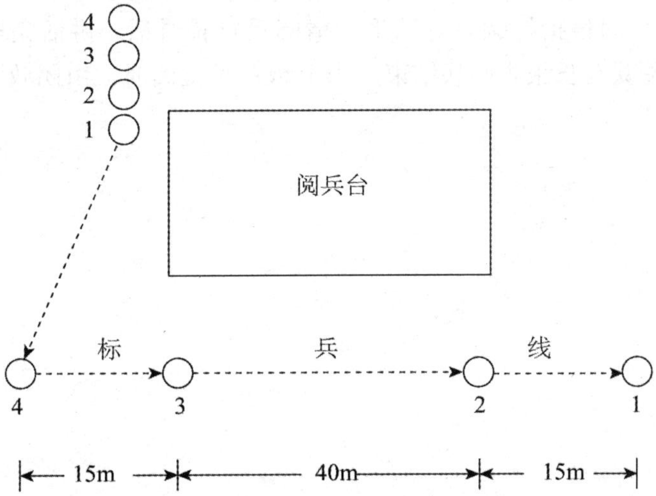

图6-39　步兵团阅兵标兵设置位置和标兵就位行进路线

分列式程序如下：

1. 标兵就位

分列式开始前，阅兵指挥在队列中央前，下达“立正”“标兵”“就位”的口令。标兵听到口令，成一路纵队持（托）枪跑步到规定的位置，面向部队成持枪立正姿势。

2. 调整部（分）队为分列式队形

标兵就位后，阅兵指挥下达“分列式，开始”的口令，尔后，跑步到自己的列队位置。听到口令后，各分队按照规定的方法携带武器（掌旗员扛旗），团、营指挥员分别进至团机关和营部的队列中央前，各分队指挥员进到本分队队列中央前，下达“右转弯，齐步——走”的口令，指挥分队变换成分列式队形。

3. 开始行进

变换成规定的分列式队形后，团机关由副团长或者参谋长下达“齐步——走”的口令。听到口令后，团指挥员、团机关人员齐步前进，其余分队依次待前一分队离开约15m时，分别由营长、连长及后勤分队指挥员下达“齐步——走”的口令，指挥本分队人员前进。

4. 接受首长检阅

部分队行至第一标兵处，将队列调整好。进到第二标兵处，掌旗员下达“正步——走”的口令，并和护旗兵同时由齐步换正步，扛旗换端旗（掌旗员和持旗兵不转头）。此时，阅兵首长和陪阅人员应当向军旗行举手礼。副团长或者参谋长和各分队指挥员分别下达“向右——看”的口令，队列人员听到口令后（可喊“一、二”），按照规定换正步（步枪手换端枪）行进，并在左脚着地的同时向右转头（位于指挥位置的军官行举手礼，并向右转头，各列右翼第一名不转头），不超过45°，注视阅兵首长，此时，阅兵台最高首长行举手礼，其他人员行注目礼。

（四）阅兵首长讲话

分列式结束后，阅兵指挥调整好队形，请阅兵首长讲话。讲话完毕，阅兵指挥下达“立正”口令，向阅兵首长报告阅兵结束。当上级首长检阅时，由团政治委员陪同阅兵首长离场。

第七章　轻武器射击

轻武器是指枪械及其他各种由单兵或班组携行战斗的武器，又称“轻兵器”。传统概念是指手枪、步枪、冲锋枪、轻机枪等。根据现代战争的特点，轻武器所包含的范畴已扩大到包括单兵或班组使用的其他武器，如手榴弹、火箭筒及单兵防空导弹、步兵反坦克导弹等。

轻武器的主体是枪械。自动步枪、冲锋枪、班用机枪是步兵分队在近战中歼敌的主要武器；手枪是近距离歼敌的自卫武器。本章主要介绍 81 式自动步枪的武器常识、射击学理、射击动作及实弹射击组织等知识。

第一节　武器常识

一、81 式自动步枪战斗性能

81 式 7.62mm 班用枪族，是我国 1981 年研制定型的第一种班用枪族。由 81-1 式自动步枪（木质固定枪托）、81-1 式自动步枪（金属折叠托）及 81 式班用轻机枪组成。

81 式自动步枪是单兵使用的近距离杀伤有生目标的自动步枪。它以火力、刺刀和枪托杀伤敌人，并能发射枪榴弹，使射手具有点、面杀伤有生目标和反装甲能力。81 式自动步枪对单个目标在 400m 内射击效果最好，集中火力可射击 500m 内的飞机、伞兵以及集团目标，弹头在 1 500m 处仍有杀伤力。

（1）射击方法。

81 式自动步枪的主要射击方法是短点射（2 ~ 5 发），还可实施长点射（6 ~ 10 发）和单发射击。

（2）战斗射速。

战斗射速也称射速，是在战斗中一分钟内发射的弹数。点射每分钟 90 ~ 110 发，单发每分钟 40 发。理论射速每分钟 680 ~ 750 发。

（3）弹头侵彻力。

弹头侵彻力是指弹头对各种物体的贯穿能力，81 式自动步枪使用 56 式普通弹，在 100m 距离上能射穿 6mm 钢板、15cm 砖墙、30cm 土层和 40cm 厚的木板。

二、主要机件名称、用途及自动原理

（一）主要机件名称及用途

81 式自动步枪由刺刀（匕首）、枪管、瞄准具、活塞及调节塞、机匣、枪机、复进机、击发机、弹匣、枪托十大部分组成，另有一套附品。

概括为四句话：刺刀枪管瞄准具，活塞机匣加三机，弹匣枪托十大部，附品一套莫忘记。图 7-1 所示为自动步枪十大部机件。

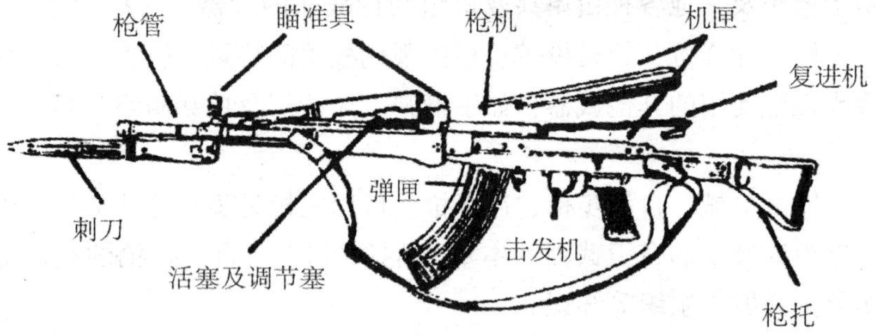

图 7-1　自动步枪十大部机件

（1）刺刀：用以刺杀敌人。

（2）枪管：用以赋予弹头及枪榴弹的飞行方向。枪管内是枪膛，枪膛内分为弹膛和线膛。弹膛用以容纳子弹；线膛能使弹头在前进时旋转运动，以保持飞行的稳定性。线膛有四条右旋膛线（阴膛线），两膛线间的凸起部分叫阳膛线，两条相对的阳膛线间的距离是枪的口径长度。

枪管的外部有导气箍，用以引导火药气体冲击活塞，连接调节塞，并固定护盖前端。还有刺刀槽、通条头槽。

（3）瞄准具：用以瞄准。由表尺和准星座构成。

表尺钣装在表尺座的槽内，以减小表尺钣的横向摆动，并保护其不受碰撞，缺口上方有护翼，可以避免表尺磨亮和碰伤而影响瞄准。表尺分划是通过转动多面轴表尺轮来进行装订的。其表尺分划 0～5，相应地刻在表尺轮上，与表尺座外侧射程标点配合，可以装订相应的射击距离，每一分划有 100m。0 分划用以分解结合；准星可拧高拧低；准星移动座可左右移动，准星移动座与准星座上各有一条刻线，用以检查准星位置是否正确；准星座上还有准星护圈。

（4）活塞及调节塞：用以调节和承受火药气体的压力，推压枪机向后。

调节塞前部的圆柱部分插入导气箍内，定位卡笋与导气箍后端的弧形槽配合，使其前后不能移动。调节塞后部的圆筒部是活塞气室。导气箍上的“1、2”分别表示调节塞上的小孔和大孔与导气孔的对正关系。通常装定在“1”上，当枪机后坐不到位时，装定在“2”上。变换调节塞位置，可用弹壳底部卡入“T”形槽。发射枪榴弹时，必须将调节塞转到“0”的位置，以防损坏活动机件。

（5）机匣：用以容纳枪机、复进机、固定击发机和弹匣。

机匣盖上方有机匣盖，用以保护机匣内部免沾污垢；机匣盖下方有握把，用以握持；还有扳机护圈、弹匣卡笋和弹匣结合口。

机匣内有闭锁卡槽，用以保证枪机闭锁枪膛。枪机阻铁，用以弹匣内无子弹时，能使枪机停在后方位置，形成空匣挂机。凹笋用以拔出弹壳（子弹）。机匣下方还有弹匣结合口，用以结合弹匣。

（6）枪机：由机栓和机体组成。主要用以送弹、闭锁、击发和退壳，并能使击锤后倒成待发状态。

机栓上有圆孔和导笋槽，用以容纳机体，并引导机体旋转形成闭锁和开锁。机栓上还有解脱凸笋、机柄和复进机巢。

机体上有击针，用以撞击子弹底火。抓弹钩，用以从膛内抓出弹壳（子弹）。机体上还有导笋、闭锁凸笋和弹底巢。

（7）复进机：由导管、导杆、导管座、复进簧和支撑坏组成。用以使枪机回到前方位置，导管座上有机匣盖卡笋。

（8）击发机：用以与枪机相互作用形成待发、击发和保险。

击发机上有击发控制机，能在枪机闭锁枪膛前防止击发。保险机，用以保险和控制单发射和连发射。击发机上还有击发阻铁、单发阻铁、击锤和扳机。

（9）弹匣：用以容纳和托送子弹。弹匣由弹匣体、托弹钣、托弹簧、固定钣和弹匣盖组成。

弹匣体上有凹槽和挂耳，用以将弹匣固定在枪上。检查孔，当看到子弹时，则已装满子弹。可装 30 发子弹。

（10）枪托：枪托可向右折叠以减小长度。木质枪托上有枪颈、托底钣和附品筒巢。金属折叠枪托上有枪颈、托底钣、附品盒巢和枪托卡笋。

附品：用以分解结合、擦拭上油、携带和排除故障。附品包括擦拭杆、鬃刷、冲子、附品筒（盒）、通条、油壶、背带和弹匣袋。

（二）自动原理

扣扳机后，击锤打击击针，撞击子弹底火，点燃发射药，产生火药气体，推送弹头沿膛线向前运动；弹头一经过导气孔，部分火药气体通过导气孔涌入导气箍，冲击活塞，推动枪机向后压缩复进簧，完成开锁、抛壳，并使击锤后倒成待击状态；枪机退到后方定位后，由于复进簧的伸张力，枪机向前运动。此时，如保险机定在连发位置，那么击发阻铁就不能卡住击锤，击锤再次打击周针，形成连续发射；如保险机定在单发位置，击锤被单发阻铁卡住不能向前回转，若要再次发射，必须松开扳机再扣扳机，才能进行。

三、分解结合

（一）分解与结合的目的和要求

分解结合的目的是擦拭上油、检查和排除故障。其要求是：

(1) 分解前必须验枪，保证安全无事故。

(2) 分解结合应按顺序和要领进行，不要强敲硬卸。

(3) 分解下来的机件应按次序放在干净的物体上（按照由右向左的顺序放置，下沿取齐，枪面向前放于机件前)。

(4) 除所讲的分解内容外，未经许可不得分解其他机件。

(5) 结合后，应拉送枪机数次，检查机件结合是否正常。

(二) 分解结合的动作要领

1. 分解的动作要领

(1) 卸下弹匣：左手握护木，枪面稍向左，右手握弹匣，拇指按压弹匣卡笋（也可右手掌心向上握弹匣，以手掌肉厚部分推压弹匣卡笋)，前推取下弹匣。

(2) 拔出通条和取出附品筒：左手握护木，右手向外向上拔出通条。然后用右手食指顶开附品筒巢盖，取出附品筒，并从附品筒内取出附品。

(3) 卸下机匣盖：左捭握枪颈，并以拇指按压机匣盖卡笋，右手将机匣盖上提取下。

(4) 抽出复进机：左捭握枪颈，右手向前推导管座，使其脱离凹槽，向后抽出复进机。

(5) 取出枪机：左手握枪颈，右手打开保险，拉枪机向后到定位，向上取出。左手转动机体，使导笋脱离导笋槽，再向前取出机体。

(6) 卸下护盖：右手握上护木，左手转动表尺转轮定在“1”或“5”上，再向外拉，使限制轮脱离限制槽。然后，向前（或向后）转动使表尺轮上的“0”对正表尺座上的白点。左手握下护木，右手向上向后卸下护盖。

(7) 卸下调节塞和活塞：左手握下护木，右手将调节塞向右（左）转动到定位，向后拉调节塞，压缩活塞簧，使调节塞前端脱离导气箍，再向上前方卸下调节塞和活塞，并将调节塞、活塞及活塞簧分开。

(三) 结合时的动作要领

结合时应按分解时的相反顺序进行，共分七步。

(1) 装上活塞及调节塞：将活塞簧套在活塞杆后端，左手握下护木，右手将活塞杆插入表尺座的圆孔内，压缩活塞簧，使调节塞前端插入导气箍，并向左（右）转动调节塞，使解脱凸笋进入凹槽。

(2) 装上护盖：左手握下护木，右手将护木盖前端两侧卡在导气箍上，按压护盖后端向下到定位。左手转动表尺轮，使分划“1”对正表尺座外侧的圆点。

(3) 装上枪机：右手握机栓，使导气槽向上；左手将枪机结合在机栓上，使导笋进入导笋槽并向前转动到定位。左手握枪颈，右手将枪机从机匣后端装入机匣，前推到定位。

(4) 装上复进机：左手握枪颈，右手将复进机插入复进机巢内，向前推压，使导管座进入凹槽内。

(5) 装上机匣盖：左手握枪颈，右手将机匣盖方孔对正机匣盖卡笋，前推下压机匣盖，使卡笋完全进入方孔内，固定确实。

(6) 装上附品筒和通条：将附品筒装入附品筒内，左手握护木，右手将附品筒盖朝外装入附品筒巢内（81-1 式自动步枪，用中、食指顶压附品盒底，并使附品盒卡笋进入圆孔）。然后将通条插入通条孔内，并使通条头进入通条头槽。此时拉枪机数次，检查机件结合是否正确，扣扳机、关保险。

（7）装上弹匣：左手握护木，枪面稍向左，右手握弹匣，将弹匣口前端插入结合口内，扳弹匣向后到定位。

四、爱护武器和排除故障

轻武器是单兵的基本装备，是消灭敌人保存自己的重要物质基础，是国家的重要财产。为使其经常处于良好的战备状态，必须了解武器的保管、使用原则，学会一般故障的排除方法。

（一）爱护武器的要求

（1）爱护武器是军人的重要职责，因此必须做到勤检查、勤擦拭、勤保养；不碰摔、不锈蚀、无损坏、会擦拭、会保管、会检查、会排除故障，使武器保持完好状态。

（2）保管枪支弹药，要满足战备和安全的要求，要放在安全、干燥和通风的地方，注意防潮、防火、防雨淋、防日晒、防盗窃、防破坏，确保能随时执行战斗任务。

（3）在平时，枪支应放在枪架上，使之处于保管状态。

（4）在行军、作战中和训练时，应尽量不使武器沾上和浸入污物。被雨淋、浸过海水后，应及时用淡水冲洗或进行擦拭。

（二）擦拭上油

1. 擦拭的时机和要求

实弹射击后，应用浸透油或碱水（肥皂水）的布，将武器上的烟渣、污垢擦拭干净，并用干布擦干后再上油，在以后 3 ~ 4 天应每天擦拭一次，训练、演习后，应适时地用干布和油布擦拭；不经常使用时，每周至少擦拭一次；在严寒的室外将枪带到室内时等水珠出现后再擦拭上油，被海水浸过或遭毒剂和放射性物质沾染后，应先用淡水冲洗后再擦拭。擦拭上油后，应放在通风干燥处晾干，严禁火烤和曝晒。

2. 擦拭上油的方法：

擦拭前，应分解武器，准备好擦拭工具，结合通条时，将通条从附品筒的大圆孔穿过小圆孔，再将附品筒盖套在通条上作枪口罩，拧紧擦拭杆，然后用冲子穿过附品筒和通条头上的圆孔，固定住通条。

（1）擦拭枪膛时，把布条缠在擦拭杆活动部分，并插入枪膛，将附品筒盖套在枪口上，沿枪膛均匀地来回擦拭（弹膛应从后面擦拭）直到擦净，再用布条或鬃刷涂油。

（2）擦拭导气箍、活塞筒时，用通条或竹（木）杆缠布擦拭，擦净后涂油。

（3）擦拭其他机件时，应先擦净表面的烟渣污垢，对孔、沟、槽等细小部位，可用竹（木）签缠布进行擦拭，尔后薄薄地涂上一层油。

（三）检查

（1）检查外部：金属部分无污垢、锈痕和碰伤；各部机件号码是否一致；查枪膛：是否有污垢、生锈和损伤。

（2）查机能：将装有教练弹的弹匣装在枪上，拉送枪机（套筒）数次，检查送弹、闭锁、击发、退壳和保险的机能是否正确。

（3）检查附品和子弹：附品是否完好；子弹有无锈蚀、凹陷、裂缝，弹头是否松动。

五、自动步枪故障及排除方法

射击中若发生故障，通常拉枪机（套筒）向后，重新装弹继续射击。如仍有故障，应迅速查明原因予以排除。如排除不了，应迅速向指挥员报告，以保证及时完成射击任务。

第二节　简易射击学原理

一、发射与后坐

（一）发射及其过程

发射是指火药气体压力将弹头从膛内推送出去的现象。其过程是：击针撞击子弹底火，使起爆药发火；火焰通过导火孔引燃发射药，产生大量火药气体，在膛内形成很大的压力，迫使弹头脱离弹壳，沿膛线旋转加速前进，直至推出枪口。

（二）后坐

后坐是指发射时，武器向后运动的现象。

1. 后坐的形成

发射药燃烧时，产生的气体同时作用于各个方向，作用于膛壁周围的压力被膛壁抵消；向前作用于弹头后部的压力推送弹头前进；向后作用于弹壳底部的压力经过枪机传给整个武器，使武器向后运动，形成后罐。武器的后坐和弹头的运动是同时开始的。在弹头脱离枪口瞬间，大量的火药气体随弹头后部从膛内向外喷出，形成了反作用力，使武器后坐更加明显。

2. 后坐对命中的影响

后坐对单发（连发首发）射击的命中影响极小。因为弹头在膛内运动的时间极短（约千分之一秒），并且枪比弹头重得多（冲锋枪、半自动步枪400倍以上），所以弹头在脱离枪口以前，枪的后坐距离只有1mm多。而且是正直向后运动，加之衣服和肌肉的缓冲，射手是感觉不出来的。射手感觉到的后坐，主要是弹头在脱离枪口的瞬间，火药气体猛烈向枪口外喷出形成的反作用力造成的。此时，弹头已脱离枪口。因此，后坐对单发（连发首发）射击的命中影响极小。

后坐对连发射击的命中有一定的影响。因为连发射击时，第一发子弹发射后，由于枪的明显后坐变动了原来的瞄准线，所以对第二发以后的射弹命中有一定的影响。但只要射手据枪要领正确，适应连发武器射击时后坐的规律，就能减小后坐对连发命中的影响，提高射击精度。

二、弹道形状及其实用意义

（一）弹道

1. 弹道及其形成

弹道是指弹头运动过程中，其重心所经过的路线。

弹头脱离枪口后，如果没有地心引力和空气阻力的作用，它将保持其所获得的速度，沿着发射线无止境地匀速直线飞行。

实际上，弹头在空气中飞行，一面受到地心引力的作用，逐渐下降；一面受到空气阻力的作用，越飞越慢，因此，形成了一条不均等的弧线。升弧较长较直，降弧较短较弯曲。

2. 弹道的基本要素

弹道的基本要素如图 7-2 所示。

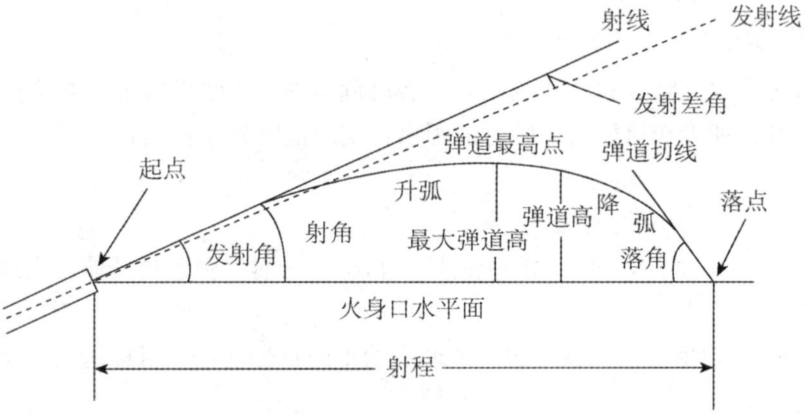

图 7-2　弹道的基本要素

起点——火射口中心点（外弹道开始点）。

火身口水平面——通过起点的水平面。

射线——发射前火身轴线的延长线。

射角——射线与火身口水平面所夹的角。

发射线——发射瞬间火身轴线的延长线。

发射角——发射线与火身口水平面所夹的角。

发射差角：发射线与射线所夹的角。发射线高于射线时，发射差角为正；低于射线时，发射差角为负；相重合时，发射差角为零。

落点——弹道降弧与火身口水平面的交点（射表落点）。

升弧——由起点到弹道最高点的弹道。

降弧——由弹道最高点到落点的弹道。

弹道高——弹道上任何一点到火身口水平面的垂直距离。

最大弹道高——弹道最高点到火身口水平面的垂直距离。

弹道切线——弹道上任何一点的切线。

射程——起点到落点的水平距离。

（二）直射

1. 直射和直射距离

瞄准线上的弹道高在整个表尺距离上不超过目标高的射击，叫直射。这段表尺距离叫直射距离。

2 直射距离的求法

直射距离的大小，决定于目标的高低和弹道的低伸程度。目标越高，弹道越低伸，直射距离就越大；目标越低，弹道越弯曲，直射距离就越小。

3. 直射的实用意义

对在直射距离内的目标进行射击时，瞄准目标下沿，不变更表尺分划即可进行连续射击，以增大战斗射速，提高射击效果。

（三）危险界、遮蔽界和死角

1. 危险界

危险界分为表尺危险界和实地危险界。表尺危险界是指瞄准线上的弹道降弧段，弹道高不大于目标高，能毁伤目标的一段射击距离；实地危险界是在实地弹道高不大于目标高的一段射击距离。

决定实地危险界大小的条件：

（1）弹道低伸程度。对同一地形上的同一目标射击时，弹道越低伸，实地危险界就越大；反之越小。

（2）目标高低。用同一武器对同一地形上的不同目标射击，目标越高，实地危险界越大；反之越小。

（3）目标所在位置的地貌。用同一武器对同一种目标射击，目标所在位置的地貌与弹道形状越一致，实地危险界越大；反之越小，

2. 遮蔽界和死角

遮蔽界和死角如图 7-3 所示。

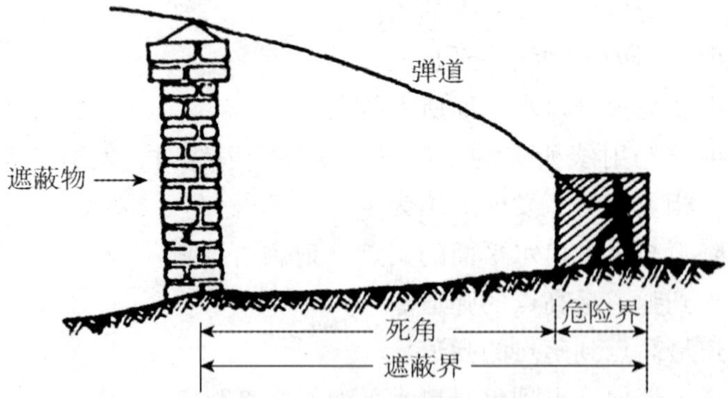

图 7-3 遮蔽界和死角

从弹头不能射穿的遮蔽物顶端到弹着点的一段距离，叫遮蔽界。目标在遮蔽界内不会被杀伤的一段距离，叫死角。遮蔽界内包括死角和危险界。

遮蔽界和死角的大小是由遮蔽物的高低和落角的大小决定的。死角的大小还决定于目标的高低。

同一弹道，同一目标，遮蔽物越高，遮蔽界和死角就越大；反之越小。

同一遮蔽物，同一目标，落角越小，遮蔽界和死角就越大；反之越小。

同一遮蔽物，同一弹道，目标越高，死角越小；反之越大。

了解危险界、遮蔽界和死角的实用意义，是为了在战斗中更好地隐蔽身体，发挥火力，灵活地利用地形地物，隐蔽地运动、集结和转移，以避开或尽量减少敌火力的杀伤。在组织火力配系时，要正确选择射击位置和组织火力，千方百计地增大危险界和减少射击地带内的遮蔽界和死角，并善于运用弯曲弹道和各种武器的侧射、斜射火力，消灭隐蔽在遮蔽界和死角内的敌人。图 7–4 所示为目标高低与死角的关系。

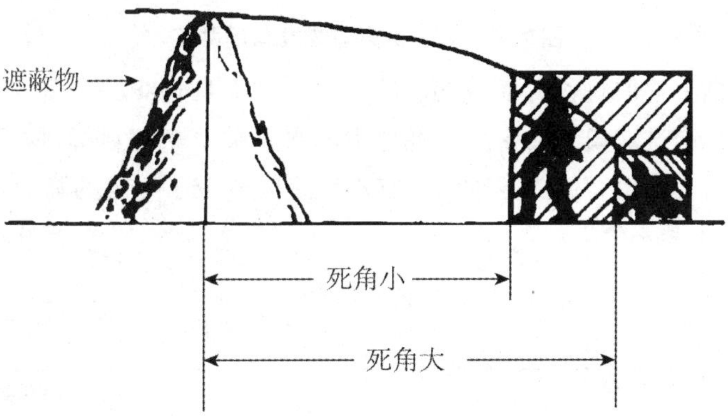

图 7–4 目标高低与死角的关系

三、选定表尺分划和瞄准点

（一）瞄准具的作用

由于地心引力和空气阻力的作用，如果用枪管瞄向目标射击，射弹就会打低打近。为了命中目标，必须将枪口抬高，使火身轴线与瞄准线之间形成一定的角度，即瞄准角（图 7–5）。

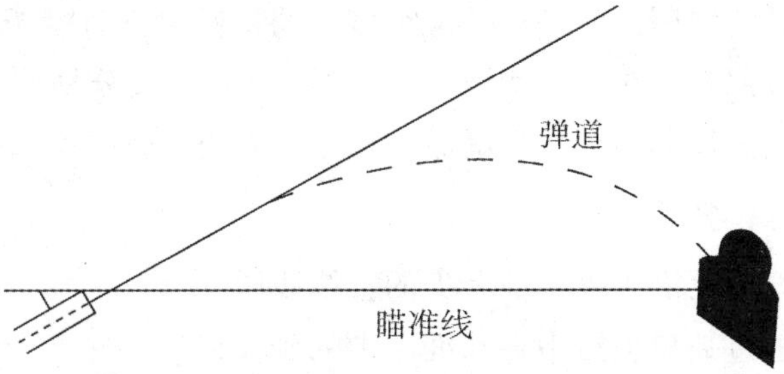

图 7–5 瞄准角

瞄准角的大小，是根据射弹在不同距离上的降落量来确定的。射击距离越远，降落量越大，所需要的瞄准角也就越大；射击距离越近，降落量越小，所需要的瞄准角也就越小（图 7–6）。

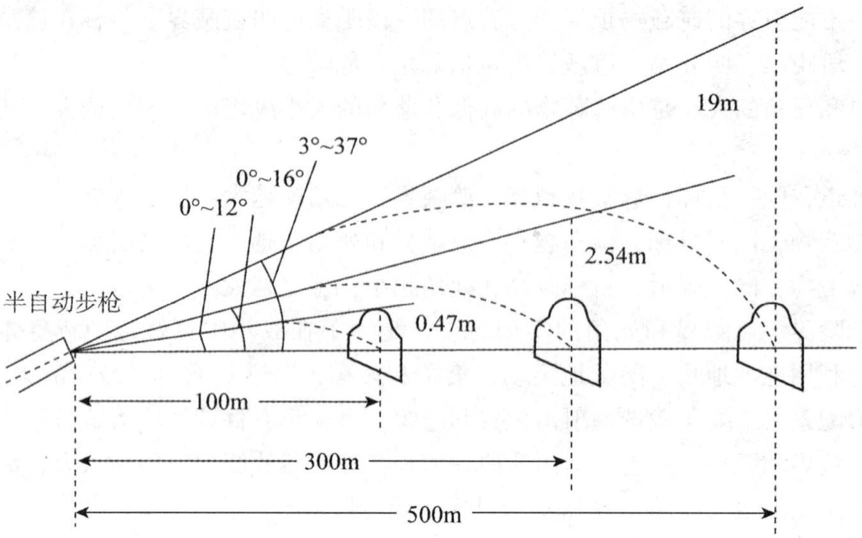

图 7-6　射击距离与瞄准角的关系

瞄准具就是根据上述原理设计而成的。缺口上沿到火身轴线的高度大于准星尖到火身轴线的高度，射击时，通过缺口上沿中央和准星尖的平正关系来对目标进行瞄准。因此，用瞄准具瞄准时，就抬高了枪口，使火身轴线与瞄准线之间构成了一定的瞄准角（图 7-7）。

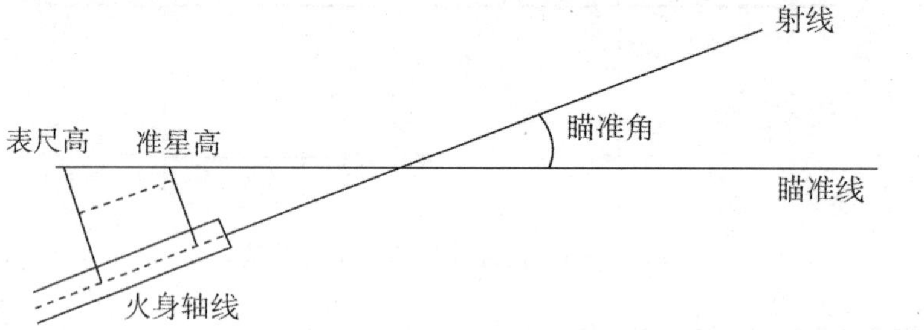

图 7-7　瞄准角的构成

表尺位置高，瞄准角就大，相应地，射击距离就远；表尺位置低，瞄准角就小，相应地，射击距离就近。各种枪的表尺上都刻有不同的表尺（距离）分划。装定表尺（距离）分划，就是改变表尺的高低位置，实际上也就是装定瞄准角。

由此可见，瞄准具的作用，就是对一定距离上的目标射击时赋予武器相应的瞄准角和射向。射击时，只要按照目标的距离装（选）定相应的表尺分划瞄准射击，就能命中目标。因此，正确地选定表尺分划，对准确命中目标有着决定性的意义。

（二）瞄准的基本要素

瞄准基线——缺口的上沿中央到准星尖的直线线段。

瞄准线——视线通过缺口上沿中央和准星尖的延长线。

瞄准点——瞄准线所指向的一点。

瞄准角——射线与瞄准线的夹角。

瞄准线上弹道高——弹道上任何一点到瞄准线的垂直距离。

弹着点——弹道与日标表面或地面的交点。

实际射击距离——起点到弹着点的距离。

图 7-8 所示为瞄准要素。

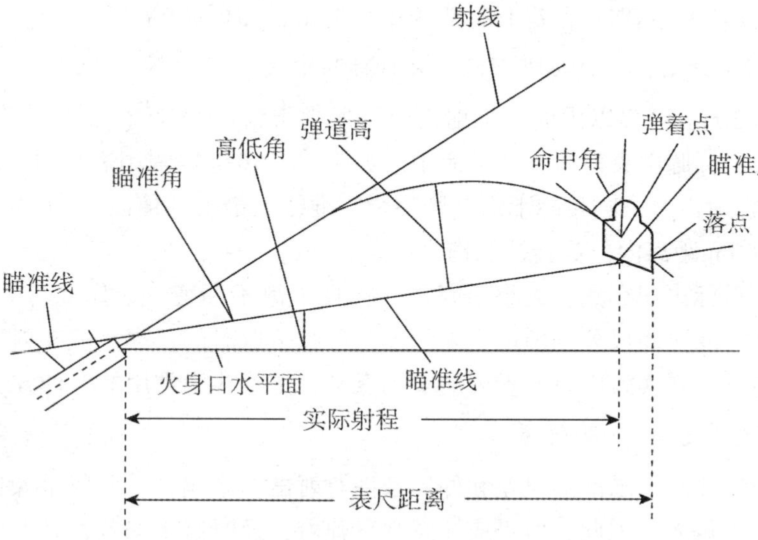

图 7-8　瞄准要素

（三）选择表尺分划和瞄准点

为了使射弹准确地命中目标，射击时，射手应根据目标的距离、大小和武器高，正确地选定表尺分划和瞄准点。其方法如下：

1. 定实际距离表尺分划，瞄目标中央

目标距离为百米（轻机枪 50m）整数时，可根据目标的距离装订相应的表尺分划，瞄准点选在目标中央。如半自动步枪对 100m 距离胸环靶射击时，定表尺“1”；班用轻机枪对 150m 距离半身靶射击时，定表尺“1.5”。瞄准目标中央射击，即可命中目标中央。

2. 定大于或小于实际距离表尺，适当降低或提高瞄准点

目标距离不是百米（轻机枪 50m）整数时，通常选定大于实际距离的表尺分划。根据武器在该距离上的弹道高，相应降低瞄准点射击。如半自动步枪对 250m 距离胸环靶射击时，定表尺“3”，在 250m 处的弹道高为 18cm，这时，瞄准目标下沿中央射击，即可命中目标中央。表 7-1 所示为弹道高表。

表 7-1　弹道高表

枪种	表尺　弹道高/cm　距离/m	50	100	150	200	250	300	350	400	450	500
半自动步枪	1	1	0	-7	—	—	—	—	—	—	—
	2	6	11	9	0	-16	—	—	—	—	—
	3	13	25	29	28	18	0	-29	—	—	—
	4	21	42	55	62	61	51	31	0	-48	—

也可选定小于实际距离的表尺分划。根据武器在该距离上的负弹道高，相应提高瞄准点射击。如半自动步枪对250m距离的头靶（高30cm）射击时，定表尺“2”，在250m处的弹道高为——16cm，这时，瞄准目标头顶中央射击，即可命中。

3. 定常用表尺分划，小目标瞄下沿，大目标瞄中央

战斗中，对300m距离以内的目标射击时，通常定常用表尺（表尺“3”）分划，小目标瞄下沿，大目标瞄中央射击，即可命中。如半自动步枪定常用表尺对300m以内人胸目标（高50cm）射击时，瞄目标下沿，则整个瞄准线上最大弹道高为31cm，没有超过目标高，目标在300m距离内，都会被杀伤。

在战场上，目标出现突然，大小暴露不一，且距离不断变化。用此种方法，对300m以内的目标不需要变更表尺分划即可实施射击，可以争取时间，提高战斗射速，增大射击效果。因此，该办法在实践中有着重要的实用意义，是战斗中常用的一种方法。

（四）观察弹着和修正偏差

射击时，由于测距、瞄准的误差和外界条件对射击的影响，以及射手操作不正确等原因，射弹时会产生偏差。因此，射手应注意观察弹着，及时修正偏差，以提高射击效果。

1. 观察弹着

观察弹着时，应根据射弹击起的尘土、水花的位置，曳光迹和目标状况的变化等情况，判断射弹是否命中目标或偏差量的大小。各种枪对争地、湿地、硬上地上的目标射击时，弹着不易观察，可用曳光弹射击，确定其偏差量。

2. 修正方法

发现偏差时，应认真分析，找出原因，正确地进行修正。如是武器、风造成的偏差，偏差多少就修正多少。修正时，应以预期命中点为准，向偏差相反的方向修正。

（1）修正方向偏差。用改变瞄准点的方法进行修正。射弹偏右，瞄准点向左修；射弹偏左，瞄准点向右修。

（2）修正高低偏差。用提高、降低瞒准点或增减表尺分划的方法进行修正。射弹偏高时，降低瞄准点或减少表尺分划；射弹偏低时，提高瞄准点或增加表尺分划。

四、风、气温、阳光对射弹的影响及修正

（一）风对射弹的影响及修正

风是一种具有速度和方向的气流，它能改变射弹的飞行方向和距离。在各种外界条件中，风对射弹的飞行影响最大。因此，必须准确地判定风向和风力，根据风对射弹的影响进行修正，以保证射弹准确命中目标。

1. 风向和风力的判定

（1）风向的判定。按风吹的方向和射击方向所形成的角度划分，可分为：横风、斜风和纵风。

横风：从左或右与射向成90°吹的风。

斜风：与射向成锐角（小于90°）吹的风。射击时通常按与射向成45°的风计算。

纵风：从后或前与射向平行吹的风。顺射向吹的风为顺风；逆射向吹的风为逆风。

（2）风力的判定。风力按其大小划分，可分为强风、和风和弱风。风力的大小，可用测风仪等器材测出，也可根据人的感觉和常见物体被风吹动的景况来判定（表7-2）。

表7-2 风力（风速）判定表

风力			人的感觉	常见的物体现象			
区分	级别	速度		树	旗帜	烟	海面、渔船
弱风	2级	2～3m/s	面部和手稍感到有风	灌木丛、细树枝、树叶微动并沙沙作响	微动并稍离开旗杆	微被吹动	有小波，船身摇动，船帆基本正直
和风	3～4级	4～7m/s	明显地感到有风，吹过耳边时呜呜响，面对风可睁开眼	灌木摆动，树上的细枝被吹弯，树叶剧烈地摆动	展开飘动	被吹斜越成45°	有轻浪，船身摇动明显，船帆倾向一侧
强风	5～6级	8～12m/s	迎面站立或行走，明显地感到有阻力，尘土飞扬，面对风感到睁眼困难	树干摆动，粗枝被吹弯	飘成水平状态，并哗哗作响	被吹成水平状态，并被吹散	有大浪，浪顶的白色泡沫很多，船身常被风吹离浪顶

2. 风对射弹的影响及修正

（1）横（斜）风对射弹的影响及修正。横（斜）风能对弹头的侧面施以压力，使射弹偏向一侧，产生方向偏差（斜风还能使射弹产生距离偏差，因偏差很小，故不考虑）。风力越大，距离越远，偏差就越大。风从左吹来，射弹偏右；风从右吹来，射弹偏左。

在射击时，为了使射弹准确地命中目标，必须根据射弹受风影响的偏差量，将瞄准点向风吹来的方向修正。修正时，以横方向的和风修正量为准，强风加一倍，弱风减一半。斜方向的强（弱）风，应按横方向的强（弱）风的修正量减一半。修正量从预期命中点算起，偏差多少，就修正多少。

为运用方便，将在横、和风条件下，对400m内的目标射击时的瞄准景况归纳为："一百不用修，二百瞄耳线，三百瞄边沿，四百边接边。"

（2）纵风对射弹的影响及修正。纵风能影响射弹的飞行距离。顺风时，空气阻力减小，使射弹打远（高）；逆风时，空气阻力增大，使射弹打近（低）。但在近距离内，风速为10m/s以下时，纵风对射弹影响很小，一般可不修正。

（二）阳光对瞄准的影响及克服方法

1. 阳光对瞄准的影响

在阳光下瞄准时，由于阳光的照射作用，缺口部分产生虚光，形成三层缺口：上层为虚光部分，中层为真实缺口，下层为黑实部分（图7-9）。如不注意辨清真实缺口位置，就容易产生误差，使射弹产生偏差。

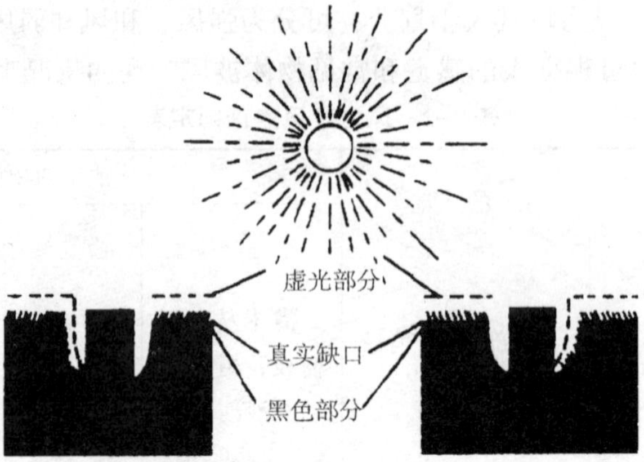

图 7-9　缺口部分产生虚光形成三层缺口

若用虚光上沿瞄准，射弹偏向阳光照来的方向（图 7-10）。

图 7-10　用虚光上沿瞄准时的影响

阳光从右上方照来时，缺口左边和上沿产生虚光，用虚光部分瞄准，准星实际上偏高，因此，射弹偏右上。阳光从左上方照来时，射弹则偏左上。

若用黑实部分进行瞄准，射弹偏向阳光照来的相反方向（图 7-11）。

图 7-11　用黑实部分瞄准时的影响

阳光从右上方照来时，用黑实部分瞄准，准星实际上偏左低，因此，射弹偏左下。阳光从左上方照来时，射弹则偏下。

在阳光照射下，缺口和准星同时产生虚光时，若用虚光上沿瞄准，射弹偏低；若用黑实部分瞄准，射弹偏高。

2. 克服的方法

（1）可在不同方向的阳光照射下练习瞄准，采取遮光瞄准不遮光检查，或不遮光瞄准遮光检查的方法，反复练习，确实辨清真实缺口的位置和正确瞄准景况。辨别真实缺口的简易法：不用黑，不用白，真实缺口是灰白。

（2）缩短阳光下瞄准的时间。在阳光下瞄准的时间不宜过长，以免产生误差。

（3）注意保护瞄准具。平时要保护好瞄准具，不使其磨亮而反光。

（三）气温对射弹的影响及修正

1. 气温对射弹的影响

气温升高时，空气密度减小，射弹飞行中受到的空气阻力就小，射弹就打得远（高）。气温降低时，空气密度增大，射弹在飞行中受到的空气阻力就大，射弹就打得近（低）。

2. 修正方法

由于各地区和各季节的气温不同，很难与标准气温（+15℃）条件相符。因此，应在当地的气温条件下校正武器的射效，并以校正射效对的气温条件为准。射击时，若气温差别不大，在400m内对射弹命中的影响较小，不必修正。若气温差别很大或对远距离目标射击时，应适当提高或降低瞄准点射击。气温降低时，提高瞄准点或增加表尺分划；气温升高时，降低睢准点或减小表尺分划。例如，半自动步枪在200m距离上，气温每相差10℃，距离误差为4m，高低误差为0.01m。

第三节 射击动作

一、验枪

验枪是一项保障安全的重要措施，使用武器前后必须验枪，验枪时认真检查枪膛、弹匣及教练弹中有无实弹，验枪时应注意严禁枪口对人，杜绝各类事故发生。

其口令为“验枪”“验枪完毕”。其动作要领为：听到“验枪”口令后，以右脚步掌为轴，身体半面向右转，左脚顺势向前迈出一步（两脚约与肩同宽），同时右手移握护木，背带从肩上脱下，将枪向前送出，左手接握下护木，左大臂紧靠左肋；枪托贴于右胯，准星与左肩同高，右手掌心向下，虎口向前，拇指打开保险，以右手拇指或手掌肉厚部分推压弹匣卡笋，卸下弹匣，使弹匣口向后，弯曲部向上交给左手握于护木右侧，右手移握机柄。

当指挥员检查时或下达“自验”的口令后，拉枪机向后，验过后自行送回枪机，装上弹匣扣扳机，关保险，移握枪颈。

当听到“验枪完毕”口令后，左手反握护木，将枪倒置于胸前，上背带约与肩同高，右手挑起背带，身体半面向左转，右脚步靠拢左脚，同时，两手协力将枪送上右肩，恢复肩枪动作。

二、装、退子弹及定复表尺

（一）向弹匣内装填子弹时，通常取跪姿

其口令为“装填弹匣”“起立”。

动作要领：听到“装填弹匣”口令后，右手移握护木，使枪口向前，背带从肩上脱下，同时左脚向前迈出一步，右膝向左跪下，右手将枪置于左腿内侧，枪面向里靠于右肩，右手从弹匣内取出空弹匣；弹匣口向上，挂耳向左前交给左手，右手取子弹使弹底向左前放在弹匣口上，两手协力将子弹压入弹匣内，装好后，将弹匣装入弹袋内并扣好，左手扶左膝，右手握上护木，目视前方。

听到“起立”口令后，全身协力迅速起立，同时左脚尖向外打开，左手反握护木，虎口相对将枪倒置于胸前，右手挑起背带，右脚靠拢左脚的同时两手协力将枪送上右肩，恢复肩枪姿势。

（二）卧姿装、退子弹及定复表尺

口令为“卧姿—装子弹”“退子弹—起立”。

其动作要领为：听到“卧姿—装子弹”的口令后，右手移握护木，使枪口向前（背带从肩膀上脱下），左脚向右脚尖前迈出一大步，右手在左脚前着地，顺势卧倒，在身体左侧，左肘支持全身，右手将枪向目标方向送出，同时两腿伸直，左手接握下护木，枪面稍向左，枪托着地，右手卸下空弹匣，将空弹匣装入弹匣袋内并扣好，拇指打开保险，拉枪机送子弹上膛，关上保险。右手拇指和食指转动表尺转轮，使所需分划对正表尺座一侧定位点。然后右手移握握把，全身伏地，两脚分开约与肩同宽，身体右侧与枪略成一线，目视前方，准备射击。

听到“退子弹—起立”的口令后，稍向左侧身，右手卸下实弹匣交给左手，打开保险，拇指慢拉枪机向后，余指接住从膛内退出的子弹并送回枪机，将子弹压入弹匣内，解开弹袋扣，取出并换上空弹匣，把实弹匣装入弹袋内并扣好，扣扳机、关保险，移握上护木，将枪收回，同时左小臂向里合，屈左腿于右腿下，以左手和两腿撑起身体，右脚向前一大步，左脚再向前一步，左手反握护木，虎口相对将枪倒置于胸前，右手拇指挑起背带，在右脚靠拢左脚时，两手协力将枪送上右肩，恢复肩枪姿势。

三、据枪、瞄准、击发

据枪、瞄准、击发是互相联系及相互影响的动作，稳固的据枪、正确一致的瞄准、均匀正直的击发，三者正确的结合，是准确射击的关键，因此必须刻苦练习，熟练掌握。

（一）依托物的选择

为获得更好的射击效果，应力求用地物或构筑依托实施射击，依托物的高度应根据射手的身体而定，一般为 25 ~ 30cm，依托物的内侧应陡些，在紧急情况下，还要善于利用不同高度的依托物进行射击。

（二）卧姿有依托据枪、瞄准、击发

1. 据枪

下护木放在依托物上，身体与枪身略成一线，右手拇指将保险扳到所需位置，虎口向前握把，食指第一节靠在扳机上，右肘尽量里合着地外撑，右大臂略成垂直，左手握弹匣（也可握护木或拇指贴于弹匣右侧，余指第三节内侧紧贴弹匣弯曲部，外侧轻靠依托物），左肘着地外撑，两肘保持稳固，胸部微挺起，身体微前跟，上体自然下踏，使枪托确实抵于肩窝，头稍前倾，自然贴腮。为便于掌握，将其归纳为五个字：正、握、定、抵、塌。

“正”即枪身与身体方向要正，枪身与身体右侧略成一线，自然对向目标。

“握”即右肘内合，虎口对正握把，食指第一节靠在扳机上，用手掌肉厚部和其余四指合力握把，左手轻握下护木及弹匣。

“定”即右大臂内合，略成垂直，右肘里合着地前撑，左手虎口握弹匣，向下稍用力，左肘着地外撑，两肘稳固支撑身体。

“抵”即抵肩，两手协力将枪托上三分之二抵于肩窝，使枪托与肩窝紧密结合，形成一个整体，使整个身体承受后坐力。

“塌”即胸部微挺身而出起，身体自然下塌，自然贴腮，头稍前伸。

常见错误：

（1）据枪时身体位置不正确；

（2）据枪时两脚内侧未着地；

（3）抵肩位置不正确，过高或过低；

（4）两手用力不当，强力控制枪晃动。

纠正方法：

（1）据枪时，身体右侧与枪身略成一线，两脚内侧着地。

（2）让射手反复体会正确的抵位置，让其拿开右手，左手据枪，使枪保持原位，或用推摸的方法检查抵肩位置。

（3）让射手在据枪时适当向后正直用力，使用力方向与后坐力方向一致，做到不推也不拉，不抬也不压。

2. 瞄准

瞄准定义：右眼通视缺口及准星，使准星位于缺口中央并与上沿平齐，瞄向瞄准点，就是瞄准。即：左右相等一般高，三点一线瞄目标。

动作要领：瞄准时应首先使瞄准线自然指向目标，若未指向目标，切忌用手或臂等局部力量迁就或扭转枪身，必须调整姿势或依托物的高低；修正方向时，左右移动身体或两肘；修正高低时也可前后移动身体或两肘里合、外张，也可调整依托物的高低。

正确的瞄准景况是：准星与缺口的平正关系看得清清楚楚，而目标较模糊。

常见错误：

将主要精力只用在准星与瞄准点的对准上，忽视了准星与缺口的平正关系。81 式自动步枪准星在缺口内偏差 1mm，在 100m 距离上偏差 32cm。

纠正方法：

(1) 在瞄准时把主要精力放在缺口与准星的平正关系上，按照正确的瞄准景况做动作。

(2) 实际 100m 胸环靶目标射击时正确的景况就是：在一般情况下压住胸环 10 环白圈的下 2/3，露出上 1/3 部分。

3. 击发

准星与缺口平正后，右手食指第一节均匀、正直地向后扣压扳机（食指内侧与枪身有一定空隙），余指力量不变，当瞄准线接近瞄准点时，减缓呼吸，继续预压扳机，当瞄准线指向瞄准点时，应停止呼吸，继续增加预压扳机的压力，直到击发，击发瞬间应保持正确的瞄准，若瞄准线偏离瞄准点或不能继续停止呼吸时，应不增加也不放松对扳机的压力，待修正或换气后，再继续扣压扳机。

击发时应做到正直、均匀、平稳。其核心是轻轻压、慢慢扣，枪响于无意之中。

常见错误：

(1) 停止呼吸过早，造成憋气，使肌肉颤抖，猛扣扳机。

(2) 耸肩、眨眼、猛扣扳机。

纠正方法：

(1) 当瞄准线接近瞄准点时应减缓呼吸，当指向瞄准点时应停止呼吸，这个过程要自然，当不按正常情况停止呼吸时，应进行深呼吸后再停止呼吸，重新开始。

(2) 要求射击手把主要精力集中在准星与缺口的平正关系上，达到自然击发。

第四节　实弹射击的组织与实施

一、实弹射击的有关规定和安全措施

实弹射击，是射击训练的重要组成部分，它包括体验性射击和检验性射击两种。通过实弹射击，检查射击训练的效果，锻炼和检验受训者使用手中武器迅速、准确消灭各种目标的技能。

组织实弹射击，必须严格按照教材的有关规定和射击条件，从实战需要出发，从难、从严进行，锻炼射手独立自主地完成射击任务的能力，并防止各种事故的发生。

（一）射击场有关规定

实弹射击时，应在良好的天候条件下实施。实弹射击人员必须使用手中武器，如不能使用手中武器射击，须经上级领导批准。射手在进行射击时，必须按程序和步骤进行，听从指挥，服从安排。射手打错靶算脱靶。被打错者，如当时能判明打错的弹着即扣除，如当时不能判明打错的弹着，应扣除超过发射弹数的弹着。因武器、子弹不良发生故障，可重新射击，跳弹命中靶时，不计算成绩。

单位成绩评定标准：

优等：80%以上射手的成绩在及格以上，并有40%以上射手的成绩为优秀。

良好：70%以上射手的成绩在及格以上，并有40%以上射手的成绩为良好和优秀。

及格：60%以上射手的成绩在及格以上。

（二）射击场安全措施

射击场必须具备实弹射击条件，必须有可靠的靶档，并应避开高压电线、居民区等。

为保障安全，在动用武器前必须验枪，严禁枪口对人，不准将实弹和教练弹混在一起，没有指挥员的口令严禁装填实弹，不得将已装实弹的武器留在任何地方或交给他人。报靶时，严禁在射击地线摆弄武器或向靶区瞄准。

指挥员发出射击信号后，示靶人员应迅速、确实地隐蔽好，未经射击指挥员许可，不得外出。靶壕内若发生特殊情况，应出示白旗或用其他规定的方法向射击指挥员报告，射手看到信号后，应立即停止射击，并关上保险。

实弹射击前应向全体人员明确规定的各种信号，如开始射击、停止射击、戒严、报靶、射击终止等信号。

射击场应标示出发地线和射击地线，无关人员不得越过出发地线。

二、射击场的组织及主要人员

射击场的组织和主要人员职责：

（1）射击指挥员。负责组织设置场地，派遣勤务，督促全体人员遵守射击场的各项规定和安全措施，指挥射击。

（2）示靶组。负责设靶、示靶和报靶。

（3）警戒组。负责射击场的警戒和观察任务。射击前应严密搜索并保证警戒区内无人员和牲畜；射击时严禁人员和牲畜进入警戒区。警戒区人员应携带警戒旗，发现险情应立即发出信号，向指挥员报告。

（4）发弹员。按照指挥员的命令发给射手规定的子弹，收回剩余子弹。此外，还应有记录员、医务人员。

（5）信号（观察）员。根据射击指挥员的指示发出各种信号，并认真观察射击场的安全情况，发现险情立即报告。

三、设置场地

在靶场的两侧、出发地线、通向靶区的路口均以红旗标示警戒区。

1. 目标设置

设置目标应根据场地情况、射击的人数等情况确定相应的靶子数量和位置。通常由右至左排序（并在靶子右上角注明序号）。靶子之间的间隔一般取 3m 为宜，并尽可能高度一致。在靶壕靠近射手一方，整组目标的中间位置插上一小红旗，以示靶壕地段。在靶壕地段旗的正后方设置靶壕红、白信号旗。

2. 设置出发地线和射击地线

出发地线是射手做好射击前各项准备工作的界线。（限制无关人员接近射击地线）出发地线应距射击地线 20m 以上，并有明显的标记。射击地线按规定的距离确定在与靶壕平行的直线上，并按靶子右上角的序号设置靶位牌。在射击地线和出发地线的中间与靶壕地段旗相对应位置，设置地段旗。

3. 标示射击指挥员和勤务人员的位置

射击指挥员的位置，设在射击场中央距出发地线 10m 左右。指挥员后方相应位置分别设置信号员、记录员、医务人员、发弹员和修械员位置（图 7-12）。

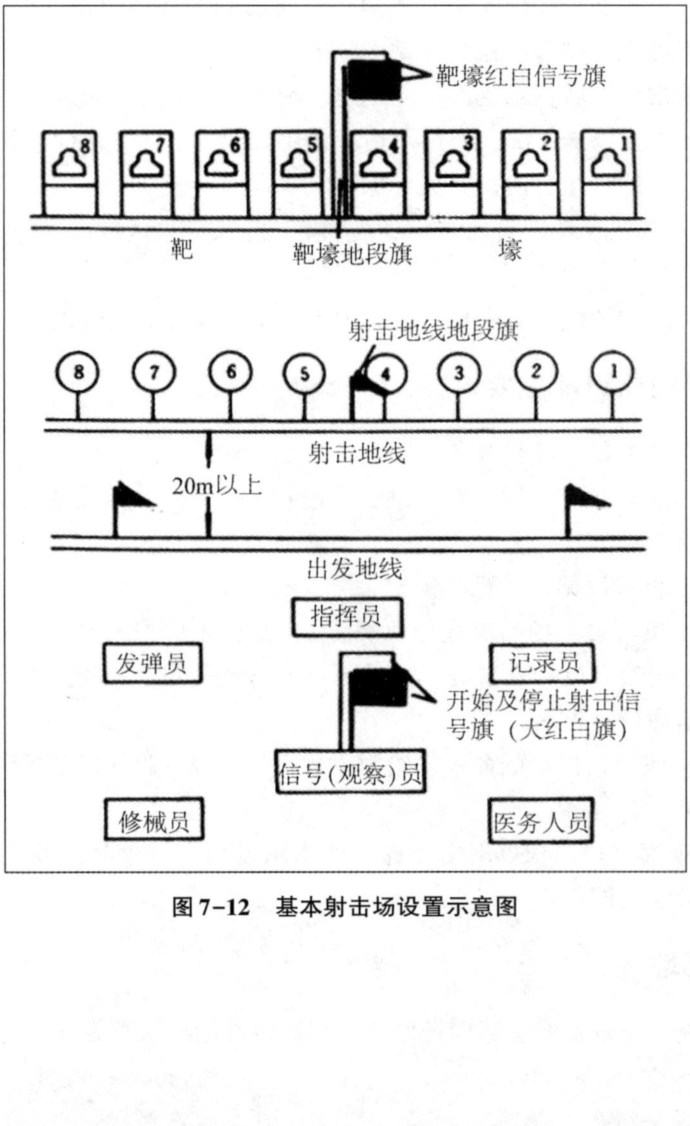

图 7-12　基本射击场设置示意图

四、报靶的方法

报靶杆圆头（直径15～20cm，一面红或黑，一面白），放在靶板（靶子）的不同位置表示环数（图7-13）。

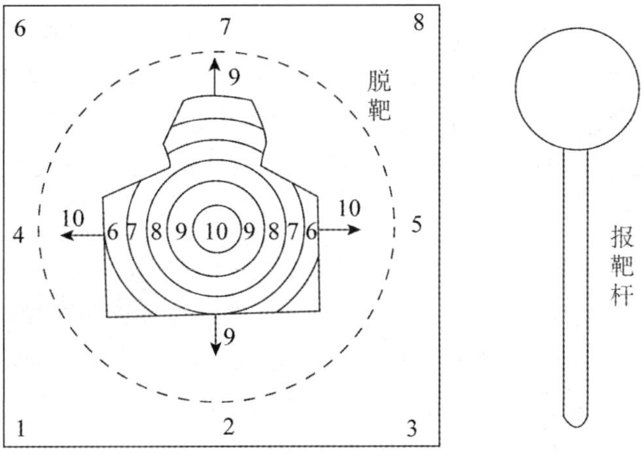

图7-13 靶板与报靶杆

注：左下角为1环；正下方为2环；右下角为3环；左中间为4环；右中间为5环；左上角为6环；正上方为7环；右上角为8环；在靶板（靶子）中央上下移动为9环；在靶板（靶子）中央左右摆动为10环；围绕靶子画圆圈为脱靶。

为了报出弹着点的偏差，报出环数后，将报靶杆圆头放在靶子中央（白面朝外），再慢慢向偏差方向（弹着点）移出靶板（靶子）2次。

五、其他准备工作

1. 准备好弹药

实弹射击前应组织指导射手认真擦拭武器，检查武器是否完好，若武器机件有缺损，应及时修理，必要时，应进行校枪。并根据练习条件和参加实弹射击人数准备好弹药。

2. 准备各种器材

根据练习条件和每组射击人数，拟定好所需器材的准备计划，然后具体组织落实。实弹射击需要准备的器材主要有：靶板、靶纸及报靶杆；靶位号牌、射击位置号牌、勤务人员位置标示牌；开始及停止射击信号旗（大红、白旗）、警戒旗、指挥旗、出发地线小旗和射击地线地段旗；信号枪、信号弹（红、绿）或警报器；小喇叭；指挥员及各种勤务人员袖章；望远镜，秒表、成绩登记表；通信器材（电话机、电话线等）。

3. 培训勤务人员

根据《轻武器射击》教材的要求及实际需要确定射击场各种勤务的人数和人员。并进行分工和明确各自职责。按射击条件和报靶方法教会示靶员示靶、报靶，明确其有关规定，并组织报靶员进行实际演练和组织警戒人员熟悉警戒位置与警戒区域。

4. 射击编组

根据参加射击的人数、靶位数拟定射击编组计划，确定各组名单和组长。

六、实弹射击的实施步骤

（一）射击准备

部队到达射击场后，指挥员应做好以下几项工作：清点人数，检查武器弹药和各种器材的携带情况；下达课目，提出要求，宣布射击条件；明确射击的有关规定、注意事项和射击场有关人员的职责；明确报靶的方法和规定各种信号；宣布射击编组名单；派出警戒，警戒到位并搜索警戒区域后，发出安全信号；令靶壕指挥员组织示靶员设靶（也可在部队到达之前组织人员设好靶场），其他勤务人员迅速就位并履行职责；视情况发出准备射击信号。

（二）射击实施

靶壕竖起红旗发出可以射击的信号后，指挥员应令信号员发出“开始射击”的信号并竖起红旗，指挥第一组射手（副射手）进入出发地线。令发弹员按规定弹数发给每个射手子弹。其口令为：“发弹员，发给每名射手×发子弹。”射手领到子弹检查后装入弹匣，放进弹袋内并扣好（有副射手的武器由副射手领弹、检查）。

在出发地线给每个射手规定射击位置和射击目标。如：“第×名，在×号位置，射击×号目标。”

指挥员下达“向射击地线前进”的口令，射手（副射手）前进到射击地线后，对正自己的射击位置，自行立定。然后，下达“卧（立）姿装子弹”的口令，射手（副射手）按口令和要领装子弹、定表尺，做好射击准备，即可射击。

规定的射击时间已到，指挥员即下达“停止射击”的口令，射手听到口令应立即停止射击。尔后，指挥员下达“退子弹”的口令，射手按指挥员的口令退子弹或退子弹起立。

指挥员下达“验枪”“自行检验”“验枪完毕”的口令，地段指挥员应严格检查，逐个验枪，并收缴剩余子弹。验枪后，下达“以×名射手为准——靠拢”的口令，射手应跑步靠拢，尔后令组长按规定路线带到指定地点，座谈射击体会或观摩。

指挥员发出报靶信号，信号员竖起白旗，并通知靶壕检靶，再组织示靶员检靶、报靶。

其余各组按上述方法依次进行，直到射击完毕。

未轮到射击的各组，由射击场指挥员指定负责人在预习场组织预习或在指定地点原地待命。

（三）射击结束

射击终止时，应做好以下工作：

（1）严格组织射手验枪（弹）和收缴剩余子弹。

（2）发出射击结束的信号。

（3）清理现场，收拢器材，检查武器、装备和器材有无丢失与损坏。

（4）将部队带到预定集合地点，由指挥员宣布射击成绩，讲评射手及部队在整个射击过程中的优、缺点和遵守纪律的情况，提出改进的意见。

（5）提出回营房途中和擦拭武器的要求。

（6）向上级报告实弹射击情况。

第八章　军体格斗术

在军事体育中，武术类运动的典型项目是军体拳和军体格斗术，近几年部队开展较为广泛的是军体格斗术训练，它是军体训练的重要内容之一，也是一项实用的并受基层部队官兵喜爱的军事体育项目。军体格斗术的开展，不仅有利于军人提高近敌攻防的技能和有效地增强体能，更重要的是对培养军人坚韧不拔、勇敢顽强的意志与作风具有重要意义。在大学生军训中开展军体格斗术训练，不仅能丰富训练内容，提高训练效果，还能使大学生更贴近部队训练实际，增强体质，培养顽强拼搏、积极进取的良好品质。

军体格斗术是以踢、打、摔、拿、击、刺等技击动作为主要内容，按攻防进退等规律进行的以克敌制胜为目的的实用性技能。它是把掌握的技击方法和体内积蓄的力量一同拼发出来，在短兵相接中战胜敌人。军体格斗术分为格斗基本功和格斗组合练习两大部分，本章分两节着重就军体格斗术基本功与五套组合练习，以及组合练习中各动作实战技法进行介绍。

第一节　军体格斗术基本功

一、军体格斗训练的目的意义

军体格斗是以克敌制胜为目的，以技击动作为主要内容，以套路和搏击为基本形式的军事体育项目。它是近战歼敌的有效手段，对提高单兵作战能力有其重要的积极意义。

军体格斗训练是提高部队战斗力的重要方法，格斗训练不仅能培养迅速、准确、协调、勇猛、顽强的个人战斗风格和单个完成各项艰巨任务的能力，而且对部（分）队、班（组）集体行动的战斗作风有较大的影响。单个人员的战斗素质，是部队整体战斗力的基础。对单兵进行严格的格斗训练，可以养成不怕苦、不怕死、机智勇敢、有自信力、主动配合的良好战斗作风，这对提高整体战斗集团的素质、提高部队战斗力有很大的促进作用。因此，在部队有系统地开展和普及格斗训练，不单是练练拳脚，掌握一些技能和方法，更重要的是通过格斗训练这一必要的形式，培养英勇顽强的战斗精神。

同时，军体格斗是一种良好的实战训练。在现代战斗中，勇敢、沉着、果断、机智、顽强、坚定等仍然是必须具备的要素。据了解，各国军队都十分重视战斗员的战斗心理训练。心理训练的作用不但已被国际体育界公认，而且国外警察、特种部队、保安组织也潜心研究心理训练，认为良好的战斗心理素质，是全面发挥、提高作战能力的基本前提和主要手段，苏联非常重视近似战场环境的模拟训练，如士兵从残垣断壁跳到坦克上与敌搏斗，在战术场内设置火光、尸体、嗅到硝烟与血腥气味等战场实景。英军则通过在渺无人烟的偏僻山区进行夜袭、夜战训练，以培养部队官兵的勇敢顽强精神。

通过军体格斗训练，能增强官兵的体质，全面提高指战员的体能；增强士兵在单独对敌时与敌搏斗的勇气；增强与敌人遭遇时与其搏斗的信心；尤其是在夜间巡逻或在悄然行动的情况下，它更是一种有效的克敌制胜手段；它既适用于前线部（分）队，也适用于后方人员对付敌人可能的渗透、空降和游击队。

二、军体格斗术实战基本功

格斗术的基本功是体现实用技术动作、技巧、技能的能力，一般包括肩、臂腰、腿、手型、步形、腿功、臂功、倒功以及翻滚等基本动作技术与技能。

（一）实战姿势

动作要领：（以下所有技术动作均以右势为例）从立正姿势开始，身体稍左转时右脚向右后撤一步，略比肩宽，右膝微曲，右脚尖外展45°，脚跟稍提起；左脚尖稍里扣，膝微曲，重心落于两脚之间；两小臂在胸前交叉，右臂在外，前后拉开，左臂微曲，左手成立掌心向右下，指尖朝右上，与下颌同高；右肘自然下垂，右拳位于右腮处；身体侧立，收腹含胸，下颌微收，目视前方。

（二）实战步法

实战步法首先是为了配合攻防动作的运用，以达到攻防效果，其次是为了保持动态中的身体平衡与敌我双方的有效距离。步法是格斗技术运用的基础，是构成单体技术的基本要素。“有招必有步”和“步动招随，招起步进”就是这个意思。

格斗步法的总体要求是“快”“灵”“变”。“快”是指步法移动要迅速；“灵”是指步法移动要轻灵，有弹性，不僵滞；“变”是指步法在运用中能随机应变，转换自如。

1. 滑步

滑步分为向前、后、左、右四种，主要用于直接配合拳的进攻。以向前滑步为例：从实战姿势开始，上体保持原来姿势，后脚蹬地，重心前移，前脚微离地面，以脚前掌向前蹭出30cm左右。后脚随之跟进相同距离，整个动作完成后仍成原来实战姿势。

后、左、右滑的动作要领与前滑步基本相同，应注意在一般情况下，向后、左、右的滑步，一般情况下都应由与滑动方向的同侧脚先行移动，另一脚紧跟滑步，两脚的滑动距离大致相等。

2. 闪步

闪步分为左、右闪步，主要用于躲闪对方的正面进攻，并有利于自己的迅速反击。

以左闪步为例，从实战姿势开始，上体保持原来姿势，左脚向左侧迅速蹭出 20～30cm，紧接着右脚以左脚为轴迅速向左滑动，角度在45°～90°以内，动作完成后大致成实战姿势的步型。

3. 纵步

纵步分成前、后两种，主要是用于远距离时迅速接近对方或在中近距离时迅速摆脱对方的一种步法。

以向前纵步为例：从实战姿势开始，两脚同时蹬地向前纵出 30～40cm，在动作完成的过程中始终保持实战姿势。

4. 垫步

垫步大体分为两种，一种是垫一步，一种是在上一步的基础上再跟垫一步。垫步一般直接用于配合腿的进攻动作。这里只介绍跟垫一步的技术，其中包含了垫步的技术：

（1）从实战姿势开始，重心前移，右脚蹬地，左脚内测并拢，随即左腿屈膝提起，根据情况使用蹬、踏腿法。

（2）上动不停，在用腿法的同时，支撑腿随蹬（踹）腿向前再垫一步，脚跟斜向前。

5. 叉步

动作要领：从实战姿势开始，后脚跟提起，以脚掌擦地，从前脚的后方向前交叉，落脚于前脚前侧，两腿交叉，前脚经后脚前向前迈步，成实战姿势。左脚在前为左叉步，右脚在前为右叉步。

6. 交换步

动作要领：交换步是左右架交换时的一种步法。从实战姿势开始，前后脚同时蹬地，稍高于地面，在空中左右腿前后交换，转体120°左右，同时两臂也做前后体位的交换，完成动作后呈与原来相反的实战姿势。

（三）实战拳法

1. 直拳

直拳属直线形攻击方法，它分为前、后直拳两种，在拳法中是中远距离进攻对方的主要手段。由于直拳动作相对隐蔽，尤其右手直拳力量较大，是给对手重击的有效方法，所以在实战中使用率较高。

（1）左手直拳动作要领：①从实战姿势开始，右脚蹬地，重心前移，同时以髋带动肩向旋转10°左右。②由肩带动左手臂的前臂快速直线出击，力达拳面，手臂自然伸直，右手置于原来的位置。③收拳的路线亦是出拳的路线，收拳后迅速回复到原来的实战姿势。

（2）右手直拳动作要领：①从实战姿势开始，右脚蹬地并以脚前掌为轴向内扣转。②随之合髋转腰压肩，向正前方直线出拳，力达拳面。③出拳，同时左手拳直线收回至下颊前方，肘部自然弯曲贴于肋部。

2. 摆拳

摆拳是弧线形进攻方法，分为前、后摆拳两种，在相互的连续击打中使用率较高。由于摆动幅度大，所以击打力量很大，但也因幅度大和运行路线长而使动作的隐蔽性较差。为此，教学的重点是认真掌握动作要领和摆拳的发力时机与过程。

（1）左手摆拳动作要领：①从实战姿势开始，右脚蹬地，身体由髋带动腰向内旋转15°～20°，同时重心前移。②同时左手臂抬肘，略与肩高，微张肩，左手拳向外侧前方伸出，上臂和前臂的角度相对固定。③当髋部完成旋转角度后迅速制动，制动的惯性使张开的肩回收而产生合力。此时的出拳臂仍按从侧前方向正前方的路线划动，最终又因髋部制动的合力牵制而制动，产生摆拳的力量。④动作完成后迅速放松，基本是按原来出拳路线恢复到实战姿势。

（2）右手摆拳动作要领：①从实战姿势开始，以右脚的脚前掌为轴内旋，带动转体，重心前移。②右手臂抬起略与肩平，拳向前外侧伸展，上臂和前臂形成一定夹角并相对固定。同时左手臂自然弯曲收回贴于肋间，拳置于下颌处。③继续向内转髋，出拳臂微微张肩，由于惯性带动拳向前水平横摆。④转动的髋部随之制动，其惯性带出拳臂产生制动，最终形成摆拳的合力。

3. 勾拳

勾拳在格斗中是近距离攻击的拳法，它分为前、后勾拳两种，主要是在相互间对抗时使用，或是在与其他拳法的配合中使用，但使用率较低。对勾拳的教学宜先使受训者掌握右手勾拳，这是因为右手勾拳动作幅度大，易于掌握。在掌握右手之后再学习左手勾拳，较容易体会到勾拳的发力。

（1）右手勾拳动作要领：①从实战姿势开始，上体微向后向下转动，重心略降低并合胯。②右脚蹬地挺胯，微向前向上转体，随之右手臂根据所击打距离加大角度向前、向上出拳，拳心向内，重心随之前移。③随着挺胯到位后的制动，产生的惯性使出拳臂制动，力达拳面。④出拳后肩部迅速放松，出拳臂借回降之力收回，成原来实战姿势。

（2）左手勾拳动作要领：①从实战姿势开始，上体微向外、向下转动，左腿微曲，扣膝合胯，左手臂收回轻贴于左肋部，左手拳自然置于左面颊外侧，重心偏于左腿。②上动不停，右脚蹬地，左胯向上向内挺出，左手拳随挺胯动作向前上方击出，出拳臂夹角根据所击距高调整，拳心向内，微微内扣。③当挺胯到位即左腿基本挺直后马上制动，由于制动的作用，击出的勾拳也随之制动，产生短促发力。④随着挺胯制动后的肩部放松，拳也有弹性地收回，成原来实战姿势。

（四）实战肘法

肘法在实战中，是近距离攻、防性很强的一种技法。肘的招式隐而快速，短而用力，变幻莫测，进攻突然，可攻可防，见缝插针，在实战中若善用肘法，往往一肘便可反败为胜。

（1）左顶肘：左腿在前，实战步。左小臂内旋平屈，肘尖向前，同时平顶肘。右掌也可以推左拳，目视肘前方。顶肘时，肘与肩齐平。用途：顶击对方胸腹部位。

（2）左盘肘：左腿在前，实战步。左前进步，同时左小臂内旋，屈肘，用小臂外侧向前横打，目视前方。要点：盘肘要脆、疾、快。攻击对方中上盘。

（3）左沉肘：左腿在前，实战步。左臂屈肘小于90°，大臂高抬，左拳上举至头部左侧，上体前俯，同时用左肘尖向下猛沉，目视下方。要点：沉肘时要借助身体的力量，拳要握紧。用途：攻击处于体前下方的对手。

（4）剪肘：左腿在前，站立。左臂前伸，左拳离身体一尺远左右，屈肘拳顶向上，小臂内旋，同时右拳靠胸前10cm向左猛推，屈肘小于90°，拳心向左，同时向右稍转体。

（五）实战腿法

腿法在格斗中占有很大比重，它主要包括蹬、踹，鞭、弹等技术。腿法的特点在于它是远距离对抗的主要方法，力度大，攻击力强。但在运用中也有其特殊性，为此在教学训练中要予以重视，才能提高腿法的实用效果。

1. 侧踹腿

侧踹腿分前、后侧踹两种，是格斗中运用率较高的腿法，而前侧踹又多于后侧踹，它主要用于进攻与阻击。

（1）左腿侧踹动作要领：①从实战姿势开始，重心稍后移，上体保持原来姿势，左腿屈膝提起与胯同高，与上体成90°，小腿外摆，脚尖勾起微向外翻出。②身体继续向侧后仰，同时展髋伸膝向前踹出，脚尖横向，力达脚掌的后三分之二处，此时支撑腿的脚后跟斜向前方。③此时左手置于踹出腿的大腿上方，右手置于下颊前方。

（2）右腿侧踹动作要领：①从实战姿势开始，左脚尖外摆，右脚蹬地，重心前移，上体向左外侧转动，右腿在腰带动下屈膝，向前上方迅速提起，小腿向前方外翻，脚尖勾起，脚尖斜向上方。②上动不停，支撑腿以脚前掌为轴随之转动，使脚跟朝前方，上体向侧后仰，左手收回置于下颊前方，右手自然前伸置于准备踹出的腿的上方。③上体继续向后侧仰，展髋，挺胯，带动大小腿伸展踹出，力达脚掌后三分之二处。

2. 正蹬腿

正蹬腿主要分为前、后正蹬两种，实战中此腿法的使用比例较高，在相互抱缠阶段或在互打互踢时作为摆脱方法效果较好。

（1）左腿正蹬动作要领：①从实战姿势开始，重心微后移，右腿膝关节微曲，上体微后坐，左腿屈膝正面提起，脚尖勾起。②上动不停，两臂微下落或回收置于头部两侧。两肘自然下垂护住两肋，同时送胯，带动大小腿向正前方水平蹬出，脚前掌压，力达脚全掌。

（2）右腿正蹬动作要领：①从实战姿势开始，右脚蹬地，重心前移。右腿迅速向正前方屈膝提起，两臂微下落回收，支撑腿微曲。②上动不停，提膝腿到位后送胯，带动大小腿向正前方蹬出，脚前掌下压，力达脚全掌。

3. 鞭腿

鞭腿的腿法，运用范围很广，按照高度可分为高、中、低三种，按运动形式可分为左鞭腿和右鞭腿。

（1）左鞭腿动作要领：①从实战姿势开始，重心后移，上体微向右后转动并向后侧仰，两手臂下落，同时屈膝提腿，并向内扣膝翻胯，大小腿夹角大约保持在130°。②上动不停，由转体翻胯带动大小腿向外侧前上方鞭踢，在击打到物体的瞬间，小腿由于加速甩出与大腿基本成直线。③在翻胯出腿的同时，支撑腿以脚前掌为轴跟着转体，脚跟斜向前。

（2）右鞭腿动作要领：①从实战姿势开始，右脚蹬地，重心前移，上体左转，右腿膝关节微外展，收胯带动大小腿向前上方提起。②上动不停，支撑腿以脚前掌为轴随身体转动，同时右腿翻胯，上体继续向左侧后仰，大小腿夹角150°左右，随转体向右前方鞭踢。③上动不停，鞭踢腿踝关节绷紧，力达踝关节部位及脚背处，当接触到被击打物体的瞬间，由于大腿的摆动使小腿加速与大腿成直线。

（六）实战膝法

同样是近程重型武器，但较之犀利的肘击，膝关节的杀伤力要更胜一筹。任何人，即便是女性纤细的膝关节，对于近身的歹徒也都是一种致命武器。从进攻角度来看，膝撞隐蔽性好、起动迅速快、爆发力强，在双方贴身打斗时应用，对方很难预先加以防范，因此命中率高。

1. 前冲膝

动作要领：主要攻击对方中盘。以左格斗式为例，左脚蹬地，重心后移，右腿支撑身体，左腿迅速上抬，并随即以膝盖力点向前平行冲出，呼气发力，力达膝尖。可左右膝连续练习。

2. 横撞膝

动作要领：主要攻击对方胸腹部。以左格斗式为例，左膝上抬，由左向右侧撞击对手，力达膝尖。可左右连续练习。

3. 侧膝

动作要领：主要攻击对手肋腹部。以左格斗式为例，右膝上抬，身体向左后转，同时右膝向前冲击，上体后仰，呼气发力，力达膝盖。可左右连续练习。

4. 上顶膝

动作要领：用于攻击对手腹、肋部和脸部。以左格斗式为例，右脚蹬地，重心后移，左腿支撑身体。右腿屈膝，以膝盖为力点，迅速提起，向上攻击。可左右连续练习。

（七）实战跌法

跌法训练是避免摔伤，增强防护能力，能变被动为主动的基本方法。

1. 前倒

动作要领：在立正的基础上，两腿绷直，自然前倒；同时，两臂屈肘，置于胸前，掌心向下，抬头收腹，以两掌及小臂着地。

2. 前扑

动作要领：在立正的基础上，左脚向左跨步，约与肩同宽，屈膝半蹲，两臂后摆，自然伸直。然后，两脚蹬地，猛向前跃起；同时，两臂前摆，掌心向下，屈臂直身，以两掌、小臂和两脚内侧着地。

3. 后倒

动作要领：在立正的基础上，左脚向左跨步，约与肩同宽，屈膝半蹲，两臂后摆，自然伸直。尔后，两脚猛蹬地，两臂前摆，身体跃起后仰；同时，收腹、屈身、低头，以肩、背部及两臂着地。

4. 侧倒

动作要领：在立正的基础上，左脚向左跨步，约与肩同宽，屈膝半蹲，两臂后摆。尔后，两脚蹲地，向前跃起，同时两臂前伸，侧身屈肘，蜷身收腿，以一小臂及两手先着地，将上体支撑起，两腿屈膝，一侧贴地，一脚抬起。左侧着地为左侧倒，右侧为右侧倒。

5. 前滚翻

动作要领：在立正的基础上，屈膝下蹲，两臂前摆，两手撑地，弯腰低头，以背部着地，用两脚蹬力向前滚翻，随即双手抱膝，迅速起立。

要求：滚翻、起立要快。

6. 侧滚翻

动作要领：在立正姿势基础上，右脚向前上步，右手抱头，身体前侧，左脚摆起，右脚蹬地跳起。团身向前侧滚翻，从右肩到后背再到左侧腰、臀依次着地，利用滚翻和拍地动力迅速站起。

（八）实战摔法

军体格斗术中的摔法有别于其他项目的摔法，其特点一是“快”摔，二是几乎无“把”可抓，三是摔法可与拳法、腿法并用，这无意间就增加了摔的难度。但由于成功的摔法不仅是得分的有效手段，还能给对手造成很大的精神压力，同时又可以消耗对手的体力，所以摔法又是必须认真掌握的技术。

1. 夹颈过背

动作要领：甲方用前臂架在乙方的两臂内侧时，用右（左）臂由乙方右（左）肩上穿过，屈臂夹住乙方颈部，同时左（右）脚步至与右（左）脚平行，两腿屈膝，右（左）臀部紧贴乙方小腹部。同时，上动不停，甲方夹住乙方颈部，低头用力将乙方从背上摔过，同时两膝猛向后蹬伸。

2. 插肩过背

动作要领：甲方用前手臂从与乙方相对的腋下穿过，背右（左）步至与左（右）脚平行，两腿屈膝，同时后手固定住乙方另一手臂。随之两腿蹬直，向下低头、弓腰，前手臂由侧后向前发力，将乙方摔倒。

3. 抱腿前顶

动作要领：甲方上步下潜，两手搂抱住乙方双膝关节处，用力回拉，同时用左（右）肩前顶对方大腿根或小腹部将乙方摔倒。

4. 接腿别腿

动作要领：甲方接住乙方的左（右）腿，用一手将乙方的脚踝关节固定住，用另一手搂抱住乙方的膝关节部位。上动不停，甲方左（右）腿伸至对方支撑腿侧后别对方，同时用胸部向外、向下压对方被搂抱的腿，把对方摔倒。

第二节 格斗组合练习

一、军体格斗术组合一

1. 介绍组合顺序

组合顺序：预备式—拔挡直拳—擒臂上钩—顶肘撞膝—击胸砍脖。

组合特点：突出手法与肘、膝法的进攻动作与防守反击动作。

2. 预备式：(实战姿势)

动作要领：从立正姿势开始（图 8-1（a)），身体稍左转时右脚自右后撤一步，略比肩宽，右膝微曲，右脚尖外展 45°，脚跟稍提起；左脚尖稍里扣，膝微曲，重心落于两脚之间；两小臂在胸前交叉，右臂在外，前后拉开（图 8-1（b)），左臂微曲，左手成立掌，掌心向右下，指尖朝右上，与下颌同高；右肘自然下垂，右拳位于右腮处，身体侧立，收腹含胸，下颌微收，目视前方（图 8-1（c)）。

(a)　　(b)　　(c)

图 8-1　预备式（实战姿势）

3. 拔挡直拳

动作要领：左脚进步成实战步，左掌自右下拨挡（图 8-2（a)），右拳向前冲出，左掌变拳回收于左腮，右拳拳心向下，与肩同高，目视前方（图 8-2（b)）。

(a) (b)

图 8-2 拨挡直拳

用途：击面、击胸。

要求：拨挡快速，直拳有力。

实战技法：

技法一：当敌直拳自我面部打来时，我实战步，左手向下外拨，同时，左脚上步，我右直拳反击敌面部或胸部。

要求：拨挡上步协调，击打要狠、准。

技法二：当敌起鞭腿或弹踢腿向我进攻时，我实战步，左手向外或向下拨挡，同时，左脚迅速上步向敌靠近，用右直拳反击敌面部或胸部。

要求：拨挡上步协调，击打要狠、准。

4. 擒臂上钩

动作要领：左脚向左前闪身上步，右脚自然跟进，身体稍向右转，两拳变八字掌，左掌向前上托，右掌挡抓目拉于胸前（图 8-3（a））；右掌变拳由下自上猛击，拳与下颌同高，同时左掌护握于右肘窝，目视右拳方向（图 8-3（b））。

(a) (b)

图 8-3 擒臂上钩

用途：防右直拳，勾拳击胸腹。

要求：闪身拿臂准，勾拳狠。

实战技法：

技法一：当敌右直拳向我面部打来或用敌右手抓我左肩时，我左闪身，右手挡抓敌右手腕，左手托肘关节向后带敌，随即右手下勾拳击打腰部。

要求：闪身要快，挡抓要准，击打要狠。

技法二：当敌用匕首刺向我面部或胸部时，我左闪身，右手挡抓敌右手腕，左手上托敌肘关节，尔后两手迅速抓握敌手腕，也可用肩反扛敌肘关节，并快速夺刀。要求：闪身要快，挡抓要准，击打要狠。

5. 顶肘撞膝

动作要领：左脚进步成实战步时，左掌前下按，右臂水平夹紧回拉（图 8-4（a））；右肘由后向前横击，右拳心向下，左手护于右小臂外侧（图 8-4（b））；右膝向左前上猛顶，与腹部同高，两手从前上回拉于右膝两侧，两小臂略成水平，目视右膝（图 8-4（c））。

（a）　　（b）　　（c）

图 8-4　顶肘撞膝

用途：肘击头，膝顶裆腹。

要求：击肘凶狠，合力顶膝。

实战技法：

技法一：当敌右直拳向我打来时，我左手挡抓敌右手腕，右肘猛击敌头部或颈部，随即两手抓敌头或颈、肩，右膝顶击敌头、腹、肋、裆部。

要求：抓肩要快，顶击要准、猛。

6. 击胸砍脖

动作要领：右脚向前落步，身体左转侧向前方，两膝微曲，两小臂屈肘直立胸前格挡。左脚经右脚后交叉向前上一大步，两臂由左向右摆击，左拳摆至胸前，右臂伸直摆击（图 8-5（a））；身体左转 180°时，左臂屈肘向左顶击，大小臂夹紧，拳心向下（图 8-5（b））；身体左转成左弓步时，右拳变掌由后经肩上向前下斜砍，掌与颈部同高，左拳收于左胯处，左肘自然下垂，目视前方（图 8-5（c））（左手前推，恢复预备式）。

（a）　　　　（b）　　　　（c）

图 8-5　击胸砍脖

用途：击胸，砍脖。

要求：重心稳固，击砍有力。

实战技法：

技法一：当敌右直拳向我面部打来时，我两臂外格，随后左手抓左手腕，身体重心前移，右拳反弹击面。也可在实践中，左脚向左上步，或出左弓步的同时左肘击敌胸、腹部，左转身右拳变掌击敌颈部。

要求：击打猛，撤步快。

技法二：敌右鞭腿，我上步成马步，两臂立于胸前外挡，随即左手挡抓敌右脚腕，右拳击打敌裆部或反弹拳击敌头部。

要求：闪身快，击打狠。

（二）军体格斗术组合二

1. 介绍组合顺序

组合顺序：预备式—横踢肘击—踹腿跪冲—防刀别臂—双砍弹踢。

组合特点：以腿法进攻为主，结合挑臂、别臂等擒拿动作。

预备式：（同第一组合）。

2. 横踢肘击

动作要领：左脚向前进步，同时左探拳（图 8-6（a）），随即身体向左转 180°，踢右鞭腿并回收（图 8-6（b））、（图 8-6（c）），左转 90°右脚落成马步时左手拍压右肩，同时右拳由后向前横勾屈肘于胸前；右脚自右后撤步成右弓步时，左手前拉砍掌，掌心向下，与肩同高，右肘后顶，大小臂夹紧抬平，拳心向下，目视肘击方向（图 8-6（d））。

（a）　（b）

（c）　（d）

图 8-6　横踢肘击

用途：击头，踢肋，破抓肩。

要求：鞭腿要狠，肘击要快。

实战技法：

技法一：左直拳击敌面，随即右鞭腿击打敌肋部，上步或右弓步，右肘击打敌胸、肋等部位。

要求：上步准，击打狠。

技法二：当敌处我身后，右手抓我右肩，我左手拍抓敌手，右脚向后撤步成右弓步，右肘顶击敌腹部或肋部。

要求：抓、撤快准，击打稳。

技法三：当敌由身后抱我时，我两臂上提，挣脱敌后，身体下沉，左手抓敌右手腕，右脚后撤步，右肘击敌腹、肋部。

3. 踹腿跪冲

动作要领：左脚经右脚后交叉上步（图 8-7（a）），抬起右脚侧踹，左拳收于左腮，右拳自然摆于体侧（图 8-7（b））；右转身 180°，右脚在左脚内侧猛力下踏，同时左手抓握右手腕（图 8-7（c）），右臂上挑回拉，左脚向前上步成半马步，右拳收于腰间；左手变八字掌前伸，虎口向右（图 8-7（d））；向前成右跪步的同时右举立拳冲出，左手回收立掌于右胸前，目视右拳方向（图 8-7（e））。

（a）　（b）　（c）　（d）　（e）

图 8-7　踹腿跪冲

用途：踹胸腹，破抓手腕，拳击胸腹。

要求：重心稳固，踢打有力。

实战技法：

技法：当敌右直拳或摆拳向我头部打来时，我左手挡抓敌右手腕顺势下潜成跪步，右拳击敌小腹或裆部。

要求：格打结合紧密。

4. 防刀别臂

动作要领：左脚向右前上步，脚尖外摆，左手前伸挡抓回拉于左胸前（图 8-8（a）），右脚猛力向体前正弹踢，右拳自然收于腰际（图 8-8（b））；右脚向右落步成左弓步的同时，右小臂在体前上挑，左手抓握右小臂（图 8-8（c））；右转身成右弓步时，右拳变掌屈肘下压，掌心自下，两小臂略平置于腹前，目视前下方（图 8-8（d））。

(a)　　(b)　　(c)　　(d)

图 8-8　防刀别臂

用途：防匕首上刺。

要求：弹踢快，别臂狠。

实战技法：

技法一：当敌上右步持刀向我头部刺来时，我左脚向左前方上步，同时左手挡抓敌右手腕，起右脚猛弹踢敌裆部，右脚落步于敌左脚前，右小臂猛挑敌肘，身体向后转身成右弓步，右手猛力别压敌臂，重心下压于敌身体，卷腕夺刀。

要求：挡抓要准，上步要快，弹裆挑臂要狠。

技法二：我右直拳击打敌头部，敌抓我手腕，我左手拍抓敌右手，身体右转反压敌右臂，重心下沉将敌制服。

要求：拍抓闪身快，反压敌肘关节要准。

5. 双砍弹踢

动作要领：身体右转重心后移，收右脚成右虚步，双掌在胸前交叉，左里右外，掌心向内上两小臂猛力外格，略宽于肩，肘部稍曲（图 8-9（a））；右脚上步成弓步时双掌向内猛砍，两掌与颈部同高（图 8-9（b））；抬左脚正弹踢，两掌变拳回收于胸前，拳心相对，与肩同高（图 8-9（c））。

（a）　　（b）　　（c）

图 8-9　双砍弹踢

用途：破抓胸、掐脖。

要求：外格快，推砍猛，弹裆狠。

实战技法：

技法一：当敌两手抓我肩部或胸部时，双掌由内向外格敌两臂，随后两掌砍击敌颈部或成勺状打击敌双耳。

要求：格击连贯，破击要狠。

技法二：当敌两手掐我脖子时，两手合实握拳，由下向上猛撞架开，尔后猛打敌面部，随后进步用膝撞击敌裆部。

要求：上架要突然，敲击要猛。

（三）军体格斗术组合三

1. 介绍组合顺序：

组合顺序：预备式—护头蹬腹—挟摔下击—盘腿扇掌—抄抱推摔。

组合特点：以摔法结合擒拿进攻为主。

预备式：（同第一组合）。

2. 护头蹬腹

动作要领：左脚向前进步的同时，左掌变拳屈臂抬肘护于头左侧（图 8-10（a））；上体稍右转，右小臂外格于头部右上方（图 8-10（b））；抬右脚向前正蹬并迅速收回，双臂屈肘抱拳护于胸前，两拳相对，与下颌同高，目视前方（图 8-10（c））。

(a)　　(b)　　(c)

图 8-10　护头蹬腹

用途：护头击腹。

要求：护头幅度小，速度快，蹬击狠。

实战技法：

技法：当敌人左右摆拳向我头部攻击时，我左右小臂迅速屈臂格挡，随后抬右脚猛蹬敌胸或腹部，将敌制服。

要求：格挡迅速、蹬击有力。

3. 挟摔下击

动作要领：右脚向前上步成右弓步，左手变八字掌前伸挡抓，虎口向右，右拳自然后摆（图 8-11（a））；身体左转成左弓步的同时，左手回拉收于腰间，右拳由后向前猛用力，横勾屈肘置于左胸前，拳心向下（图 8-11（b））；身体右转 180°成左跪步时右拳收于腰际，左拳向左斜下 45°猛力下击，拳心向身后，目视左拳（图 8-11（c））。

(a)　　(b)　　(c)

图 8-11　挟摔下击

用途：挟脖摔。

要求：重心稳固，挟摔迅速。

实战技法：

技法一：当敌人右拳向我头部攻击时，我迅速起左臂挡、抓、拧敌手腕，尔后上右脚成右弓步的同时，右臂猛力打挟敌脖，左转身将敌摔倒，左拳猛力击敌头部或裆部。

要求：格击上步迅速，挟摔转击打要狠。

技法二：当敌持匕首向我刺来时，我迅速上右步右闪身，左小臂格挡敌右手腕，尔后右摆拳猛击敌头部，右臂迅速挟敌脖转身将敌摔倒。

要求：格挡准确，挟摔主动。

4. 盘腿扇掌

动作要领：左脚向前成实战步的同时，两手由下自上在胸前交叉架掌，右前左后，掌心向外（图 8-12（a））；两掌变虎爪锁扣回拉于右侧腰际，同时右腿前扫，力达脚底（图8-12（b））；在右脚回撤的同时左掌向前扇出，掌心向内，指尖向右（图 8-12（c））；随即左掌变拳收于左腮，同时右手直拳快速冲出，目视右拳（图 8-12（d））。

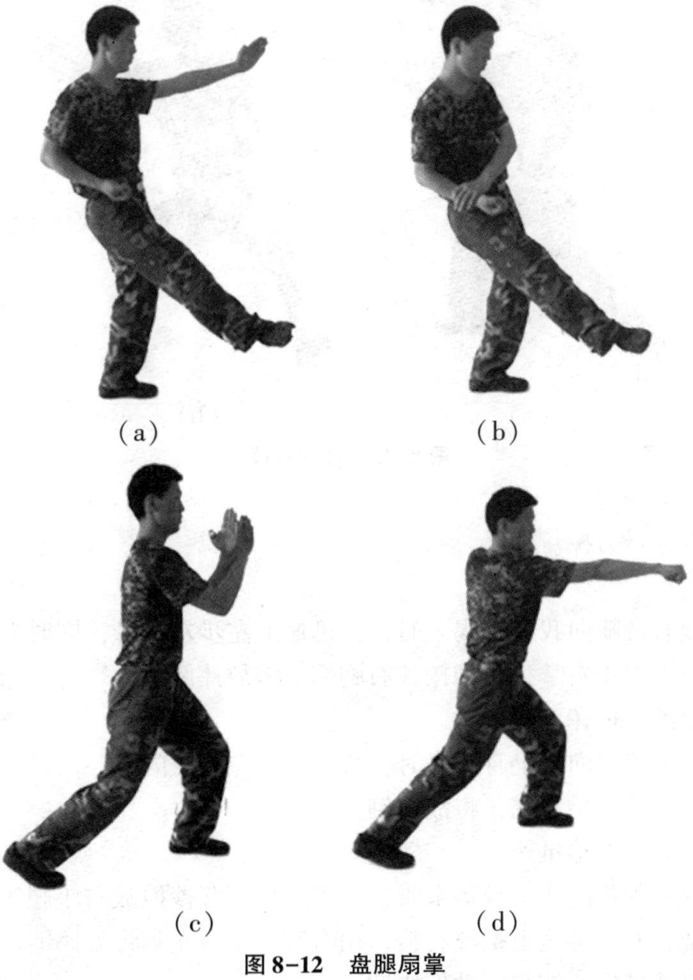

(a)　(b)　(c)　(d)

图 8-12　盘腿扇掌

技法一：当敌持刀向我上身刺来时，我迅避左闪身，右手外格敌右手前臂，左手猛抓扣敌腕，双手将敌臂回拉于右腰间的同时，右脚猛踹敌右小腿，随后用左掌背击打敌面部。

要求：挡抓扣拉要及时。

实战技法：

技法一：当敌右拳向我上身打来时，我迅速上左步左闪身，右掌上穿外格敌右手腕，左手猛抓扣敌腕，双手将敌手回拉于右腰间的同时，右脚猛踹敌右小腿，尔后左掌迅速弹击敌面部。

要求：挡抓扣拉要及时。

用途：破直拳，抓胸。

要求：回拉扫腿协调，扇掌要准。

5. 抄抱推摔

动作要领：左脚向左前上步成实战步时身体左转，左手由下向上，右手由上向下（图8-13（a））；右脚向前上步成右弓步时右手成立掌猛力前推，掌与肩高，左拳立于腰际（图8-13（b））（左脚上步，恢复成预备式）。

（a）　　（b）

图8-13　抄抱推摔

用途：防右鞭腿摔。

要求：抄抱准，合力摔。

实战技法：

技法一：当敌右鞭腿向我上身踢来时，我迅速上左步左闪身，同时左臂抄抱敌右小腿于胸前，尔后迅速上右步右掌猛力推按敌右胸部，将敌摔倒。

要求：抄抱要准，推摔要快。

技法二：当敌右蹬腿向我上身蹬来时，我迅速上左步左闪身，同时左臂抄抱敌右小腿于胸前，尔后两手迅速上抬敌腿，将敌摔倒。

要求：抱腿准确，上抬迅速。

技法三：当敌右鞭腿向我上身踢来时，我迅速用左臂抄抱敌右小腿于胸前，尔后右手抓按其颈部或头部，左手迅速上抬敌右腿，用右脚勾踢敌左脚将敌摔倒。

要求：抱腿迅速准确，按与勾动作协调。

（四）军体格斗术组合四

1. 介绍组合顺序

组合顺序：预备式—组合连击—正蹬直拳—格挡反弹—侧击插喉。

组合特点：突出格斗远踢，近打的拳脚与组合技术。

预备式：(同第一组合)。

2. 组合连击

动作要领：前进步的同时击左刺拳（图 8-14（a）），再前进步时左直拳接右平勾拳，接左上勾拳，目视前方（图 8-14（b））（图 8-14（c））。

(a)

(b)

(c)

图 8-14　组合连击

用途：连击头、腹。

要求：协调有力。

实战技法：

技法一：在前进步的同时以左刺拳虚晃敌头部，趁敌后仰之际再以前进步左直拳击敌面部，在收左拳左转身的同时，右拳平勾敌头左侧；在敌低头躲闪时，利用左腿蹬转的力量，以左下勾拳由下向上猛击敌下颌或胸腹部。

要求：左刺拳与左直拳虚实结合要紧密，连续进步速度要快；勾拳力点要准确，要利用转腰的力量加大打击力度。

3. 正蹬直拳

动作要领：抬右脚向前正蹬并收回，两拳屈肘收于胸前，拳心相对，相距 20cm，与肩同高（图 8-15（a）），右脚向前落地，同时右拳向前冲出，拳心向下，左拳位于右腮处（图 8-15（b））。

（a）　　　　　　　　　　（b）

图 8-15　正蹬直拳

要求：正蹬力达脚跟，快蹬快收，向前落步，与右直拳结合要紧密。

用途：蹬腹，击头。

实战技法：

技法一：我快速起正蹬腿击敌胸腹部，趁敌后仰时右脚前落，同时以右直拳猛击敌头部。

要求：正蹬力达脚跟，快蹬快收，向前落步与右直拳结合要紧密。

4. 格挡反弹

动作要领：右脚向前上步，身体左转 90°成马步时，两小臂屈肘直立格挡于胸前，两拳心向内，相距 20cm，与肩同高（图 8-16（a））；随后右拳向右反弹，与头同高，拳心斜向上；左拳变掌立于右胸前，掌心向右（图 8-16（b））。

（a）　　　　　　　　　　（b）

图 8-16　格挡反弹

用途：格挡鞭腿，击打头部。

要求：结合腰力，猛力格挡，迅速反击。

实战技法：

技法一：当敌以右边腿或右摆拳向我左侧击进攻时，我双手立臂格挡对方，随即右拳迅速反弹击打敌头面部。

要求：格挡要准确，格挡与反弹不能分解，中间不能有停顿，反弹要利用腰转的力量，以肩带动肘、前臂。

5. 侧击插喉

动作要领：身体自右转，重心前移，踢左鞭腿的同时右拳收于右腮处，左拳自然摆于体侧（图8-17（a））；向前落左脚成左实战步时，左小臂外格立于左胸前（图8-17（b））；左拳心向后，右拳变掌前插，掌心向下，与喉部同高，目视前方（图8-17（c））（左手前推，恢复成预备式）。

（a）　　（b）　　（c）

图8-17　侧击插喉

用途：击肋、头，插喉。

要求：拳脚有力，插掌凶狠。

实战技法：

技法一：我起左鞭腿击敌肋、头部，在敌防守以右直拳反击时，我左脚迅速前落，同时左小臂立臂由右向左格挡对方直拳，在格挡的同时右掌由腰间猛插敌喉。

要求：鞭腿要在左前方落步，外格与插候不能有先后，要利用右腿蹬转的力量同时发力，左小臂外格时要竖直向上。

（五）介绍军体格斗术组合五

1. 介绍组合顺序

组合顺序：预备式—提膝直拳—卡喉侧冲—右踹左蹬—直摆侧踹。

组合特点：突出格斗踢打结合、攻防结合、拳腿结合的组合技术。

预备式：（同第一组合）。

2. 提膝直拳

动作要领：右脚向左脚处垫步，左腿提膝上抬，大腿略平（图 8-18（a）），左脚向前落步的同时左拳向前冲出（图 8-18（b））。

（a）　　　　（b）

图 8-18　提膝直拳

用途：提膝截腿，击敌头。

要求：重心要稳，落步要快。

实战技法：

技法一：当对方起右鞭腿进攻时，我迅速提左膝防开敌腿；趁敌右腿尚未收回，随即左脚快速前落，并出左直拳击敌头部。

要求：提膝防守速度要快，向前落步与左直拳结合要快。利用左脚前落的力量加大打击力度。

技法二：当双方距离较近时，我迅速自前上猛提左膝，以左膝撞击敌胸腹部；当敌后退防守时，我左脚迅速前落步，并以左直拳追击敌头部。

要求：前顶膝时身体重心要保持在右脚前，落步直拳结合要紧密。

3. 卡喉侧冲

动作要领：右脚向前上步成弓步时，左拳变掌前下拍按，右手变虎爪前伸，掌心向前，与喉部同高（图 8-19（a））；右脚收回成右虚步，同时左掌沿右臂下向前猛挑成立掌，右手变拳收于腰间（图 8-19（b））；右脚向前上步成马步时，左掌变拳收于腰间，右拳侧冲，拳心向上，目视右拳（图 8-19（c））。

（a）　　（b）　　（c）

图 8-19　卡喉侧冲

用途：卡喉、击肋。

要求：卡喉凶狠，侧击有力。

实战技法：

技法一：当敌右拳向我头部击来时，我左手迅速下按防开敌拳，随即右手快速前伸变虎抓猛卡敌喉；当敌左手抓握我右手时我右手回拉，左手经右臂下向前上猛挑，脱开敌手，随即用左转身的力量以右侧拳猛击敌胸腹部。

要求：向下拍按上步卡喉，速度要快，右手被抓后解脱时要用上身体右转的力量，挑臂与右拳击肋结合要快，利用身体左转的力量加大打击力度。

4. *右踹左蹬*

动作要领：左脚向前垫步，身体向左转，抬右脚侧踹，左拳侧收于左腮，右拳自热摆于体侧（图 8-20（a）），右脚落地同时身体向右转，两拳屈肘收于胸前，拳心相对，相距 20cm，与肩同高，左腿向前正蹬（图 8-20（b））。

（a）　　（b）

图 8-20　右踹左蹬

用途：连击胸腹。

要求：步法灵活，防击有力。

实战演示：

技法：我快速起右腿侧踹敌头、胸部，如敌退后防守后进步反击，我可迅速落步右转身，同时起左腿正蹬阻击敌头胸部。

要求：左踹身体重心不可过于靠前，快踹快收；快速落步在左脚前 20cm 处，边落步边右转身，转右脚尖向前，起左腿正蹬时高提膝，重心前压。

5. 直摆侧踹

动作要领：左脚向前落地成实战步的同时左手直拳击出（图 8-21（a）），上体迅速下潜，右手直拳击出，左拳收于左腮部（图 8-21（b））；起身，同时左手摆拳击出，右拳收于右腮部（图 8-21（c））；右脚向前垫步，左腿侧踹，左拳自然摆于体侧（图 8-21（d））（左脚落地恢复成预备式）。

（a）（b）（c）（d）

图 8-21 直摆侧踹

用途：上击头，下击腹，踹击胸腹。

要求：拳法连贯，踹击凶猛。

收势：身体右转，右脚靠拢左脚，成立正姿势。

实战技法：

技法一：我在前进步的同时，出左直拳击敌头部，当敌后仰躲开并用右直拳反击时，我迅速下潜身体，并以右直拳猛击敌腹部，趁敌弯腰之际，我迅速起身，在右转身的同时以左平勾拳猛击敌头部右侧，随即快速起左腿侧踹敌胸腹部。

要求：左直拳、右直拳与左平勾拳结合要一气呵成，重心高低变化速度要快，幅度要大；左侧踹髋关节充分舒展，重心在右脚前，以加大打击力度。

参考文献

［1］吕登明. 信息化战争与信息化军队［M］. 北京：解放军出版社，2004.

［2］张宇民. 大学军事理论教程［M］. 北京：北京航空工业出版社，2005.

［3］孙培雷，黄铁钢，张国清. 军事理论与军事技能［M］. 上海：同济大学出版社，2006.

［4］刘新民，李勇. 普通高等学校军事理论教程［M］. 北京：国防大学出版社，2007.

［5］江志强，李俊彬. 大学军训教程［M］. 南京：南京大学出版社，2009.

［6］余高达. 普通高等学校军事理论教程［M］. 北京：国防大学出版社，2002.

［7］张正明. 军事理论与技能教程［M］. 西安：西安交通大学出版社，2005.

［8］王和中，罗冀蜀. 大学军事教程［M］. 北京：清华大学出版社，2008.